盛山和夫
Seiyama Kazuo

リベラリズムとは何か

ロールズと正義の論理

Liberalism

勁草書房

リベラリズムとは何か　ロールズと正義の論理

目次

目次

序章　リベラリズムという思想

現代を代表する思想

一九八九年の東欧革命を経て一九九一年にソ連邦が解体したことにより、それまで言論および思想の世界においてひとかたならぬ勢力を誇っていた「マルクス主義」という大きな支柱が失われ、巨大な精神的空白が生じた。それと同じころ、経済においてグローバリズムという抗いがたい波が押し寄せてきた。「市場」という普遍的で透明な（とされる）原理が世界各地の経済活動とわれわれの生活を直結するようになってきたのである。こうした九〇年代以降の状況のなかで、社会のあり方やさまざまな社会的問題について考えるための有力な枠組みを提供してきたのが、リベラリズムという思想だった。

およそ一九九〇年代から今日にかけて、リベラリズムの思想ほど社会についての議論の中心にあったものはない。それはある意味でこの十数年間の「時代の気分」を表現していたといえるだろう。やや漠然とした言い方ではあるが、もはや国家によって指令されたりイデオロギーによって導かれたりするのではなく、ましてや狭い仲間集団だけのために生きるのでもない、「自律した個人」によってこそ社会は担われるべきだという思想を代表していたのである。

たとえば「ゆとり教育」という政策があった。ゆとり教育は、ただ単に「子供は自由にのびのびと育てた方がいい」というようなものであるかのように思われがちであるが、それは誤解だ。もともとめざしていたのは、教えられたことを忠実に答えられるだけの人間ではなく、「自律的で創造的」な人間をつくるということであった。この政策の基礎にあるのは、二〇世紀初頭のアメリカの哲学者デューイの『民主主義と教育』に代表されるようなきわめてオーソドックスともいえるリベラルな教育観である。「自律した創造性豊かな人間」というのは、リベラルな社会を担っていく「期待される人間像」なのであり、「ゆとり教育」という政策は、子どもたちをそうした人間へと教育することをめざしたものだった。（ただし、方法が適切だったかどうかは別だが。）

あるいは、九〇年代からの経済的不況を打開するために、さまざまな施策が企業自身や政府によってとられたが、そこには従来の集団主義的な日本的経営からの脱却をめざした、「成果主義」の試みや、あるいはグローバル・スタンダードの名のもとになされた金融ビッグバンや国際会計標準の導入などがあった。また、国立大学をはじめとして、民営化あるいは準民営化も進められた。これらは一般には「新自由主義」と呼ばれていて、必ずしも「リベラリズム」と同じではないが、「個人責任の重視」や「政府からのパターナリスティックな介入の排除、もしくは極小化」という点で、リベラリズムの思想に基づいている部分が大きい。

教育や経済以外でも、社会のさまざまな分野で「自己責任」や「自己決定」がキーワードとしてしきりに現れるようになるのも、九〇年代にはいってからのことである。脳死や臓器移植、あるいはクローンや遺伝子診断などの「生命倫理」をめぐる議論において、しばしば「自己責任」や「自己決定」の論理が用いられてきた。ほかにも、社会問題として話題になった少女たちの援助交際をめぐっても、「自己決定」の論理が語られることがあった。そこにも、リベラリズム的な思考がベースにあったといえるだろう。

ほぼ同じ時期に、哲学・思想界においてリベラリズムの思想を現代的に理論化しようとする試みが盛んになされた。これはよく知られているように一九七一年のロールズ『正義論 *A Theory of Justice*』に始まる。（正確に『正義の理論』と訳すべきだという意見もあるけれども、本書ではロールズの著作を表す固有名詞として邦訳本のタイトルである『正義論』を用いる。）この『正義論』が次第に注目を集めていって論評や解説が蓄積されていき、さらにドゥオーキンやセンなど他のリベラルな思想家たちの仕事やそれらに対する批判的あるいは肯定的な議論が一九八〇年代に入ってから大々的に展開されてくる。そして、そうした動向が日本に広く紹介されてくるようになったのがほぼ一九九〇年前後からである。（先駆的な役割を果たしたのが井上達夫『共生の作法』（一九八六年）、広範な紹介を行ったのが川本隆史『現代倫理学の冒険』（一九九五年）である。）

日本の場合、この数年間に、「リベラリズム」を主題とした出版物のほかに、「正義」や「公共性」をテーマとするものが著しく増大している。[*] このうち「正義 Justice」はリベラリズムの思想の内容を端的に表現するものとして、英語圏の論文や出版物でも盛んにタイトルに用いられているが、「公共性」は日本独自のものだ。というのも、「公共性」という言葉は、それに対応する英語を持たない日本独自の概念なのである。もともと英語にあったのはせいぜい「公共哲学 public philosophy」や「公共圏 public sphere」や「公共理性 public reason」の語であって、「公共性」そのものを表現する言葉はない。

＊　二〇〇〇年以降の主な解説書・入門書には次のようなものがある。齋藤純一『公共性』（二〇〇〇年）、有賀誠他編『ポストリベラリズム』（二〇〇〇年）、小泉良幸『リベラルな共同体』（二〇〇二年）、土屋恵一郎『正義論／自由論』（二〇〇二年）、後藤玲子『正義の経済哲学』（二〇〇二年）、施光恒『リベラリズムの再生』（二〇〇三年）、山口定他編『新しい公共性』（二〇〇三年）、安彦一恵・谷本光男編『公共性の哲学を学ぶ人のために』（二〇〇四年）、有賀誠他編『現代規範理論入門』（二〇〇四年）、平井亮輔編『正義』（二〇〇四年）、山脇直司『公共哲学とは何か』（二〇〇四年）、塩野谷祐一他編『福祉の公共哲学』（二〇〇四年）、桂木隆夫『公共哲学とはなんだろう』（二〇〇五年）。また、二〇〇一年から東京大学出版会で『公共哲学』シリーズが刊行されている。

日本語の「公共性」というのは、リベラリズムにとっての「正義」にあたるものを、もう少し広い観点から概念化していこうとする探究のなかで使われている言葉だ。したがって、こうした「公共性」や「正義」についての議論の高まりは、リベラリズムの思想への関心の高まりと軌を一にしているといえる。

このようにリベラリズムやそれに近い考え方が世の中に目立つようになったのだが、それに伴って、リベラリズムを批判する議論も盛んになってきている。それはおおまかに、左右二つの陣営に分けられるだろう。たとえば伝統的なマルクス主義の立場は、リベラリズムの思想に含まれている「市場万能論」的な側面をやり玉にあげる。その観点から見ると、リベラリズムはグローバリズムや新自由主義とともに、現代の資本主義経済を支える主要イデオロギーの一つであって、市場における自己責任を強調することによって搾取や貧困の悪を隠蔽しようとする理論以外の何ものでもない。

逆に、右ないし保守的とみられる立場の論者たちは、リベラリズムが国家や共同体あるいは文化的伝統の意義を無視したコスモポリタニズムの思想だという点と、自己決定や自律を強調して、個人にとっての社会的な責任や公共的な関心の重要さを軽視しているという点に対して批判を投げかけている。いわゆるコミュニタリアニズムは、必ずしもすべてが保守的とは限らないけれども、これと共通する観点からリベラリズムを批判しているといえる。

これら以外にも次のような批判がある。たとえば、リベラリズムが主要ターゲットではないものの、リベラリズムにおける最重要な価値である「正義」に対して、それが独善的な正義感を増大させたり、アメリカの軍事行動が「正義」の名において正当化されたりするという、厳しい批判がある。

あるいは、多くのフェミニストたちからは、リベラリズムが充分に個人主義的ではないために、女性がこうむっている抑圧からの解放の理論たりえないとする批判がある。さらにはまた、リバタリアニズムの立場の論者たちからは、リベラリズムの思想に含まれている福祉優先的な再配分が攻撃対象にされる。

リベラリズムとは何か

　そもそもリベラリズムとは何だろうか。実は、この基礎的な問いに対して、的確に答えてくれている書物が見つからないのである。今日の政治理論あるいは政治思想について概観したいのだが、何か一冊教えてくれないかと聞かれれば、私はまずキムリッカの『新版　現代政治理論』（二〇〇二年）を推奨するだろう。キムリッカは、基本的にリベラリズムの立場から文化多元主義の問題状況について独自の理論を展開しているカナダの政治哲学者であるが、この書物は「現代政治哲学の議論を支配しているいくつかの主要な学派に関して道案内を付し、批判的評価を供すること」（『新版　現代政治理論』訳二頁）を目的としたもので、功利主義、リベラルな平等、リバタリアニズム、マルクス主義、コミュニタリアニズム、シティズンシップ理論、多文化主義、そしてフェミニズムがとりあげられている。ところが、肝心のリベラリズムについての章が存在しないのだ。リベラルな平等主義についての紹介と考察はあるけれども、それはリベラリズムそのものを扱っているものではない。おそらくキムリッカにとって、リベラリズムは「対象」ではなくて自らの実践そのものだという位置づけがあるために、リベラリズムそのものは「対象」から外されたのだろう。

　リベラリズムについて概説的に知ろうと思ったら、別の本を探さなければならないが、それには、グレイというイギリスの政治哲学者の書いた解説本『リベラリズム』（一九八六年）が一番の候補になるだろう（これは『自由主義』（昭和堂）と題して翻訳されている）。この中でグレイはリベラリズムの特徴を「個人主義」「普遍主義」「平等主義」および「改良主義」の四つにまとめている。だが、実はこの四点だけで特徴づけられるリベラリズムは、ロールズの『正義論』以降に展開されていった現代のリベラリズムとはかなり異なるのである。というのは、ここには、後で述べるように現代のリベラリズムを構成していると一般に見なされている二つの中核的なテーゼ、すなわち、ロールズによって提示された「善に対する正（正義）の優位」も、ドゥオーキンによって提示された「異なる善の構想に対する中立性」も言及されていないのである。

　グレイはこの本で「古典的リベラリズム」と「近代的ないし修正リベラリズム」を区別している。「古典的リベラリズム」というのは、ヒュームやアダム・スミスの系譜に属し、のちにハイエクやポパーによって主張されるような非設計主義的で漸進主義的な自由主義である。それに対して「修正リベラリズム」というのは、J・ベンサムやJ・S・ミルの系譜に属して、社会のあり方を合理的に秩序づけるための原理を探求しようとするものである。

　現代のリベラリズムはこの「修正リベラリズム」に連なるものだといえる。しかし、だからといって同じものだと考えると大きな誤解が生じてしまうことになる。なぜなら、ロールズの『正義論』を始めとして、現代のリベラリズムは、ベンサムやミルの唱えた「功利主義」を批判してそれにとって代わる規範的原理を打ち立てることをめざしているからである。

　このように、グレイの『リベラリズム』は、現代のリベラリズムに焦点を合わせて解説したものではなく、きわめて一般的な「リベラリズム」についてのものなのである。* 「リベラリズム」という言葉は一義的ではない。グレイの本の邦訳は『自由主義』となっているが、今日の日本語では、一般に「リベラリズム」と「自由主義」とを使い分けており、「リベラリズム」という語は基本的に「現代的なリベラリズム」をさすために用いられる。これには、ハイエクやポパーのような思想は含まれない。

それに対して「自由主義」のほうは、ハイエクやポパーも含んで、一般に「自由」を重視する非常に広範囲の思想をさすものとして用いられる。これには、功利主義やリバタリアニズムのような、しばしば「リベラリズム」と対立するとみなされている思想も含まれる。しかも、どちらかといえば「自由主義」というときには、ロールズやドゥオーキンのような現代リベラリズムの思想は念頭に置いていないことが多い。ところが、英語では Liberalism という一つの言葉しかない。むろん、専門的な議論ではそれぞれが Liberalism という語で何を意味しているかは、論者自身の説明や文脈である程度は明確になっていることが多いのだが、文脈抜きでただ単に Liberalism と書かれているだけでは、それが昔からの古典的自由主義を意味しているのか、それとも現代的なリベラリズムを意味しているのかは分からないのである。

＊　グレイにはもう一つ、『リベラリズムス――政治哲学論集』（一九八九年）というきわめて紛らわしいタイトルの本があり、こちらは『自由主義論』（ミネルヴァ書房）として翻訳されている。これは前のと違って論文集であって、体系的にリベラリズムを論じることをめざしたものではない。ロールズ理論についてその契約論的側面を論じた章もあるが、総じて、ミル、ポパー、ハイエク、バーリンなどについての議論が中心で、やはり現代リベラリズムについてのものとはいえない。

いずれにしても、現代社会におけるリベラリズムの重要性にもかかわらず、それが一体どういう思想であるかを解説したり、その論理構造や前提に置かれていることを真正面から検討した書物は、残念ながら見あたらない。

リベラリズムをめぐる日本の言論状況

日本では、リベラリズムに関する出版物のうち、批判的な議論の多くは、どういうわけか学術書としてではなくて、一般向けの新書やそれに近い形で展開される傾向がある。*

＊　最近のものでは、佐伯啓思『国家についての考察』（二〇〇一年）、山口意友『正義を疑え！』（二〇〇二年）、仲正昌樹『「不自由」論』（二〇〇三年）、小林和之『「おろかもの」の正義論』（二〇〇四年）、佐伯啓思『倫理としてのナショナリズム』（二〇〇五年）など。

逆に、学術的なレベルでの議論や出版物で、リベラリズムを真正面から批判する論考は、ほとんど見あたらない。いうまでもなく、リベラリズムの本家であるアメリカの場合、コミュニタリアニズムやフェミニズムやリバタリアニズムなどの立場から学術的なレベルでのリベラリズム批判が活発に出されている。そうした議論はむろん日本にもたくさん翻訳紹介されており、研究者たちにはよく知られている。しかし、日本独自の学術的研究として、リベラリズムを真正面から批判するような理論的試みは見あたらないのが現状である。

その一方で、日本におけるリベラリズムについての学術的な研究の水準は決して低くはない。あえて個人名をあげると、井上達夫や渡辺幹雄などの研究はきわめて独自性と創造性とに富んだものだ。この二人以外にも、単なる解説を超えて、ロールズやドゥオーキンやセンなどによって展開されている現代リベラリズムの主要理論の検討は盛んになされている。にもかかわらず、やはり日本においてリベラリズムを批判する議論がアカデミズムの外に限られる傾向があるため、リベラリズムについての根底的な議論は十分に闘わされてはいない。これは残念なことである。

さらに次のことも指摘しなければならない。それは、現代のリベラリズム思想の中核にあるとされるロールズの『正義論』とその後の著作についての通常の解釈には、非常に多くの誤解が含まれているということである。もっとも、誤解が流通しているのは何も日本だけではなくて欧米でもそうなのであり、かなり誤ったロールズ理解が一般に普及している。

こうしたロールズ理論についての誤解を解くことは、言うまでもなく本書の目的の一つである。しかしそれだけではない。リベラリズムという思想の論理構成を正しく理解した上でそれが誤っている点を明確にすることは、現代社会が直面しているさまざまな問題について考えたり、それらの解決のしかたを検討したりするという実践的な関心において、最も重要な課題の一つだと考えられるのである。

たとえば、社会学のようないわゆる経験的な社会科学に携わる者であっても、家族、ジェンダー、教育、労働、階級・階層、福祉、マイノリティ、少数文化、等々のさまざまな問題領域において、「いかなる制度や政策が望ましいか」という規範的な問題に直面せざるをえない。そのつど、「社会を構成する規範的原理はいかにあるべきか」という問いを自ら引き受けて答える努力をしなければならないのである。その時、この問いに対してすでに一定の熟慮された思考を積み重ねてきているのが、リベラリズムという思想なのだ。われわれは、最終的に受け入れるのであれ、受け入れないとするのであれ、リベラリズムという思想と真剣に格闘することなしには、現代社会について十分に考えることはできないのである。

リベラリズムとはそもそもいかなる思想であるのか、あるいはあったのか。それはなぜ脚光を浴びて盛んに論じられたり援用されたりするようになったのか。リベラリズムはどういう問いを引き受けてどのように答えようとしたのか。それはいったい何を達成し、何に失敗しているのか。リベラリズムには、本当にはどのような問題が潜んでいるのか。

本書は、こうした問いに対して答えることをめざしている。私自身はリベラリズムを最終的に擁護することは困難だと考えており、本書では、なぜそう考えるかも丁寧に説明するつもりである。ただ、次の点は強調しておきたい。リベラリズムに批判的だからといって、それが意義の乏しいものだと考えているわけでは毛頭ないということである。今日において、リベラリズムという思想が社会の構想を語る理論として最も強力であるばかりではなく、その展開において示された数多くの知的な創造力は大いに敬服すべきものなのである。われわれはリベラリズムというプロジェクトから非常に多くを学ぶことができるし、それを分析的に検討することを通じて、独自の思想を構想するための糧をうることができるだろう。

＊

I　ロールズ『正義論』とはなにか

第1章　多元的社会にとっての規範的な原理

本章と次章では、まず今日のリベラリズムの背景にある社会的および思想的な問題状況を筆者なりの観点から説明しておきたい。リベラリズムを理解するためには、それがどんな問いに答えようとしたプロジェクトなのかを知ることが肝心であり、そのためには、時代的背景や知的、思想的な問題関心の変化の中でリベラリズムをとらえる必要があるからである。

1　脳死問題で何が問われたか

脳死論争

平成九（一九九七）年の六月、十年近くにわたる議論を経て、脳死者からの臓器移植を認める「臓器の移植に関する法律」（臓器移植法）が国会で成立した。さらに、その法律のもとで、日本で最初の脳死者からの臓器移植が実施されるためには、それからなお一年八ヶ月が必要だった。そして、最初のケースでは、法律制定までの議論の激しさを反映して経緯のすべてがマスコミを通じて全国民の注視の的になった。

脳死を巡る一連の論争と政治プロセスは、日本社会における信念の多元的状況という問題にとって画期的な出来事だったのではないだろうか。それは、異なる対立した価値や信念を持つ人々がいかにして共同の社会をともに営むことができるかという問題についての、決して完全ではないが、それなりに道理的な一つの解決策だった思われるからである。むろん、対立は今でも続いている。それぞれの価値や信念が収斂して一つに統合されたわけではない。しかし、臓器移植法の制定については異なる双方の立場にいる多くの人々が合意した。それによって、その前と後とで対立の状況に何か根本的な変化が生じたことはまちがいない。*

＊　脳死問題についての文献は非常に多いが、論争については梅原猛編『「脳死」と臓器移植』（二〇〇〇年）、問題を概観するには加藤尚武『脳死・クローン・遺伝子治療』（一九九九年）が参考になる。

脳死をめぐる対立は、次の二つのレベルに分けて考えることができる。一つは、「脳死」とよばれる状態に陥った人の身体からその臓器を取り出して、他の人に移植することが「許されるか」という問題である。許されないのであれば「脳死からの臓器移植」という行為を禁止し、場合によっては刑罰を科さなければならない。他方、もしも許されるのであれば、それを禁止したり刑罰を科したりすること自体が不正なことになる。ここでは、脳死からの臓器移植は禁止すべきだという「移植反対派」

と、いや禁止するなどもってのほかだという「移植推進派」とが鋭く対立していた。

もう一つのレベルの対立は、「脳死を『人の死』とみなすことができるかどうか」の問題だった。移植推進派の人々は、「脳幹を含む全脳の不可逆的機能停止」として定義される「脳死」は、医学的に見て必然的に心臓死に至ることが検証されており、たとえ心臓が生きていたとしても人としては死であり、しかもすでに国際的に広く人の死として認められている、と力説した。それに対して、反対派の人々は、三徴候死（心臓の拍動停止、呼吸停止、瞳孔散大）こそが人の死であり、まだ心臓が動いていて身体も温かい存在を死者と認めることは困難であり、死の概念は文化的なもので外国に追随する必要はないと論じた。

後者について、「脳死も人の死だ」と考える人は一般に前者の「脳死からの臓器移植」を容認する傾向があった。しかし、移植推進派＝「脳死を死と認める人々」という一義的な関係が成立していたわけではない。（たとえば、移植反対論を精力的に展開した評論家の立花隆は、脳死を死と認めることに反対したのではなくて、現在の脳死判定基準の技術では、正確に「不可逆的な機能停止」を判定することはできないということを主な論点にしていた。）

他の争点や論点も、これに劣らず重要であった。たとえば、推進する立場からは「自己決定原則」が強調されることが多かった。本人とその家族とが「脳死を人の死」と認めるならば、基本的にそれでいいのではないかという議論である。これなら、温かい身体にメスを入れてまだ動いている心臓を摘出することを認めたくない家族の感情は尊重される。これに対して反対派は、「いや、いったん「脳死は人の死」と認められると、あくまで心臓死にこだわる人々に対しては社会的圧力がかかってくることになる」と反論した。

移植推進派の最大の論点は、いうまでもなく、臓器移植によって大勢の患者を助けることができるということである。しかし、逆の立場からは、臓器移植の拡大は、臓器売買や功名心ないし金銭欲にかられた医師によるモラル・ハザードを招く危険があると主張された。

このような議論の中で、最終的に成立を見た「臓器の移植に関する法律」の最大のポイントは、次の第六条にある。

第六条　医師は、死亡した者が生存中に臓器を移植術に使用されるために提供する意思を書面により表示している場合であって、その旨の告知を受けた遺族が当該臓器の摘出を拒まないとき又は遺族がないときは、この法律に基づき、移植術に使用されるための臓器を、死体（脳死した者の身体を含む。以下同じ。）から摘出することができる。

この条文により、一定の条件を満たしたとき、脳死とされる身体から臓器を摘出することがはじめて法的に承認されたのである。条文の文章から推測されるように、この法律の核心は、「脳死」が「死」であるかどうかの判断を棚上げにしたことにあった。合意が達成されそうにない問題の決着は回避して、きわめて単純率直に「脳死した者の身体」からの臓器摘出を合法化するという点に絞って、合意をえたのである。

ある人々からすれば、脳死問題とは「死は三徴候死によって定義すべきか、それとも脳死によって定義すべきか」をめぐる科学的な問題であって、この科学的な判断を避けたことはむしろ不当なことだと思われるかもしれない。しかし、脳死問題はそうした純粋な学術上の問題だとはみなされなかったし、実際そういう問題ではないのである。

制度の問題

先に見たように、脳死問題は基本的に二つのレベルで争われた。そのうち、第二の「脳死は人の死か」は究極的には信念の問題だと言えるだろう。それは、ちょうど中絶問題において「胎児は人か」「受精卵は人か」をめぐる問題と同じで、どちらを取るかについて人々は信念のレベルで対立しているのである。信念のレベルの対立を完全に解消することのできる道理的な方法は容易には見つからない。むろん、他方の信念の持ち主を何らかの形で強制的に改宗させたり、殺して根絶してしまえば、かつてナチスが考えたような「最終解決」がえられるが、そんな「解決策」が考えるに値しないあるまじきものだということは、議論の大前提である。

論者によっては、「脳死は人の死か」どうかは信念の問題ではなくて科学の問題であり、それを曖昧にしたままの臓器移植法は、重大な不正を犯していると主張する。（たとえば、小松美彦『脳死・臓器移植の本当の話』（二〇〇四年）がそうである。）しかし、何をもって「死」とすべきかについて依然として科学者のあいだで対立が激しいという事実、そして、そもそもこの問題が「死とは何か」という哲学的・宗教的問いに立ち帰っていくだろうと容易に予想されることからして、やはり究極的には（少なくとも現在の）科学では決着をつけることのできない「信念」の問題だと考えるべきなのである。

そして、厄介なことだが、われわれは、議論によっては容易には解消しないような対立する信念を持って生きているのである。

脳死問題のもう一つのレベルは、脳死からの臓器移植を認めるか否かであった。ここで「認める」という言葉にはさまざまな意味があることに注意したい。まず、当然のことながら、脳死が人の死だと考えない人は、脳死からの臓器移植を個人的には認めることはできない。しかし、ある人が認めないからといって、それだけでは他の人が臓器移植を行うことを妨げることはできない。すべての人の行為をしばる形で「認めない」ようにするためには、道徳や法律において「認めない」と定められていなければならないだろう。道徳や法律は原則としてすべての人を拘束するものだ。しかし、道徳と法律の間にも大きな違いがある。法律（ここでは、成文法を念頭においているのだが）は議会によって誰の目にもはっきりと分かる形で制定され、「法が何を規定しているか」についての人々の了解は、少なくとも条文のレベルでは——その解釈はさまざまでありうるが——一致している。道徳には、そういう一致した条文はない。したがって、「道徳が認めていない」といっても、それはもしかするとそう思っている人だけの個人的な了解にすぎないかも知れない。

脳死論争の場合、認めるか否かの焦点は次第にある点に収斂していった。最終的な争点は、脳死からの臓器移植を法律で明確に一定の範囲で容認すべきか、それとも、そのような法律は制定しないか、であった。後者の場合は、脳死からの臓器移植が法的に認められるかについては曖昧さを残したままであることを意味していた。したがって、もしかするとそれは「生きている人の身体からの臓器摘出」であり、それによって死（誰もが合意する意味での）に至らしめるという意味で、刑法上の「傷害致死罪」もしくは「殺人罪」に該当するかもしれない。該当するかどうかはまったく曖昧であったが、もしも日本で脳死からの臓器移植手術が行われれば、それを刑事告発する人がいることはほぼ確実であった。そのため、訴訟費用（金銭だけでなく、訴訟に取られる時間や、告発されたことに伴う名誉や信用の損失も含めて）や、万が一の有罪判決のことを考えると、日本の医師たちにとっては、実質的には脳死からの臓器移植が禁じられているのと同じことを意味するものだった。

このように、脳死問題は、その中に宗教的な問題や倫理的な問題を含みつつも、基本的に、法律という制度の問題であった。すなわち、脳死という現象に関して、いかなる行為がどのような手続きのもとで社会において容認され、逆にいかなる行為が司法的権力による制裁の対象として禁止されるかを、成文法制度においてどう規定するかという問題だったのである。

したがって、制度がどうあるべきかという観点から、次のようなことが問われていた。すなわち、臓器移植という行為は関係する諸個人の自由な選択に任せておいていいのかどうか。もしも何らかの社会的なルールを作るとすれば、どのようなルールが望ましいのか。そこにおいて、法において何が禁止され何が容認されるべきなのか。それらに関して、国家はどのような役割をはたすべきか、あるいははたすべきではないのか。ルールの遂行にあたって、どのような組織を設置したり、どのような既存の組織や集団を活用すべきなのか。そして、これらの制度は全体としていかなる基本的な考え方や理念のもとで構成されるべきなのか。

今日の社会では臓器移植や生命倫理あるいは環境倫理だけではなく、男女間や人種間の不平等、階層的不平等、福祉制度、政府の役割と市場の役割、教育制度、家族のあり方、個人道徳、国家と家族あるいは信仰との関係、等々、社会生活のありとあらゆる領域において、こうした問いかけがなされているのである。ただ単に、個別的な問題についての具体的な解決が求められているだけではない。むしろ、「**社会を支える規範的な原理**」のようなものが求められているといえるだろう。

2　規範的な社会理論の探求

社会についての規範的理論

社会を支える規範的な原理への探求は古代中国と古代ギリシャとにさかのぼることができる。中国では、孔子を代表としてその後、戦国時代の諸子百家と呼ばれる人々が盛んに活動した時代。ギリシャでは、いわゆるソフィストたちが活躍し、それと同時にソクラテス、プラトン、アリストテレスを中心とする西洋哲学の起源が形成された時代。ほぼ同じような時期に、おそらく東西でまったく独立に発生した探求である。どちらも、同一の言語文化圏の中に独立の国家が多数並存していて、しばしばお互いに戦争を繰り返していたという共通する社会背景がある。そして、もっと重要なこととして、どちらにも一定の出版文化が発達していて、一種の言論の公共圏が成立していたという背景も指摘できる。すなわち、身分を問わず原理的に誰でもが思想を提示しあい、それについて議論しあうことができるような、発話とテキストからなる社会的な競技場である。こうした中で、たとえば孔子は、周公の礼楽制度を模範として君主が仁徳をもって政を行い、そのもとで民が父母への敬愛を軸として広くお互いに仁愛を施し合うような社会を理想とした。またプラトンは、身分制を前提として叡智に満ちた哲人王が理性にしたがって統治することを理想の政治と考えた。
ちなみに、古代ギリシャにおいて自然科学から社会哲学・政治哲学までにわたる広範で華やかな思想の展開が見られた「アテナイの奇跡」について、現代の科学哲学と社会哲学の泰斗ポパーは、京都賞を受賞したときの日本講演の中で、次のように出版文化の重要性を熱っぽく語っている。

ある日、私はプラトンの『ソクラテスの弁明』――それは私の知る限りでは最も美しい哲学書です――を読み直していました。そしてあの有名な一節〔訴追者メレトスがソクラテスは「太陽は石、月は土だ」と主張していると非難したのに対し、ソクラテスは、それはアナクサゴラスの説で、それを書いてある本は「市場に行けば一ドラクマでも買える」と答える〕を読みながら、私には一つの着想が泛かびました。これは、紀元前三九九年のアテナイで、書籍の市場が栄えていたことを示唆するものではあるまいか、と（長尾龍一他編『開かれた社会の哲学』一八頁。ただし一部省略）。

われわれの文明は、その発端から「書物の文明」（bookish civilization）であったのです。この文明は、伝統に依存しながらも革新的で、真摯であり、知的責任を重んじ、比類ない想像力と創造性を発揮し、自由を尊び、それへの侵害に敏感な文明ですが、これらすべての属性の根底にあるのが、「書物への愛」に他なりません（『開かれた社会の哲学』二六頁）。

ポパーは、社会を支える規範的原理への探求である社会哲学や政治哲学が、開かれた書物の市場を媒介として、想像力と創造性をもった知的な営みが自由にかつ責任をもって展開されうるような社会を条件にしているということを強調している。社会を支える規範的原理への開かれた探求は、西洋文明では、ポパーが言うように「書物の市場」を発達させた「アテナイの奇跡」において、そして東アジア地域では諸子百家の時代に始まったといえるだろう。

それ以降、多くの人間社会において、社会思想、哲学、倫理など、さまざまな名称で呼ばれながら、ある共通した問いかけに対して答えを与えようとする営みが積み重ねられてきた。それは、簡単な言い方をすれば、誰にとっても妥当するはずの「望ましい社会の基本的なあり方」を探求するという営みに他ならない。現実に経験的に生きられている社会ではなく、現実には存在していないものへの探求である。

これは、**経験的な社会理論**と区別して、**規範的な社会理論**と呼ばれる探求である。経験的な社会理論の方は、現実の社会はどうなっているか、それはなぜそのようになっているのかを問い、それに答えようとする理論である。たとえば、社会の不平等はどうなっているか、どのようなメカニズムでそうした不平等が生じているのか、ということに答えようとする。それに対して規範的な社会理論は、たとえば、どのような社会的不平等があるべきか、あるいはあってはならないかを論じようとするものである。

近代になると、古代中国や古代ギリシャで当然のように受け入れられ、理想の社会を構成する要素の一つであった身分制は、望ましい社会の観念からはもっとも対立するものと見なされるようになった。かわってよく知られているように、自由と平等とが望ましい社会の不可欠の要素として強調されるようになる。自由と平等とはしばしば両立しない価値でもあるが、のちに見るように、リベラリズムという思想は近代のこの二つの価値を共に重視して、これらを両立させるような規範的原理を探求する思想だとみることができる。その意味で、近代の規範的社会理論の問題意識を最も忠実に継承しているものだといえるだろう。

相対主義

ここで当然気になるのが、いかなる社会が望ましい社会であるかについて、相互に対立する説が多数存在するということである。規範的社会理論の歴史は、いわば多種多様な説の博物館のごとき様相を呈している。そのことをわれわれは倫理社会や哲学の授業を通じてよく知っている。それは、自然科学や数学の歴史とはきわめて異なる事態だ。後者では、異なる説が同時に立てられることがあっても、いずれ何らかの「正しい」説に収斂していく。少なくとも、収斂していく傾向が認められる。それに対して、規範的な社会理論ではそのような収斂は必ずしも認められない。少なくともそう見えるところがある。

このことからすると、「いかなる社会が望ましい社会であるか」というような問いは、「あなたはどんな社会を好みますか」という問いと同じで、人々の数だけ異なる好みが答えられるだけのことだ、と思えるかもしれない。確かに、たとえば、「何を飲みますか」という問いに対してであれば、「私はコーヒーだ」「いや、私は紅茶だ」と自分の好みを答えればいい。そこで意見が分かれても、困ることは何もない。それは、この問いが純粋に個人の個別的な選択に関する問いであって、それに答えることが純粋に個人の選択に分割できるからである。しかし、社会の望ましさに関する問いは、そのように一人ひとり別々には答えられないものなのだ。たとえて言えば、一種類の飲み物しか用意できないという前提のもとで、複数の人々に「何を飲みますか」と問いかけるようなものなのである。

この例はあまり適切ではないかもしれない。というのは、個人的な好みは最大限尊重されるべきだという点で、意見の一致が簡単にえられるかもしれないからである。むしろ、次のような例の方がいいだろう。

ある会議の場において、会議のあいだに飲食を認めるかどうかという問題があったとする。ある人は、「会議のあいだくらい、飲食は我慢して会議に集中すべきだ」と考えるだろうし、別の人は「飲み物くらいあった方がむしろ会議がスムーズに運ぶ」とか「他人の邪魔にならないんだったら、誰が何を食べたり飲んだりしようが自由であるべきだ」と考えたりするだろう。「各自の自由にする」というのは一つの可能性であり、それは問題を個人の選択に分割することによって解決するものであるが、ここで重要なことは、この解決の仕方を選ぶかどうかそのものは個人の選択に分割できるのではなくて、会議の場における**一意の決定**でなければならないことである。

注意しなければならないが、一意の決定を得ることと、その決定が規範的に正しいこととは同じではない。政治とは人々の間で一意の決定を得るプロセスで、政府はそのための機関であるが、政府のなすことが常に規範的に正しいわけではない。規範的な社会理論に求められていることは、いかなる決定が正しい決定であるかについて答えることである。しかし、はたしてそれに対して一義的に正しい答えというものはありうるのだろうか。

そんなものは原理的にはありえない、とする価値相対主義や道徳的懐疑論は、孔子やプラトンの同時代にも少なくない論者によって唱えられていた。たとえば老荘思想で有名な荘子の「胡蝶の夢」という寓話は、世間が価値あることと思っている立身出世などは自然に飛び回っている胡蝶の愉快さと比べてどこが価値なのか、という疑いを提示している。また、プラトンの著作の中では、最終的にはソクラテスにやりこめられるのだが、さまざまな懐疑主義的なソフィストたちが登場してくる。

自生的秩序と規範性

何が正しい決定かを考えなくても、何らかの一意の決定が事実上成立することがある。たとえば、誰も飲食をしたいとは思っていないために、飲食が実際にまったく起こっていないケースがそれである。逆に、誰もが会議の場での飲食については、あたかも呼吸するのと同様に、自然なことでまったく自由だと暗黙のうちに考えている場合でも、自由に飲食をするという自生的秩序が生じる。

現実の社会に存在する規範や制度の多くはこうした自生的に生じた秩序だという理論が一八世紀イギリス（スコットランド）の哲学者ヒュームによって唱えられ、この理論に沿った研究が最近でも盛んになされている。「進化ゲーム論」や「進化経済学」というような学問分野がそうである。そこでは、異なる行動原理と選好を持った多数の個人もしくは行為主体が相互作用を重ねていく中で、どのような行動原理が集団の中に確立されていくかが探求されている。確かに、そのようなメカニズムが中心になって生じてきたと考えられる秩序的な現象も少なくない。おそらく言語やファッションなどにはそうした側面があるだろう。

しかし、このような自生的秩序論には、「社会的制度はどうあるべきか」という問いの探求とは根本的に相容れない部分がある。ここには、経験的な問いと規範的な問いとの違いがかかわっている。ある秩序がどのようにして生じたのかという経験的な問いと、その秩序は規範的に望ましいものなのかという問いとは、原理的には区別できるし、区別すべきものなのだ。* 自生的秩序論者の中には、「自生的秩序は、自生的であるがゆえによい秩序だ」という思いこみがしばしば見受けられる。『隷従への道』や『自由の条件』で有名なF・ハイエクがその代表である。しかし、実際には、自生的秩序と見なせるものの中にも、良いものと悪いものとがある。市場的競争によって良質の商品が安く供給されるようになったらそれは良い自生的秩序だろうが、逆に、競争によって寡占化が進んで劣悪な商品が高い価格でしか供給されないということも起こりうる。

＊　経験的な問いと規範的な問いとが区別できるかどうか、区別すべきかどうか、そしてなぜそうなのかという問題は、それ自体、哲学や科学方法論の大きな争点になっていて、区別を否定する論者も少なくない。これに正確に答えるためにはかなり周到な議論が必要であり、残念ながらここでそれを展開する余裕はない。（しかも厳密に言えば、自然科学と社会科学とで状況は異なる。）ただ、基本的には、この区別は「経験的世界について『真』であるような知識」が成り立つために不可欠だ、という理由によって正当化されると考えられる。

ある状態や制度が「良い」か「悪い」かという規範的な判断は、現象を反省的にとらえたときに生じる判断である。それに対して、自生的秩序というのは、そうした反省的な契機が存在しないかもしくはまったく影響しないと想定できるときに生じてくる秩序である。したがって、自生的秩序はそれ自体として「良い」のではなくて、むしろ「良いか悪いか」の**反省的回路を欠いている**のである。

この意味で、社会の望ましさというような規範的原理への問いを探求するということは、われわれに自生的に生じる「望ましさ」の観念を超えて、さまざまに異なる「望ましさ」の考えについて、反省的な考察を理論的な営みとして遂行することなのである。

3　現代の規範的社会理論を代表するリベラリズム

かつてのリベラリズムと現代のリベラリズム

社会の規範的原理をめぐる現代の探求は、ジョン・ロールズの『正義論』（一九七一年）の刊行とともに始まる現代リベラリズム思想が中心的担い手である。

リベラリズムという言葉は昔からあったもので、日本でも大正時代あたりから「自由主義」と訳されてきた。かつてのリベラリズムないし自由主義は、保守主義や国家主義と対比される思想的立場で、日本で言えば、福沢諭吉、中江兆民、吉野作造、河合栄治郎、石橋湛山などが代表的思想家である。それぞれ違いはあるものの、国家的統制や伝統的慣習に頼るよりも、個人の思想・言論および経済的諸活動の自由を尊重することによってよりよい社会が形成されていくと考える点で共通している。イギリスで言えば、一九世紀半ばから二〇世紀はじめ頃まで、保守党に対抗して自由党（Liberal Party）が代表していた立場でもある。このことから分かるように、かつてのリベラリズムは一九世紀イギリスを中心に展開され、経済的自由主義と密接に結びついていた。これがグレイのいう「古典的リベラリズム」にほぼ対応する。

これに対して、現代のリベラリズムはかなり新しく、一九三〇年代アメリカのニューディール時代に起源を求めることができる。そのときから「リベラル」という言葉がニューディール派、すなわち、経済活動への政府の積極的介入、平等政策、差別撤廃論、反人種主義、福祉政策の重視、などを主張する政治的立場を表すものとして確立した。今でも、アメリカで単に「リベラル」と言えば、こういう考え方の持ち主のことを指している。古典的リベラリズムとちがって、アメリカではむしろ福祉政策や平等の強調など、いわゆる「社会民主主義」的な色彩が非常に強くなっている。この意味での「リベラル」は、もはや経済的自由主義を重視するものではない。ヨーロッパと異なり有力な社会主義陣営が存在しなかったなかで、「アメリカの左翼」を代表するのが「リベラル」なのである。

ただし、現代のリベラリズムは、このニューディール的「リベラル」ともまた微妙に異なっている。一番大きな違いは、ニューディール的リベラルが政策や政治的争点に直接的に関わっているのに対して、現代のリベラリズムはむしろ理論的な活動として展開されているということである。ある意味では、ニューディール以来のリベラルな政治的運動や政治的立場に対して、哲学的で理論的な基盤となるものを構築しようとしているのだという側面もないわけではない。ただし、実際に展開されているリベラリズムの諸理論は、決して意識的にニューディール的リベラルに基礎づけを与えようとしているわけではなく、それとは独立な論理構成をとっているというべきだろう。実際、ニューディール的リベラルの社会民主主義的で介入主義的な平等主義と比べると、現代リベラリズムは「個人の自律」をより重視するとともに、「正義」を平等や自由を規範的に統合しうる上位の価値として設定するのである。

個人主義

古いか新しいか、古典的か現代的かを問わず、さまざまなリベラリズムに共通する最大の特徴は、何といってもその**「個人主義」**にある。リベラリズムは「個人」を究極的な唯一の実在とみなす。ただしこれはリベラリズムだけでなく、ホッブズ以降のほとんどの社会理論に共通している。とくに今日、リベラリズムと対立すると見られている功利主義やリバタリアニズムとも共通の基礎をなすテーゼである。

「個人が究極的な唯一の実在だ」という命題の意味は、それがどういう命題と対立しているかを見ることによってよく分かる。この命題が否定しようとするのは、しばしば諸個人を超えるものとして想定される二つの「超個人的なものの存在」を理論の中に組み込むことである。一つは言うまでもなく、長い間、ヨーロッパ世界に君臨してきた「神」である。そしてもう一つは「共同体」である。

ユダヤ＝キリスト教の伝統では、モーゼの十戒やイエスの山上の垂訓のようにさまざまな道徳規範が神の命令あるいは神との約束として聖書に記述されている。したがって、もしもこの神の存在を前提とすれば、当然のこととしてこれらの道徳規範はアプリオリに妥当しなければならない。むろん、道徳規範だけではなく、政治組織のあり方や政治が仕える価値についても神が最高の主権者にならなければならない。

しかし、近代の世俗的な社会理論というのは、**神の助けを借りないでいかにして社会を作っていくか**

ということを基本テーマとしてきた。このことは、ヨーロッパ発の「近代」というものの中核をなすといってよい。近代ヨーロッパの歩みの全体がローマ・カトリック教会を頂点とする中世の権威的秩序の解体過程という側面を持っている。宗教改革や絶対王制にそうした面があるのはよく知られている。社会理論としては、ホッブズやフランス啓蒙思想に典型的にみられるような世俗主義的な合理主義に現れている。むろん、すべての理論家たちが教会の権威に対するむきだしの敵意を示したわけではない。しかし、理論のレベルにおいてはもはや教会や神の権威に頼ることはできないという暗黙の了解は広く共通に確立されてきた。

社会における個人主義の中核にあるのは、「諸個人の世俗的な諸性能だけに基づいて社会を構成していくことができるし、そうすることが社会として望ましいあり方だ」という考えである。この考えは、たとえば**功利主義哲学**の創始者である一八世紀末のイギリスの哲学者ベンサムの次のような言葉で最も明確に表現されている。

功利性の原理とは、その利益が問題になっている人々の幸福を、増大させるように見えるか、それとも減少させるように見えるかの傾向によって、……すべての行為を是認し、または否認する原理を意味する。……

社会の利益という言葉が意味をもつのは次のような場合である。社会とはいわばその成員を構成すると考えられる個々の人々から形成される、擬制的な団体である。それでは、社会の利益とは何であろうか。それは社会を構成している個々の成員の利益の総計に他ならない（『道徳と立法の諸原理序説」中公バックス『世界の名著　ベンサム・ミル』八二〜八三頁)。

社会は擬制的な団体であって、真に存在するのは個々の人々だけである。したがって、守るべきあるいは増進すべき利益とは、人々の利益や幸福以外の何ものでもない。これが個人主義の根本原理である。

ベンサムの文章に明白に現れているように、個人主義的な理論が対抗しているのは、神だけではなく「社会(共同体)」に対してでもある。しかし、規範的原理としての個人主義が社会に対抗したり、それを否定するという言い方は紛らわしい。なぜなら、個人主義といえども社会を否定しているのではなく、まさにそれによって社会を構成しようと考えていたのだからである。したがってより厳密に言えば、個人主義が否定しているのは、「個人に先立って、個人よりも優位に立つものとしての社会」というものである。このような意味での社会を指し示すために、しばしば「共同体」という言葉が使われている。

社会を実体視する理論：個人主義が対立するもの

ここで、社会理論における個人主義という立場を明確に理解するために、それと真っ向から対立する社会理論の特徴を見ておくことにしよう。個人よりも優位に立つような社会を認める理論は、しばしば「集合主義的社会理論」と呼ばれる。それはおおむね、(1)諸個人の利益には還元できず、かつ諸個人の利益のいかなる集積よりも優先されるべき「社会としての利益」が存在しており、(2)

しばしば社会には社会としての独自の意志や目的があると想定し、（3）諸個人はむしろ社会に依存しており社会によって形成されたものとして存在している、というような考えからなっている。このような社会はしばしば「実体視された社会」とも呼ばれる。

社会をこのようなものとして見ることは、実は案外と身近なことであって、日常生活レベルで「国家」や「民族」について語るときはほぼそれらを実体的社会とみなしていることが多い。たとえば「ナショナル・インタレスト（国益）」という言葉は、外交や軍事を語る際の政治家の日常用語である。現在の日本では国益という言葉を避ける雰囲気があるけれども、「省益あって国益なし」と言われたりもする。何よりも、現代のリベラリズムの本国である当のアメリカでこの言葉が聞かれない日はない。これは英語ではネイションの利益ということになるが、ネイションとは「ユナイテッド・ネイションズ（国際連合）」の言葉で明らかなように、国際政治上の独立した行為主体としての国家を意味しており、「国益」という概念はそうした国家としての利益というものが存在しているという考えを前提にしている。

実体視された社会（共同体）のもう一つの典型例は、戦後の日本における「会社」である。「会社人間」という言葉があるように、会社が永遠に存続し発展すると考えてそれに自己を同一化し、会社の利益というものを優先的に考えて生活（滅私奉公）をしている人々にとって、会社は自分自身および他の従業員や経営者を超えた存在であった。このような日本の「会社主義」（この言葉は、高度経済成長の真っ只中に、坂本二郎という経済学者が「社会主義」をもじって作ったものである）は、多くの社会科学者によって「村」や「家」の論理だとされてきているが、むしろ江戸時代の「藩」あるいは戦国後期の「領国大名」をモデルにしたものだと考えた方がいい。その証拠に、サラリーマンが好む歴史小説のテーマの多くがそれらからとられている。

このように日常生活のレベルでは社会を実体的なものとするみかたは決して珍しいものではない。しかし、社会理論のレベルで、社会が固有の利益や目的をもったものだと主張することは非常に難しい。というよりも、原理的に不可能だと考えた方がいい。そのことは拙著の『制度論の構図』（一九九五年）で論じてあるが、ここで簡単に説明しておきたい。

近代以降の社会理論のレベルで社会を実体的なものとして積極的に論じた代表的理論家に、一九世紀初頭のドイツの哲学者ヘーゲルがいる。ヘーゲルの思想はしばしば「国家主義」や「全体主義」とみなされることが多い。しかし彼が実際に論じていることは、けっして全体主義的ではなく、国家主義としてもきわめて穏和なものである。（全体主義や極端な国家主義の思想は、二〇世紀の前半、レーニンに導かれたロシア革命をきっかけとしてその影響のもとに盛んになったものだ。）

ヘーゲルにとっては「自由」が最高の価値であり、人々および人間社会が倫理的であるとはすなわち、自由の理念が実現していることあるいはそれをめざしていることである。この点は、一八世紀啓蒙思想の系譜上にある。ただし、この自由とは決して欲求のままに生きるというような意味での自由ではなく、ヘーゲルより少し前のドイツの哲学者カントが考えたように、道徳的必然に合致するという意味での自由である。ヘーゲルは「国家」の前に「市民社会」という概念を立てるが、市民社会とは「独立の個々人である成員たちの結合態、したがって形式的普遍性における結合態、成員たちの欲求を介しての、結合態」（「法の哲学」中公バックス『世界の名著　ヘーゲル』三八五頁）であるとされる。

ここでイメージされているのは、一定の所有権と人格権とを前提とし、一定のルールのもとで人々がそれぞれの個別利益を追求しあう市民的自由からなる社会である。しかし、ここでは「各人が自分にとって目的であり、その他いっさいのものは彼にとって無」であり、諸個人のもろもろの欲求が対立しあう可能性をはらんでいる。そこで、市民社会の上に「国家」というものが「倫理的理念の現実性」として現れてこなければならない。

国家は客観的精神なのであるから、個人自身が客観性、真理性、倫理性を持つのは、彼が国家の一員であるときだけである（『法の哲学』四八〇頁）。

この表現で示唆されるように、ヘーゲルにとって「国家」とは、諸個人の自由が最大限に開花し、特殊的・個別的なものが普遍的なものと合致し、自由が義務と合致するような、ある理念的な制度である。現実の国家がそうだというのではなく、理念としての国家の概念だと理解する必要がある。この国家は、究極的にはある意味で諸個人と一体化するのであるが、基本的には、諸個人を超えた集合体として存在すると考えられている。

ヘーゲルを基礎としながら、解釈学や現象学あるいは社会学を取り入れて独自の理論展開をした日本の理論家として、戦前から戦後にかけて東大で法哲学を教えていた尾高朝雄がいる。彼は、『国家構造論』という主著で、単刀直入に次のように主張している。

国家は超個人的な単一体としての団体である。而して、団体は自然の世界には存在せず、精神の世界をその存在領域とする（『国家構造論』一〇二頁）。

尾高によれば、国家に限らず、団体は統一性、全体性、自同性を示す。ここで統一性と全体性というのは、ひとまとまりのものとして統合されているというほどの意味であり、自同性というのは、昔に創業されたAという会社が時代や成員が変わっても同じAという会社として同一であるという性質のことをいう。団体のそうした性質は、団体が単に自然的あるいは経験的なものではないし、人と人とのあいだの社会関係の寄せ集めとは異なっていることを示している。なぜなら、団体の団体としての自同性は、人が入れ替わっても影響を受けないのであって、その自同性は経験的で自然的なレベルには求められないからである。したがって、一つの団体である国家は、単なる事実現象の世界の存在としてではなく、「客観的精神成態」として存在するのだと尾高は言う。「客観的精神成態」などというのは非常に分かり難い言葉だが、ようするに、物的にではなく精神的なものとしてしかも客観的に存在するのだということを言い表すために尾高が作り上げた用語である。

尾高は、社会という集合的なものは擬制でしかないと主張する個人主義的社会理論に対抗して、集合的なものは経験的なものとしてではなく精神の世界に客観的に存在するのだと考えるのである。

このようなヘーゲルや尾高の理論は、一概に無視することのできない重要な論点を含んでいるけれども、大きな難点をはらんでいる。どちらの理論でも、実体としての国家は、経験的なレベルにおいてではなく、理念的ないし精神的なレベルにおいて存在すると想定されている。しかし、かりに「国家」がそのようなものであるとしても、そこからいかにして「どのような国家が望ましいか」という問いに対する規範的な答えを導き出すことができるか、という問題が生じるのである。

ここで、もしも「客観的精神」と呼ばれるものの内容が分かれば、それをもとにして国家の理念的（＝理想的）なあり方を構築していくことができると考えられるかもしれない。それは規範的な理論を構築していくことを意味するだろう。しかし、ここにおいて重要なのは、いったいどのようにして、誰が、いかなる資格でその「客観的精神」の内容を知ることができるのだろうかという問題である。理論家にそのような特権があるわけではないし、ましてや政治家や官僚にあるわけでもない。したがって、もしも「客観的精神」としての国家というみかたが正しいとしても、その内容が何であるかについては人々の間でさまざまに異なりうるということが起こる。そうだとすると、それは「客観的精神」の内容についての人々の「主観的解釈」がばらばらに存在するということであって、結局のところ個人主義的社会理論の「実在するのは諸個人のみ」という地平に立ち戻ってしまう。

このようにして、国家のように個人を超えたものが人々からは独立に実体として存在すると考える場合には、その実体なるものを誰がいかにして知りうるかという困難に直面せざるをえないのである。ただし、じつは、こうした集合主義的な考え方は、「階級」を実体視したマルクス主義の例からも分かるように、近代の社会理論の中で必ずしも珍しいものだったわけではない。社会理論の多くはどこかしら何かを「実体視する」ことから免れえない。

そうした中で、リベラリズムに代表される個人主義的な社会理論は、「個人」という疑うことのできない存在だけを基盤にして考えていこうとするものである。それが、神に頼ることなく社会を作っていこうとした近代の初発の問題意識を忠実に受け継ぐものであったことはいうまでもない。

4　多元主義にどう答えるか

個人レベルの利害対立

実体としての社会というような見方をとらないとすれば、社会において望ましいものや価値あるものは、一人一人の個人にとって望ましかったり価値あるものを基盤にして考えていくしかない。ただし、ひとくちに「諸個人にとっての価値を基礎にする」といっても、そこにはきわめて多様なバリエーションがありうる。一つの極には、たとえば一部の功利主義のように各個人が主観的に「そうあることが快楽だ」と考えていること、あるいは端的に各個人にとって「快楽」であること（これは、「快楽だと考えること」とは同一ではない）を基礎にする考え方がある。他方の極には、人々が主観的に意識したり考えているかどうかとは無関係に、何らかの理由によって「各人にとって望ましい」ことを基礎にする理論もある。

現代のリベラリズムにとって重要なテーマの一つが、こうした個人レベルの望ましい状態として、人々が享受しうる自由や財や資源や機会に焦点をあてたとき、それらの人々の間での対立と格差の問題である。個人の自由や平等が問題になるのは、人々の間で利害関心や利害上の立場が異なるからである。一つのケーキを分けようとするときには利害対立が生じうるし、ある人の自由は他の人の不自由を招くかもしれない。個人レベルの状態に基づいて社会の望ましさを考えようとするとき、こうした多元的状況が、問題の焦点になる。すなわち、諸個人の間で利害が異なっているという状況をどのようにのりこえて**偏りのない**形で社会の望ましさをどのように概念化したらいいのかという問題である。この問題状況は**「利害の多元主義」**と呼ばれる。（「多元主義 pluralism」という言葉は「-ism」なので、「主義主張」を表しているように受けとめられるかもしれないが、ここでの「-ism」は封建主義（feudalism）や資本主義（capitalism）という語での使い方と同じく、社会の構成のされ方を指し示すための接尾語である。）

利害の多元主義という問題状況に答えようとしたのは、必ずしもリベラリズムには限らない。ベンサムやミルの功利主義も、マルクス主義や社会主義も、あるいは福祉社会の構想やそれに対立するリバタリアニズムも、人々のあいだの異なる利害をどのようにして調停することが社会として規範にかなったことであるかについて答えようとしている。たとえばマルクス主義は、資本や土地のような生産手段の私的所有を廃絶すれば、人々のあいだの重大な利害対立はおのずから解消されると考えた。あるいは今日のリバタリアニズムは、一人一人が自由に自らの利害関心に基づいて決定することのできる領域を設定し、社会的世界をそうした区画された自由領域でできるだけ広く蔽うことによって、利害対立をあらかじめ大幅に押さえ込むことができるという発想に基づいている。あるいは、かならずしも規範的理論ではなくて経験的な政治理論の色彩が強いものだが、一九五〇年代から一九六〇年代にかけてのアメリカの政治学者ダール（『民主主義理論の基礎』（一九五六年）など）を中心とする多元的民主主義論は、さまざまな集団的利害からなる社会において相互の牽制と均衡によって専制を防止するための政治システムの構想を理論化することに向けられていた。

文化の多元主義と寛容の問題

リベラリズムが答えを与えようとしている問題には、利害の多元主義のほかに、「寛容」と「文化の多元主義」の問題がある。

寛容の問題とは、いかにして異なる宗教や文化や生活様式が同一の政治共同体の中に並存しうるか、という問題である。歴史的には、一七世紀の宗教戦争の混乱が、ウェストファリア条約によって国民国家からなるヨーロッパ秩序の構想という形で収拾されるに伴って、国家内における異なる宗派への寛容という価値が政治的に確立されるようになってきたものだと理解されている。これは、異なる文化のもとで生活している人々が、共通の政治的空間を構成しなければならないという「文化レベルの多元主義」の状況において生じる問題である。一般にロックの『寛容についての書簡』（一六八九年）がリベラリズム的な寛容論の原点だとされる。

文化多元主義と寛容の問題は、今日の規範的社会理論にとっての最大の試金石だといってよい。というのも、誰でも知っているように、現代社会はさまざまな文化的多元主義状況にさらされているからである。第一に、一つの国家の内部で生活している異なる言語や民族など伝統的な文化共同体を出自とする人々の集団が文化的独自性を維持・強化しようとする運動が盛んになってきている。第二次大戦後の国際的労働移動の結果として生じた、ドイツにおけるトルコ人移民、フランスにおけるイスラム系住民、アメリカにおけるスペイン語系移民などが、移民先においてその文化的伝統を維持しようとする運動がある。他方、カナダにおけるケベック州、スペインにおけるバスク地方、イギリスにおけるスコットランドやウェールズなど、長いあいだ単一の近代国民国家の一部とみなされてきたところでも、民族主義的な運動の高まりが見られるようになった。さらに、周知のようにソ連邦解体以降のバルカン半島や旧ソ連地域での深刻な民族紛争が存在する。

第二に、これまで画一的な文化的規範が支配していた領域において、生活様式の多様化と、それらの平等な承認を求める運動とが拡大していった。これはとくに性と家族という、これまで伝統的な文化規範によって生活が秩序づけられてきた領域において顕著である。同性愛者の平等・権利を求める運動は、経済的あるいは法律上の差別の撤廃を求めるだけにとどまらず、同性の間での結婚の制度的承認要求にまで展開してきている。あるいは、法的に結婚という手続きをとらないカップルに対しても、結婚している夫婦と同等の権利を与えるべきだという声もある。多くの生命倫理問題もまた、別の側面から見れば、性と家族の規範に関わっている。中絶や人工授精がそうであるのは言うまでもないが、脳死や安楽死もまた「病」と「死」という出来事に家族員がいかに関与すべきかという問題をはらんでいる。本章の冒頭でみたように、臓器移植問題はとくに人々にとって「死」とは何かというすぐれて信念や文化に関わる対立を反映している。性に関しては、ポルノや売春・援助交際といった問題もある。

むろん、こうした多元主義状況について、「文化や生活様式の多様性はそのまま認めればいいのだ」という絶対的寛容論を口で言うことはたやすい。人々が自分で選択した生活様式をそれぞれ営むことに他人や国家が介入しなくなれば、社会の紛争や対立の多くは解消するだろう。実際、ある限定された領域に関してであれば、寛容を述べる人は多い。しかし、宗教について寛容な人が、臓器移植について寛容だとは限らないし、性やポルノについて寛容な人が政治家の私生活上のスキャンダルに対しても寛容だとは限らない。さらに、法や制度のレベルですべての多様な文化を平等に扱うことは実際的に多くの問題を生じさせる。たとえば、すべての言語に同等の権利を与えるということは、学校教育において、すべての言語を同等に教えなければならないことを含意するが、それは不可能なことだ。ましてて、すべての法令や公文書を、すべての言語で表記することもほとんど不可能だ。かといって公用語の能力に難があるという理由によって就職で不利に扱うことを禁じるのも問題があるだろう。恋愛や服装が自由だといっても、売春や裸での外出も自由だとまで言う人は少ない。

文化レベルの多元主義という問題は、さらに単純な寛容の問題にとどまらない難しさをはらんでいる。一九八九年にフランスで起こった「スカーフ事件」はそのことを象徴している。周知のようにこの事件は公立中学校にイスラムのスカーフを被って登校することを学校が禁じることの是非をめぐって争われた。類似の事件はその後もフランスで相次いでおり、二〇〇四年にはイスラムのスカーフなど宗教を表現するようなものの一切を公立学校で禁止する法律までが制定されるに至った。問題の根源にあるのは、近代社会における宗教的寛容の制度化の一環として、公教育から宗教性を排除すべしというきわめてリベラルな考え方が、スカーフの着用という宗教的自由の実践と真っ向から対立したことである。ここで「自由」を求めているのは、伝統的文化共同体に根ざした着衣の一様式であり、その自由を規制する側にまわっているのは、リベラリズムの系譜に連なる政教分離主義なのである。*

＊　スカーフ事件など、フランスの多文化状況をめぐる問題については、三浦信孝編『普遍性か差異か――共和主義の臨界、フランス』（二〇〇一年）が詳しい。

今日において「社会の規範的原理」を探求するとき、個人レベルにおける利害の多元主義と文化レベルにおける多元主義が問題の焦点をなしている。これらの問題をどのようにのりこえて、すべての人々あるいはすべての文化にとって普遍的に妥当しうるような「社会の規範的原理」をどのように作りあげていくことができるだろうか。そのためには、どのような概念図式や理論体系を組み立てていけばいいのか。

これが、現代リベラリズムが答えようとしている問題状況の基本構図である。はたしてリベラリズムはどのような理論を構築することによってこの問題に答えようとしているのだろうか。はたしてそれは、この問題状況の中で適切だと見なすことのできる「社会の規範的原理」を提示することに成功しているのだろうか。あるいは、どこまで成功してどこから失敗しているのだろうか。次章以降、本書が明らかにしていこうとするのはそのことである。

第2章　ロールズ『正義論』の衝撃

1　まどろみを破った巨大地震

現代の規範的社会理論の震源

すでに何度か述べたように、今日、社会の規範的原理を探求した理論家を代表するのは、アメリカの哲学者ジョン・ロールズである。彼が一九七一年に著した『正義論 *A Theory of Justice*』こそが、今日さまざまな論者によって多様に展開されている現代の規範的社会理論の最大の震源だった。

やや本筋から外れた話になるが、ここには学問についての社会学という観点から見ても興味深いものがある。

ほとんどの学的な営みは何らかの学問共同体において遂行される。学問共同体は、人の集まりとして考えれば、ある共通の（とお互いに了解されている）探求関心を抱いている人々によって構成されているが、人々からなるというよりはむしろ理論や議論や関心などから構成されていると考えたほうがいい。この共同体を共同体たらしめるのは、探求関心の共同性である。（これは、家族や会社や国家や教会のような他の共同体についてもそうだ。共同体を構成しているのは人々そのものではなくて、むしろそこに集まっている人々における「お互いが共通の関心によって結ばれている」という了解である。）現代の規範的社会理論も、そうした学問共同体を形成している。この共同体はある意味でロールズの『正義論』をきっかけとして新しく創出されたものだ。

学問が展開されていくプロセスを理解するのに、クーンの「パラダイム革命」という見方がある（『科学革命の構造』参照）。これは学問の世界をさまざまな理論のあいだの純粋な完全競争市場というふうに考えるのではなく、むしろ共同体として捉えた点でそれなりに有効な考え方を提示している。しかし、学問共同体とは共通のパラダイムによって結合された閉鎖的な空間であって、その内部だけで通用する言葉で内的なコミュニケーションだけが繰り返されるかのように考えると、それは間違いだ。

新しい学問の展開は、むしろある大地震が突如起こったことが引き金となって、大小の余震（その中には、最初のマグニチュードを上回るものもありうる）がさまざまに拡がっていくようなプロセスをたどると考えたほうがいい。哲学におけるデカルトやカント、経済学におけるアダム・スミスやケインズ、社会理論におけるマルクス、物理学におけるニュートンやアインシュタイン、生物学におけるダーウィンやメンデルなどが、そうした大地震の代表例だ。そこでは、閉鎖空間が作られるのではなく、新しい地平が開かれる。つまり、新しい問い、新しい概念図式、新しい考え方が衝撃的に提示され、多くの人々がその衝撃を受けとめて、新たな地平の上に新たな知の秩序をめざした共同の探求に参加していくのである。

ロールズの『正義論』は、規範的社会理論における大地震だった。それは、専門的な政治哲学や法哲学においてだけではなく、一般的な哲学や倫理学もこえて、経済学、政治学そして社会学などの著名なあるいは気鋭の多くの学者からなる大小さまざまな余震を引き起こしていった。いったいロールズ『正義論』の何がそうした衝撃の源だったのだろうか。

それを理解する二つの鍵は、社会学的に言えば、一九六八年を起点とする後期近代の幕開けと、功利主義の挫折を中心とする道徳哲学・倫理学の低迷状況であったと思われる。

一九六八年というのは、いうまでもなく世界中で学生叛乱が燃え盛った年である。アメリカは泥沼のベトナム戦争にはまりこんでいたが、二月の北ベトナム側のテト攻勢で軍事的および政治的に深刻な打撃を受け、三月に当時のジョンソン大統領の再選出馬辞退表明がなされたものの、全米の大学のキャンパスには反戦運動の嵐が吹き荒れていた。五月になるとフランスでいわゆる五月革命が勃発し、パリの学生街（カルチェ・ラタン）は一八世紀末から一九世紀始めにかけてパリ市内で繰りひろげられた数々の「革命」の再現を夢見た血気盛んな学生たちであふれた。日本では、医学部の学生処分を発端として六月に東京大学で、また七月には巨額の使途不明金問題が明るみにでた日本大学で、それぞれ学生による校舎占拠が始まったが、それは一九七二年の浅間山荘事件で終結を迎える全共闘運動の幕開けであった。

これらの運動は、一部が極端に過激化して政治的有効性を失っていったため、政治システムや経済システムのレベルでは直接的には何の意味もない単なる若者の暴走くらいにしか見られていない。実際、ある意味では単にスペクタクルなお祭り騒ぎだった。しかし、（必ずしも当事者たちは気づいていなかったかもしれないが）今日からふり返ってみればこのお祭りは時代の変化を告げるものでもあった。なぜなら、それらの運動はそれまで欧米や日本で君臨していた二つの巨大な知的権威体制に挑戦し、その二つをともに解体してしまったのだ。一つは、産業主義ないし近代主義の社会理論であり、もう一つはマルクス主義である。日本ではさらに、特殊日本的な知的権威であった戦後知識人と教養知識層そのものが解体された。さきほどのクーンにならって言えば、社会理論としてそれまで支配的だった知のパラダイムが崩壊していったのである。それは単にアカデミズムの世界だけのことではない。一般の人々における、社会そのものを支えるものの見方や考え方のレベルでの広範な地殻変動とも関連していた。労働運動や階級問題にかわって、環境運動やフェミニズムが「新しい社会運動」（フランスの社会学者トゥレーヌの命名）として市民権をえていくのがこの時期である。新しい問題が問題として見いだされる一方で、古い図式が信憑性を失っていく。それが学生叛乱の時代的意味であった。

簡単に言えば、一九七〇年代のはじめは、従来の知的権威が信頼を失いつつあった時期なのであるが、逆の側面から見れば、新しい知的権威が希求されていた時期であったともいえる。とくにアメリカの場合、ベトナム戦争やウォーターゲート事件によって、アメリカの政治社会制度への自信が極度に低下していた。第二次大戦の勝利と冷戦において頂点に達していたアメリカの正義をどのように再定義していくかが問われていたのである。

道徳哲学・倫理学の状況

これとは独立した背景として、道徳哲学・倫理学における固有の問題状況があった。六〇年安保闘争の主導的知識人だった清水幾太郎の『倫理学ノート』が大変いい参考文献になる。この時期の彼は、かつての進歩的知識人であった立場から保守的論客へと変貌しつつあった頃で、同名の論文を一九六八年から雑誌『思想』に連載していた。それが一九七二年に単行本として刊行された際に、その「余白」と題するあとがきに次のように記している。

今日、道徳は、科学や芸術が受けているような尊敬を受けていないばかりでなく、経済や政治に認められているような存在の理由も認められていない。それは最初から、古臭いもの、不愉快なものと感じられている。……もし倫理学が古今の諸学説の解説に終始せず、或る現実的な機能を持とうとするならば、それは、まず、飢餓から解放された時代における道徳の必要を証明せねばならず、次に、対象としての道徳を自ら創造せねばならないだろう（『倫理学ノート』三三一～三三三頁）。

現代において、道徳に新たな根拠づけが求められている、その課題にはたして倫理学は答えられるのか。そういう問題意識が、社会学者清水をして『倫理学ノート』執筆に向かわせたのだといえる。しかしその筆致は決して明るくない。ここで明示的に焦点になっているのは個人道徳であるけれども、清水が倫理学を問題にする視野の中には、当然のことながら本書でいう規範的社会理論も入っている。

倫理学あるいは道徳哲学は時代に応じた学問的課題に答えていないし、はたして答えうるものなのかどうか期待もできないのではないか。清水はそういう思いを抱かざるをえなかった。その感覚は、必ずしも清水一人のものではなかったように思われる。

倫理学の低迷、というよりもむしろ、規範的なものを支える倫理的な後ろ盾が欠けているのではないかという感覚、これはおそらく、マルクス主義と近代主義の二つの巨大理論の信憑性が失われ、倫理学に希望を求めていってもそこに求めるものがないことを確認したときに生じた感覚だったろうと思われる。（マルクス主義や近代主義のような歴史主義的思想は、それ自体として倫理的な価値を供給してくれるものであった。ちなみに、倫理学に失望した清水はしだいに「ナショナリズムの倫理」に傾斜していくのだが、それは本書の主題からはそれる。）

実際、当時の倫理学・道徳哲学は二〇世紀に入ってからの長いまどろみの中にあったのだ。（ロールズはまだ清水に知られていなかった。）これには、次のような時代状況があったといえるだろう。

二〇世紀前半は、マルクス主義のほか、国家主義、ファシズム、あるいはさまざまな文化を背景にしたさまざまな倫理思想が競い合った時代である。たとえばマルクス主義であれば、歴史変革のための運動に献身することが倫理にかなったことだと考えた知識人は少なくなかった。あるいは民族主義的ナショナリズムは、「民族共同体のために」生きることに純粋な意味があるのだと説いていた。これらはそれぞれのしかたで「望ましい社会とはどんなものか」についても、強烈な主張をなしていた。ある意味で、今日、正義や公共性として論じられている事柄が、そうした諸思想で代表されていたのだった。しかし、第二次大戦後、とりわけ一九六〇年代には、それらのほとんどは信用を失墜していくことになる。ただ、そうした時代においても、功利主義を中心とする伝統的な道徳哲学・倫理学だけは、戦争や革命騒ぎの熱狂に巻き込まれることなく、アカデミズムの世界で生息し続けていた。清水が失望したのは、その倫理学である。

功利主義の挫折

第1章で述べたように、ベンサムに始まる功利主義思想は、近代的な規範的社会理論としてまさしく個人主義的なものであった。それはマルクス主義や国家主義のように階級の利益や国家の利益を前提にするのではなく、徹底的に世俗的な個人にとっての利益という観点にこだわった上で、社会全体の望ましさを概念化しようとしたのである。今日、「功利主義」といえば単に人々の利己的な満足の増大だけをよしとするもののように思われがちだが、もともとは決してそうではなく、きわめて道徳的な理論である。ミルの有名な（『功利主義論』にある）「肥った豚より、やせたソクラテス」の話は、個人は自らにとって道徳的に価値の高い利益をめざすべきだと主張したものだ。彼はまた『女性の隷従』（邦訳名『女性の解放』）において、当時としては画期的な男女平等論を唱えている。

そもそも功利主義とは、のちにロールズが自らの正義の理論を功利主義に対抗する形で構築していることから推測されるように、現代リベラリズムに先立つ規範的社会理論として最も有力なものだったのであり、次の意味において、平等主義的で普遍的な個人主義的倫理思想であった。すなわち、それはよく知られているように「最大多数の最大幸福」というスローガンによって「社会の望ましさ」の原理を打ち立てているのだが、このスローガンは、まず第一に「すべての個人の幸福の度合いを等しくカウントする」という点において平等主義的であり、「誰か特定の個人の幸福をより重視することはない」という点において、偏りのない（不偏的な）原理なのである。功利主義が一九世紀イギリスの社会思想を代表していたのは、決してそれが利己的個人のためのものであったからではなく、社会の望ましさの原理を提供する有力な思想だったからなのである。

しかし、二〇世紀に入るころから、「功利主義」という言葉はベンサムやミルの道徳理論を意味するものというよりは、ある意味では、それ以前の時代の気分を漠然と言い表すレッテルとして流通するようになった。より特定的には、ビクトリア期イギリスの社会理論の総称になり、乗り越えるべき対象だとみなされたのである。

それには、「経済学主義」ともいうべきニュアンスもこめられている。というのも、A・マーシャルを起点とする新古典派の経済学では、経済現象を理解するための根本的仮定として、「人々は主観的な効用 utility を合理的に最大化する」とする経験的命題がおかれ、規範的にも「人々の効用を最大化することがよいことだ」と主張されるようになったからである。功利主義は経済学と密接に結びついたものとして理解されるようになった。倫理思想としての功利主義を経験科学や政策科学として具体化するのが経済学であり、逆に経済学の規範的基盤は功利主義にあるとみなされた。

ここから逆に、経済学至上主義的な考え方を嫌う人々からは、ものごとを私的な利益の観点だけから判断して、倫理性や公共性に対して無関心であるような態度を一般に「功利主義」として忌避したり非難したりする傾向が生まれたのである。そのことはたとえば、一九三七年にパーソンズというアメリカの著名な社会学者が『社会的行為の構造』という本の中で、功利主義とあまり関係のないスペンサーの社会進化論や、功利主義そのものとはいえないミクロ経済学的な原子論的社会理論を、「功利主義」の名をつけて批判したことにも現れている。そして、パーソンズのこの著作が盛んに論評される際にも、この功利主義の意味のズレはまったく問題にならなかったのである。(パーソンズ死後の一九八〇年代になって、少しずつこのズレが指摘されるようにはなってきたが。)

第二次大戦後、とくに一九六〇年代は経済学がもっとも華々しかった時期である。欧米先進諸国と日本では、長期にわたって経済が成長し、高度消費社会を出現させた。経済学はその成果を誇ってよい立場にあったし、実際、計量モデルや数理モデルを縦横に駆使した大量の新しい研究が生み出されて、経済学が社会科学の帝王のごとき位置を占めるようになるのがこの時期である。

その一方で、すでに述べたように倫理思想そのものは停滞していた。なかでも特筆すべきは、戦後まもなく、功利主義の存立基盤をゆるがす大事件が起きていたにもかかわらず、倫理学の側でそれに対応する新しい努力がほとんど見られなかったということである。*

＊　正確に言えば、功利主義を公共性の欠如の観点からではなくその論理構成の観点から批判するものは、これから述べるアローの定理以前にも、すでに一九〇三年のG・E・ムーア『倫理学原理』における「自然主義的誤謬」の指摘や、経済学者ロビンズによる「効用の対人比較は不可能だ」という議論などがあった。これらについては、清水の前掲『倫理学ノート』に詳しい。

この事件というのは、一九五一年の『社会的選択と個人的価値』で提示されたケネス・J・アローの「不可能性定理」である。アローは、この著作とは別に、経済学のもっとも中核に位置する「一般均衡理論」の彫琢に非常な貢献をなし、その業績によってのちにノーベル経済学賞を受賞するのだが、「不可能性定理」の方はむしろ経済学の基本前提を掘り崩す面をもっていた。（このあたりは、数理経済学の泰斗アローの、論理的可能性を徹底的に追求していく職人的ひたむきさが面白い。）ただ、ここで重要なのは、功利主義および個人主義的な規範的社会理論一般に対して不可能性定理がもっているある種破壊的なインパクトである。それについて説明しよう。

まず定理の中身だが、この定理は非常に有名なものなので多くのテキストに紹介されているものの、本書のテーマにとってはある程度正確に理解しておくことが大切だ。それは、形式的には、次のように表現される。

アローの不可能性定理

（1）各個人は、さまざまな可能な社会状態を自分にとっての効用の観点から、もっとも望ましいもの、次に望ましいもの……と順序づけているとする。

（2）人々による社会状態の順序づけの任意の組み合わせが与えられたとき、それに対応して、それら社会状態に関する社会としての順序づけを定めるしくみを「社会的選択関数」と呼ぶ。

（3）ところが、この社会的選択関数に次の性質を要請するとき、これらを同時にみたすような社会的選択関数は存在しない。

（a）もしも全員の順序づけが同一ならば、社会の順序づけはそれに従う。（パレート原理）

（b）ある社会状態 x と y の間の順序づけに関しては各人において同一のままであるような人々の順序づけの組み合わせが二つあるとする。このとき、それぞれに対応して導き出される二つの社会的な順序づけは、この x と y に関しては同一に順序づけていなければならない。（無関連選択肢からの独立）

（c）社会の順序づけは、人々の順序づけがどうあろうと常に同一個人の順序づけに一致する、というようなものであってはならない。（非独裁性）

ここで、「社会としての順序づけ」が「社会的観点からの望ましい社会状態」を指定するものであり、「人々の順序づけ」が諸個人の主観的な効用を表している。したがって、この定理が意味しているのは、「人々の効用の大きさ（あるいはその順序）を基礎にして、いかなる社会状態が社会的な観点からみて望ましいものであるかを導き出すことは、もしも条件（a）～（c）を前提にすれば、できない相談だ」ということである。

「効用」というのは、功利主義思想において幸福、快楽、善……などの用語で語られてきた諸概念を経済学において一括して表現するものであるが、基本的に「個人の主観的な利益」を表しているとみてよい。そうするとこの不可能性定理は、各個人の主観的な利益だけに基づいて社会の望ましさの概念を構想しようとしてきた功利主義のプロジェクトに「不可能」を宣告するものである。これは、きわめて深刻な事件であるといわざるをえない。

アローの不可能性定理は、発表されるや否や非常に大きな反響をひき起こした。多くの学者が、なんとかして社会的選択関数を可能にするような理論はないだろうかと、さまざまな工夫を試みていったが、結局のところそれらはすべて、リーズナブルな範囲で条件をどんなにゆるめていっても社会的選択関数はやはり不可能だということを確認するだけだったのである。（アローの不可能性定理については、センの『集合的選択と社会的厚生』（一九七〇年）や鈴村興太郎・後藤玲子『アマルティア・セン』（二〇〇一年）が詳しい。）

奇妙なことに、このアローの引き起こした問題に積極的に反応したのは、ほとんど経済学を専門とする学者たちであって、倫理学や道徳哲学の専門家はまったくと言っていいほど蚊帳の外にいたのだった。（この理由が何だったのかはよく分からない。数学的訓練の度合いの問題はたいした障害ではない。この時期の社会的選択論が使用していた数学レベルは、文系の学生でも簡単に修得できるものだったので、「その気になりさえすれば」誰でも諸研究を理解することは可能だった。）いずれにしても、この伝統ある学問は、経済畑の専門家たちが、社会的選択という考え方をベースにしながら、ゲーム理論やパレート最適や効用の極大化などの概念装置を用いて「社会的望ましさ」の問題にさまざまなアプローチを展開してくる様子を、ほぼ二〇年にわたって黙って見続けているだけだったのである。

ロールズの『正義論』はそういう背景のもとで登場した。

2　協働の体系のための原理

ロールズ『正義論』は道徳哲学の復権を告げる書であった。（彼は経済学ではなく哲学の教授だった。）

『正義論』は、六〇年代末からのアメリカ社会の道徳的挫折とそれ以前からの理論的挫折とが引き起こした問題状況に対して、道徳哲学の側からの確固とした新しい対応だと受けとめられたのである。

制度の第一の徳目としての正義

では、具体的にロールズの『正義論』のどこがそんなに人々の注目を集めたのだろうか。その理論の概要はロールズ自身が同書の第一章「公正としての正義」にまとめて述べており、そこを読むだけでもロールズ理論の衝撃と魅力のありかが伝わってくる。第一節「正義の役割」は、次の文で始まっている。

正義は、社会制度の第一の徳目（virtue）であって、これは真理が思想体系の第一の徳目であるのと同様である（『正義論』訳三頁）。

「社会制度の徳目」というような言い方をしたのは、ロールズが初めてだろう。そもそも、徳目（virtue）というのは、個人についてのものであって、個人が持つべき道徳的な特性のことである。勇気、正直、勤勉、思いやり、などがそうだ。この「徳目」という言葉を、個人についてではなく「社会制度」について使う。これから論じられることが、個人の道徳ではなくて社会の道徳性だということが明瞭に宣言されるのである。

しかも、「社会制度（social institution）の」という言い方がなされている。単に「社会の」というのではなくて「社会制度の」という言い方をとったことには、ある理論的な立場が含まれている。それは、社会を所与のものとしてではなく、われわれによって構成されるものとして考えるという立場である。それまで、マルクス主義や社会進化論的な考えには、「歴史の必然」という言葉で示されるように、社会を決定論的に見る傾向があった。社会がどのようなものになるかは人々の意志を超えてあらかじめ決まっている、というのである。そこでは「望ましい社会の構想」はわれわれが「考え出す」のではなく、われわれはただ単にあらかじめ決まっているものを「発見」するだけになる。ロールズの理論はそうした「与えられたものとしての社会」観とは真っ向から対立している。それは、「われわれ自らによって創り出していくものとしての社会」という観点を前面に押し出しているのである。

それと同時に、ロールズは、社会において道徳的な性質を引きうけるべき側面を「制度」として定立する。ここで社会は一つの道徳的主体として考えられている。そして社会が道徳的な責任を引きうけるのが「制度」という側面においてなのである。

では、なぜ「正義」が第一の徳目なのか。ロールズの文章は、次のように続いている。

たとえ理論が優美で無駄がなくとも、真理でなければ、その理論は退けられるか改められるかしなければならない。同様に、法と制度は、正義にもとるならば、どんなに効率的で整然としていても、改正されるか廃止されるかしなければならない。各人には皆正義に根ざす不可侵性があり、社会全体の福祉でさえこれを侵すことはできない。このために、ある人々の自由の喪失が、他の人々に今まで以上の善（good）を分け与えることを理由に、正しい（right）とされることを、正義は認めない（『正義論』訳三頁）。

この短い文章に、ロールズ理論の画期的な新しさがよく現れている。第一に、「正義」は「善」や「福祉」とは異なるレベルの価値として位置づけられ、「正義」という価値は「善」という価値に対して優位する、と主張されている。ここで「善」というのは、諸事物が人々に対してもつ好ましい性質を総括的に表現する概念で、快楽や幸福をもたらす性質から自己実現や生きがいにかかわるものまで、個人の「生の善さ goodness of life」を構成するものである。したがって、基本的にはまずもって個人にかかわる価値である。そして、複数の個人に共通によいものであることを「共通善 common good」といい、そうした性質をもつ事物を「共通財」と呼ぶ。経済学などで、通常に「公共財 public goods」と呼ばれるのも、この意味での共通財である。

ロールズ以前の一九五〇年代から六〇年代にかけて、「社会の望ましさ」を概念化する代表的なやり方がこの公共財の概念であった。この概念の基本に設定されるのは、個人にとっての善あるいは財である。それに対して、ロールズの理論の新しさは、諸個人にとっての善およびその集合を超えたところに「正義」という価値を設定したことにある。この戦略が、先に述べたアローの不可能性定理が提起した理論上の困難を乗り越える意味をもつものであることは、いうまでもない。つまり、「社会の望ましさ」の概念を、諸個人が社会からどのような効用（善）を受けとるかという問題のレベルからいったん切り離したところに設定していくとする戦略である。そうした個人的レベルとは異なって、かつ、それに対して優先するものとして「正義」という価値があるのだとされるのである。この「善に対する正義の優先性」というロールズによって明確に打ち立てられたテーゼは、その後、リベラリズム思想の根本テーゼの一つになってくる。

第二に、「正義」がそのように善にたいして優先する理由、そしてまた、「正義」が効率性や整然としていることよりも重大な徳目である理由は、正義ではないような制度は端的に不正義であって「改正されるか廃止されるかしなければならない」からである。すなわち、「正義」とは、いわば制度の存立理由をなす第一義的な徳目なのである。存立すべき理由のない制度は存立してはならない。制度はわれわれ自らが創り出すものである。われわれは、存立すべき理由のあるような制度を作るべきである。「正義」という概念は、まずもって、そのような理由となる徳目である。

第三に、そうした「正義」という理由の内容を構成するのは、各人におけるある「不可侵のもの」(inviolability)である。ここではまだそれが何であるか詳しくは述べられていないが、その一つにある種の「自由」があることが示唆されている。何らかの不可侵であるものを設定し、制度が正義になっているということは、そうした不可侵のものを不可侵なものとして定立することができていることだ、と考えられている。ここにも、現代リベラリズムのもう一つの特徴が現れている。一人ひとりの個人には、「社会の福祉」(日本国憲法で「公共の福祉」と言われていることにほぼ匹敵する)という理由によってさえ侵すことのできないものがある。それはまた、個人の「善」とも基本的には独立したものだ。なぜなら、善はある意味で主観的である。ある人がある種の自由は自分にとって無くてもいいと考えれば、彼にとってその自由が保障されることは善を増すことにはならないかもしれない。しかし、ロールズが考えている「不可侵のもの」とはそうしたものではない。不可侵のものが不可侵であることは、具体的な諸個人がどう考えているかというレベルを超えて成立している、とロールズは考えている。

正義の原理

正義が制度の第一の徳目であることを、ロールズはさらに少し別の角度から次のように説明している。

社会とは、相互の関係の中で一定の行動ルールを拘束力のあるものとして認め、しかも、だいたいはそれらのルールに従って行動する人々の、多かれ少なかれ自己充足的なアソシエーションである、と仮定しよう。さらにこれらのルールは、そこに参加する人々の善を増進するよう企図された協働の体系（system of cooperation）を定める、と想定しよう（『正義論』訳四頁）。

ここで、「仮定しよう」という言い方がなされているが、実質的には、ロールズは「社会」をそのような「協働の体系をもったアソシエーション」とみなすのである。ここでの「アソシエーション」というのは、かつてマッキーバーという社会学者によって「コミュニティ」と区別され、「ある協働の利益（interest）または諸利益の追求のために限定的に（definitely）設立された社会生活の組織体」（『コミュニティ』訳四七頁）と概念化されたものにほぼ等しい。ロールズは明らかに、マッキーバーの概念を利用している。（なお、マッキーバーの日本語訳では definitely を「明確に」と訳しているが、ここでは「共同体」の「包括性」と対比させられている文脈なので、「限定的に」という意味が強い。また、同じく「関心」と訳されている interest という言葉は、これから述べるロールズの議論にもやはり出てくるのだが、両者ともに「利益」や「利害」の意味が強いと考えた方がいい。）

アソシエーションとしての社会では、人々の出入りは基本的に自由であり、人々がそこに参加するのは、アソシエーションにおいて営まれる「社会的協働」がすべての人々に、一人で生活する場合よりも良い生活をもたらすことができるからである。しかし、任意の社会的協働がすべての人々に「よりよい生活をもたらす」とは限らない。協働作業によって産み出されるより多くの利益がどのように分配されるかについて、適切な取り決めがなければならない。すなわち、

一組の原理が、この有利性の分割を決定するさまざまな社会的取り決めの中から選択を行い、適正な分配上の取り分についての合意を保証するために、必要とされる。これらの諸原理が社会的正義の原理である。それらは、社会の基本的制度における権利と義務の割り当てのしかたを規定し、社会的協働の利益と負担の適切な分配を定めるのである（『正義論』訳四頁）。

前の文と合わせると、ここで「正義の原理」について二つの基本特性が示されている。第一にそれは、人々が自発的にアソシエーションに参加しうるための条件をなしている。ある一定の構成原理をもったアソシエーションの構想が提示されたとき、すべての人がそこに参加してもいいと考えるため

にその構成原理が満たされなければならない条件が、「正義の原理」なのである。その際、人々はあらかじめ平等で自由であると前提されている。ロールズが「公正（fairness）としての正義」というとき、「公正」という言葉で意味されているのは、自由で平等な人々が完全に「自発的な意志」のもとで合意するような取り決めだということである。

第二に、正義の原理のなかみは、「社会の基本的制度における権利と義務の割り当てのしかた」であり、それによって「協働の利益と負担の適切な分配を定める」のだとされている。協働の利益と負担をどう定めるかが正義の原理の主たる課題であることは、アソシエーションにおいて協働の利益が生みだされるからこそ人々はアソシエーションに参加するのだということからして当然のことだろう。ロールズはその定め方を「権利と義務の割り当てのしかた」というふうに特定化する。

こうした二つの特性をもった正義の原理によって有効に規制されているような社会を、ロールズは「よく秩序づけられた社会 well-ordered society」と呼んでいる。これはたんにそう名づけているのではない。ロールズは、上の二つの特性をもつ正義の原理に導かれている社会では、人々は自分たちが公正な公共的正義のもとにあることをお互いに了解しており、小さな利害の対立はあるかもしれないけれども、当の基本的制度を受け入れており、またお互いに受け入れているという相互了解のもとで「市民的友情の絆」（連帯感）を分かち持っているはずだというのである。つまり、社会を分裂に導いたり暴力でしか解決できないような深刻な対立は生じないし、その社会の基本構造を革命的に転覆させようとする動機そのものが生じない。「公正としての正義」が君臨していることの結果として、「よく秩序づけられた社会」が出現するのである。

以上は、『正義論』の冒頭の二ページ余りだけの記述を要約的に解説したものだが、ある意味で、ロールズ理論の重要なエッセンスがこの部分にある。というのは、これはロールズが「正義の原理」と呼ぶものあるいは「正義」なるものが、社会にとってどういう役割を果たし、どういう意味を持つものであるのかについての基本的な考えが述べられているからである。

『正義論』の骨格

『正義論』で展開されている議論は、当然のことながら、正義の一般的意義だけには終わらない。上で述べた二つの特性（「参加の公正な条件」と「権利と義務の割り当て」）は、「正義」の理論的な意義（機能と言ってもいい）を定立しただけであって、「正義」にはまだ中身が盛られていないのである。具体的な正義の原理が実際に導き出されなければならないし、導き出し方についての理由が提示されなければならない。その役割を果たしているのが、ロールズ『正義論』を特徴づけるとされている原初状態、無知のヴェール、マキシミン・ルールなどの理論装置である。これらは一体となって、具体的な正義の原理を導出するための、あるいはそれを正当化するための理由の体系を構成している。これは「正義の導出論」をなしているといえる。（これについての説明と検討は、次章で行う。）

そして、「具体的な正義の原理」が二つの原理として定式化されて記述される。（この二原理は、実際には『正義論』の中で多少表現を変えながら何度か繰り返し提示されているが、大きな違いはない。）

このように、ロールズ『正義論』は次の三つの柱からなっている。（ただし、必ずしも同書の構成の順序ではない。）

（1）　**正義の理論的意義**　　ここでは、「正義」という価値が社会にとってどういう意味を持つかが理論的に確立される。すなわち、正義とは、秩序ある公正な社会における人々の社会的協働を可能にするものとして、協働の利益の分配のしかたについての公正な基本ルールであって、公正としての正義は社会制度の徳目（望ましい性能）として最高位にあるものである。したがって、正義は「善」に優先する。こうした正義のなかみは「正義の原理」で示される。

（2）　**正義の原理の導出論**　　ここでは、具体的な「正義の原理」が導出されるしかたが次のようなものとして述べられている。すなわち、原初状態というある架空の状況が設定され、そこで市民の仮想的な代表者たちが正義の原理を決定するという役目を担う。彼らは、個別的な利害と資源情報が無知のヴェールで隠されるという偏りのない状況設定のもとで、望ましい正義の原理をマキシミン・ルールにもとづいて合理的に選択する。このような、原初状態における社会契約という構図によって、その内容は、公正で不偏的なものであることが保証される。

（3）　**具体的な正義の原理**　　ここでは、導出される正義の原理のなかみが次の二原理であることが述べられ、かつそれらの意味についての解説が展開される。

1　（第一原理）各人は、全員にとっての同様の自由の体系と両立しうるような、平等な諸自由に関するもっとも広範な全体的体系に対して、平等な権利を持つ。

2　（第二原理）社会的および経済的不平等は次の条件をみたすものでなければならない。すなわち、

（a）もっとも恵まれない者にとって最大の利益となること（格差原理）。ただし、公正な貯蓄原理と斉合的であること。

（b）公正な機会の平等という条件のもとですべての人々に開かれた役職と地位に伴うものであること。

このうち（2）に示した形での正義の原理の導出論は、あとで見るように本当はロールズ理論にとってやや二義的な役割しか持たないものである。しかし『正義論』では中心的な役割を占めているかのような書き方がされており、ここでは、これまでの通常の解釈に沿って提示しておく。

また、（3）の具体的な正義の原理の内容のうち、とくに「格差原理」については、あとで詳しく検討することになるが、ここで一言だけ解説しておきたい。ロールズは「格差原理 difference principle」が功利主義思想をのりこえるものであることを盛んに強調している。功利主義は、人々の利益の社会全体での総量が最大になるような状態が「社会として望ましい」と考える規範的原理を主張しているが、これには主に二つの問題がある。一つはすでに見たように、人々の利益を主観的な「効用」で考えようとすると、効用の個人間比較の問題やアローの不可能性定理の問題が生じてしまうことである。もう一つは、総量だけに注目すると個人の利益の分布の不平等にはまったく配慮していないという点である。功利主義は、人々の利益がどんなに不均等なものであっても、その合計が大きい社会であれば良い社会だと判断してしまうというのである。

「格差原理」は、この二つの問題を次のように乗り越えているとロールズは考えている。まず第一に、功利主義における効用計算の問題の轍を踏まないために、「利益」の概念を「効用」によってではなく、「**基本財** primary goods」の概念で考える。基本財というのは、「権利、自由、機会と所得や富」あるいは「自尊心」などであり、「あらゆる合理的人間が欲するもの」だと想定されている。ロールズはこうした基本財を各人が享受している量はあるていど客観的に計測できるものであり、したがって、その配分状況を客観的に問題にすることができると考えているのである。

次に、第二の問題に対して「格差原理」は、利益の配分の仕方について一定の平等主義を課すことで、単に「総量」だけでなく平等な配分を望ましいと考えるものである。

このようにして、ロールズの『正義論』は功利主義と比べるとはるかに平等主義的な理論になっており、その中核にあるのが2(a)の「格差原理」にほかならない。

3　社会の道徳性

「正義」の意味

ロールズ以降、それまでの倫理学および道徳哲学から明らかに大きく変わったことが一つある。それは「正義 justice」がこれらの学問にとっての最大のテーマになったことだ。それまでは、「正義」を表題にした専門書はほとんどなく、道徳、倫理、権利、自由、あるいは民主主義などがテーマとして掲げられていた。それがロールズの『正義論』以降、ロールズを論評することを目的としたものでなくても、規範的理論に関する書物や論文が次々と「正義」を前面に打ち立ててきたのである。従来ならば単に「道徳哲学史」とでも題されたであろうような書物が、今や「正義論の系譜」として世に出されている。あたかも、アリストテレスやヒュームやカントなどがみんな「正義」について語ってきたかのように。

なぜ「正義」が最大のテーマになったのか。ある意味で理由ははっきりしている。それは、社会の規範的原理を探求することがテーマだということを示す上で、従来の道徳哲学や倫理学という学問名称が明らかにふさわしくないからであり、同時にまた、権利や自由は、規範的原理の要素ではあっても、全体をカバーしうるものではなかったからである。

あまりはっきりとは言われていないことだが、「倫理学」や「道徳哲学」という学問では、「個人はいかなる個人道徳にしたがうべきか」あるいは「いかに生きることが望ましいことであるか」という問題と、「社会の制度はいかにあるべきか」という問題とが、明確に区別されないで論じられてきた。前者は「個人の道徳性」の問題であり、孔子の「己の欲せざることを人に施すなかれ」やキリスト教の「汝の隣人を愛せ」などが説かれたり、カントの道徳哲学が論じてきたテーマである。それに対して、後者は「社会の道徳性」を問題にしている。貧困や抑圧のない社会や人々が平和で幸福に暮らしていける社会が「よい社会」だというような判断が、この問題についての一つの回答のしかたを表している。両者は、たとえば「一人ひとりが道徳的であることが社会全体としてよいことだ」というような形で関連することはあるけれども、基本的には別物である。考え方によっては、「誰ひとり個人としては道徳的ではないとしても、社会としては道徳的であるべきだ」という主張もありうる。

ところが、倫理学や道徳哲学という学問名称は、「社会の道徳性」への探求を一義的に表すものにはなっていない。この点、「正義」という概念は、個人の道徳とは区別される社会の道徳性を探求するという営みに明確なアイデンティティを付与するのにきわめて有効であった。これによって、探求テーマが明確に提示されたのである。そしてこれ以降、鬱屈していた探求関心が解放され、その後、堰を切ったように諸議論の奔流が見られることになったのだとみることができる。(ほかに、文化多元主義の中で「正義」が声高に語られるようになった時代状況という背景もある。)

しかし、ロールズが正義を社会制度の第一のすなわち最大の徳目としてテーマ設定したとき、実は正義の概念にある捩れが生じている。もともと道徳哲学における正義の概念は、アリストテレスの『ニコマコス倫理学』に準拠していた。そこでは正義がいくつかのものに分類されているが、基本にあるのは「等しいものを等しく処遇し、等しくないものを等しくなく処遇すること」という考えである。卑近な例でいえば、成績が等しい二人は同じく合格させるか同じく不合格にするかのどちらかであるし、同一の罪を犯した者には同一の刑罰を科す、というようにすることが正義であった。これは一般に「衡平(バランス)としての正義」と呼ばれる。すなわち、ある衡平を実現することが正義であり、その際、何が衡平であるかの規範的判断は前もって与えられている。[*]

* このことは、「正義」の多様な意味を紹介している平野仁彦・亀本洋・服部高宏『法哲学』(二〇〇二年)、長谷川晃・角田猛之『ブリッジブック 法哲学』(二〇〇四年)、あるいは平井亮輔編『正義』(二〇〇四年)などでは気づかれていない。

これに対してロールズの「正義」は、むしろ何が衡平であるかを定める規範的原理である。というのも、まだ何の規範的取り決めもなく社会も成立していないところに、社会を設立するための基本的条件として掲げられる規範的原理が正義の原理だからである。ロールズがしばしば「公正 fairness としての正義」と表現しているのもこのためだ。公正と衡平とは日本語では似ているが、ロールズの「公正」という語はきわめて特殊なことを意味していることに注意しなければならない。それは人々が社会的協働に自発的に参加しようとする条件がみたすべき規範原理なのである。

ところで、ロールズの正義を「配分的正義 distributive justice」だと解する人が多いけれども、これは間違っている。配分的正義とは、資源や機会や財がどのように人々に分有されるべきかに関する規範的観念である。ロールズの正義の二原理のうち、とくに格差原理がこの問題に焦点を置いているのは事実だが、それは正義にかなった規範的原理の一つの要素にすぎない。ロールズにとっての「正義」とは、社会（制度）が持つべき道徳性を意味しており、社会の規範原理が満たすべき基本的な性質のことである。配分的正義というのはその中の一つの要素なのである。

なぜ正義は善に優先するとされたのか

ロールズは「正義は善に優先する」と盛んに強調するのだが、そのときの正義は衡平としての正義でもないし配分的正義でもない。正義とは、基本的規範原理がもつべき性質なのだ。だからこそ「善」に優先する。「正義」は社会が社会であるための基本条件なのだから。

しばしば「正義が善に優先する」という主張は、あたかも「われわれが正義だと考えていることは、われわれが日常的な意味で善だと考えていることに優先させられなければならない」という意味に理解されがちである。もともと「正義」という言葉は、日常用語においてもそれ自体として強烈な意味を発散しているので、さまざまな規範的な価値の中で、一般に「正義」が最高の権威をもっているという感じが抱かれるのは不思議ではない。「これが正義だ」という主張は、あたかも葵の御紋の入った印籠のように、他のすべての規範的主張をひれ伏させずにはおかないかもしれない。したがって、正義が善に優先するのは当然のことのように見える。しかし実は、これはロールズが考えていることとはかなり違う。

ロールズにとって、正義が善に優先するのは、一般的な意味において正義が最高の価値だからではない。もしそういう風に考えているのだったら、彼は一般的な意味において「なぜ正義は善に優先するか」を論じていただろう。しかし彼はそうしていない。ロールズが考えていたのは、潜在的な対立の契機をはらむ異なる善の構想をもつ諸個人にたいして単一の秩序ある社会を成立させるためには、そうした善のレベルを超えた上位のレベルに何らかの規範的原理が定立されなければならないということであった。ただし、神あるいはそれに匹敵するさまざまな超越的なものや、国家や民族のような実体化された集合的なものも、個人レベルの価値を超えるものとして社会を秩序づける規範的原理になりうる。むろん、ロールズの理論はそういう文化的あるいは伝統的な超越的存在に頼ることはしない。文化的あるいは伝統的な制約を超えて、なおかつ人々を共同の社会につなぎとめる規範的原理を探求すること、それが「正義の理論」の名においてロールズがおこなったことであり、そうした探求が志向している先にある価値を「正義」と呼んだのである。

ロールズ以降、「正義」の観念は、とくにリベラリズムの理論家たちにとって、「社会の望ましさ」

を探求する際の中心にある価値をさすものとして広く確立していった。「正義」を主題とする書物や論文が数多く現れただけではなく、それまでの道徳哲学や倫理学にかわって、「正義の理論」が一つの学問名称としての意味を持つようになってきた。これは、ロールズによって「正義」が社会の公共的な価値をさす言葉として、また公共的価値の中の第一義的なものとして定立されたからにほかならない。それは同時に、「社会の道徳性」が明示的に主題化されたことを意味していた。

ではロールズは、具体的な正義の原理のなかみをどのようにして導き出したのだろうか。そしてわれわれは、どのような論理によって、特定の規範的な命題を妥当なものとして一般的に提示することができるのだろうか。次章ではこの問題を考察してみよう。

第3章　契約論モデルと内省的均衡

1　原初状態の論理

無知のヴェールによる不偏的観点

ロールズが正義の原理を具体的に導き出していく際に、「原初状態 original position」という仮想的な設定を用いていることは、よく知られている。原初状態とは、「何が公正な規範的原理か」について人々が合意に達することができるような架空の社会的場面としてロールズが想定したものであり、そこでの最大の特徴は、人々には「無知のヴェール veil of ignorance」がかかっているということである。「無知のヴェール」は、人々の知識をある一定のヴェールでおおって、自分について知っていることを知らないことにするような不思議なヴェールである。とくに、自分がどういう出身でどういう資源や才能に恵まれているか、それらを利用して自分の人生にどういう可能性が開けているか、などについてヴェールがかけられる。それによって、人々にはさまざまな出身、資源、才能のちがいがありうることは知っているのだが、自分がその中のどれであるかは分からないようになる。したがって、どういう規範的原理が自分にとって有利なものなのかという思考の回路が働かない。このようにして、自分にとって何が有利かという個別的利害の観点からではなく、**不偏的 impartial**（誰か特定の個人のものではなく）でしかも**対称的 symmetrical**（誰のものでもある）な観点から規範的な原理を選択することを保証する装置が無知のヴェールである。

ロールズは、そうした設定のもとで達成される合意は「公正」なものだという。「公正」という観念はすでに、自由で平等な市民が自発的に社会的協働に参加することを保証するような規範的原理の性質として登場していた。ロールズがここで改めて「公正な」というのは、無知のヴェールがかけられた原初状態における人々という設定は、「自由で平等な市民」という観念を、仮想的ではあるが具体的に表現したものだと考えるからである。

この原初状態における無知のヴェールというアイディアは規範的社会理論の展開にとって画期的なものであった。一般に、社会の望ましさ、あるいは人々にとって公共的に価値あるものは何かという問いに対して、どのような議論のしかたを通じてどのような具体的な解答を導き出すかという問題は、社会の規範理論にとって基底的であると同時にもっとも難しい問題である。むろん、何らかの超越的な存在を前提にすれば、それなりの議論のしかたが成立する。神の存在を前提にすれば、神の命令という観点に頼ることができるし、歴史の必然という観念を前提にすれば、必然的なことは望ましいことだという理屈を立てることも不可能ではない。だが、近代の社会理論は、根拠のない超越的なものや間違っていると思われる巨大理論に頼るわけにはいかない。

すでに述べたように、ベンサムに始まる功利主義は、そうした根拠のないものに頼ることなく、現実に存在する人々の幸福や善を基盤にして社会のよさを概念化しようとしたのである。その際、不偏的な立場を設定するやり方として、「すべての人々を等しくカウントする」という方法がとられた。それが、「幸福の総和」という観念であり、有名な「最大多数の最大幸福」というスローガンであった。

ロールズの「無知のヴェール」は、功利主義とは異なる形で不偏的な立場を定立するために導入されたアイディアである。功利主義は人々の利益の大きさを等しいウェイトで考慮することで不偏的であろうとするのだが、それによって利益の不平等分布の問題を見過ごしてしまう。それに対して「無知のヴェール」は、利益の大きさに等しいウェイトをかけることによってではなく、規範的原理を選択する際に自分にとって何が有利かという自己利害の観点が入り込まないようにすることによって、不偏的な立場を確保しようとするのである。自己の個別的な利害にとって何が望ましいかではなく、任意の、誰にとってもあてはまる観点から何が望ましいかを考えること、そういう観点からの規範的原理の選択がその選択を「公正な」ものにする、とみなすのである。そしてその結果として、平等主義的な正義の二原理が導かれるとロールズは考える。

ところで、注意しなければならないが、原初状態において選択を行うのはわれわれ自身ではない。原初状態はあくまで仮想の世界であり、そこで選択を行うのはわれわれ市民を代表する仮想的な「当事者たち parties」だとされる。この構図は**図3－1**のようになっており、われわれ市民が行うのは、

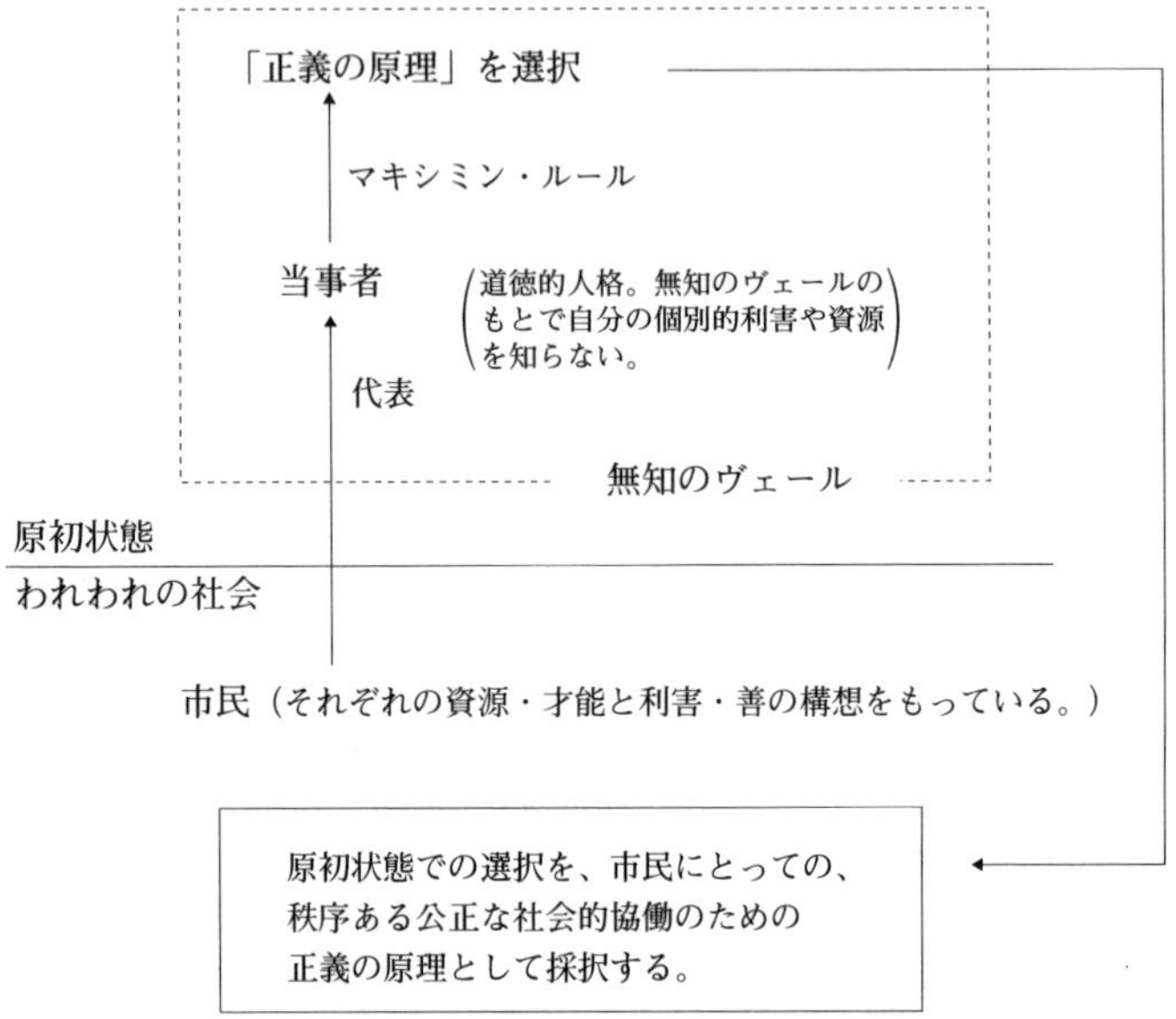
「正義の原理」を選択
マキシミン・ルール
当事者
（道徳的人格。無知のヴェールのもとで自分の個別的利害や資源を知らない。）
代表
無知のヴェール
原初状態
われわれの社会
市民（それぞれの資源・才能と利害・善の構想をもっている。）
原初状態での選択を、市民にとっての、秩序ある公正な社会的協働のための正義の原理として採択する。

図3－1　原初状態と正義の原理

原初状態において当事者たちによって選択された正義の原理をわれわれ自身にとっての正義の原理として受け入れることである。

マキシミン・ルール

原初状態において当事者たちは、無知のヴェールのもとでさまざまな規範的原理の中から一つのものを共通に選び出す、と考えられている。では、そうした原初状態にいる人々はどうやって具体的な正義の原理を決定するのか。そこでロールズはマキシミン・ルールに基づく合理的選択という考え方を利用するのである。

マキシミン・ルールというのは、ゲーム理論の中でプレイヤーがとる合理的な戦略の一つとして考え出されたものだ。たとえば、ある授業の期末試験を受けようとするとき、あなたはできることなら試験勉強などしないで遊んでいたいと考えているとする。教師は難しい試験問題を出すかもしれないし、易しいのを出すかもしれない。遊んでしまったときに難しい問題が出ると不合格で最悪の事態が生じる。他方、教師の方は、学生には勉強してもらいたいと考えているが、できることならわざわざ問題を難しくはしたくない。しかし、問題が易しすぎるために、遊んでいた学生までも合格させてしまうのは一番避けたいと考えている。

このような場合、ゲームの利得構造は表3－1のように表される。

表3－1　試験ゲーム

		教師の出す問題	
		易しい	難しい
学生	遊ぶ	10，3	0，5
	勉強する	3，10	7，7

各セルの数字のうち、左側が学生の利得で、右側が教師の利得

学生であるあなたにとって、遊びをとるのと勉強するのとどっちが合理的な行動選択になるだろうか。教師が易しい問題を出すことがあらかじめ分かっているのなら、遊んだ方がいいに決まっている。しかしそんなことは前もって分かりはしない。万が一、難しい問題が出されたら万事休すだ。

他方、教師にとっても状況は悩ましい。難しい問題を出して学生に嫌われたくないし、そもそも作って採点するのが面倒だ。もし学生が勉強してくれるのであれば、易しい問題ですませたい。しかし、もし遊んでばかりいた学生を合格させれば、来年の学生はますます勉強しなくなるだろう。

ゲーム状況における合理的な選択の組み合わせを「解」という。ゲーム理論にはいくつかの異なる解の概念がある。もっとも有名なのは、映画『ビューティフル・マインド』のモデルで、ノーベル経済学賞を受賞したゲーム理論家ジョン・ナッシュが考案した「ナッシュ均衡解」だろう。これは、二人に

とって、それぞれが単独で選択の仕方を変えたとしても、自分の利得を増加させることができないような選択の組み合わせである。残念ながら、**表3－1**の利得構造にはナッシュ均衡解は存在しない。たとえば（遊ぶ，易しい）という左上の組合せの場合、教師は単独で（遊ぶ，難しい）に変更して、利得を3から5にあげることができる。（学生が単独で選択を変えて（勉強する，易しい）に移っても、利得は10から3に低下してしまうが。）他の組合せについても、必ずどちらかが単独で選択を変えて利得を増加させることができてしまうのである。

「支配戦略」というのも、合理的な選択を導く上で有力な考え方である。自分のある特定の選択が常に、相手がどんな選択をとった場合でも自分の他の選択からえられる利得よりも等しいか大きい利得をもたらすようなとき、その特定の選択を支配戦略という。もしも支配戦略になる選択肢が存在するのであれば、相手がどういう選択をするかに思い悩むことなく、その選択をすることが合理的である。しかし、やはり**表3－1**には支配戦略は存在しない。

そこで、**マキシミン戦略**がある。これは、それぞれの自分の選択に関して、相手のでかたによって決まる利得のうち最悪のものを考え、そうした最悪の利得の中でもっともましな利得をもたらすような選択肢をとる、という戦略である。**表3－1**における学生の場合、「遊ぶ」ときの最悪の利得は0であり、「勉強する」ときの最悪の利得は3であって、後者の方が大きい。したがって、学生にとってのマキシミン戦略は「勉強する」になる。最悪のものの中でもっともましなもの（maximum among minimums）をとるので、マキシミン（maximin）戦略という名前がついた。そして、マキシミン戦略によって選択を決めるというのが、マキシミン・ルールである。

なお、教師にとってのマキシミン戦略は「難しい問題を出す」ことになる。したがって、両者がマキシミン戦略をとれば、学生は勉強し教師は難しい問題を出して、（7，7）の利得配分が出現する。マキシミン戦略はゲーム理論において、一時期、もっとも代表的な解と見なされていた。（日本では長い間「ミニマックス」と呼ばれてきたが、最近は英語風にマキシミンと呼んでいる。）それはとくに、そもそものゲーム理論の創始者であるノイマンとモルゲンシュテルンによって、ゼロサム・ゲームの混合ゲームを考えた場合にマキシミン解が必ず鞍点として存在するという定理が提示されたことに影響されている。ゼロサム・ゲームというのは、どの手の組み合わせにおいても二人のプレイヤーの利得の和が0になっているゲームであり、また混合ゲームというのは、プレイヤーが個々の手のどれかを選択するのではなく、どの手にどういう出現確率を賦与するかを選択するようなゲームである。マキシミン解の存在定理は単純で美しく、経済学の一般均衡モデルにおける均衡解の存在定理にも似ている。しかし、ゼロサム・ゲームという前提が特殊すぎるためその後は次第に関心をもたれなくなっていった。

ところで、ゲーム理論ではプレイヤーのそれぞれが自分の利得をなるべく大きくするという問題に直面していると想定するのが普通だが、例外的に、一方のプレイヤーはそういう理由によって手を選ぶのではなく、気まぐれや偶然などによって手が決まると想定することもある。たとえば表3－1のゲームにおいて、教師にとっての利得は本当は存在しないか無視できると想定しなおせば、教師がそうしたプレイヤーになる。その際、教師が問題を易しくするか難しくするかは、学生が勉強するかどうかとはまったく関係なく（ただの気まぐれか、別の理由によってか）決まると想定されることになる。

このばあいには、表3－1から教師の利得は消去され、学生の利得構造だけが残る。このときでも、学生にとっての選択問題は残っている。教師が易しい問題を出すのか難しい問題を出すのか、前もっては絶対に分からない。したがって、マキシミン戦略という考え方は依然として意味を持っている。教師がどちらの問題を出そうとも、マキシミン戦略で考えるとやはり「勉強する」のが合理的である。

自分にとっては利得の大きさは関係ないが、相手のプレイヤーが知りえない偶然もしくは他の何らかのメカニズムによって手を選択し、その選択の仕方が相手の利得に影響するようなプレイヤーを、ゲーム理論では「自然 nature」と呼ぶ。梅雨時の出勤に傘を持っていくべきかどうか迷っている人に対して、「雨が降る」「降らない」を選択する主体が「自然」である。迷っている人にとって、自然というプレイヤーの選択メカニズムは何も分からない。その利得を考えることも意味がない。しかし、相手（自然）の選択によって自分の利得が左右されるという点では、ゲーム状況である。

原初状態におけるゲーム

ロールズの原初状態とは次のような「自然」を相手にしたゲーム状況である。学生にあたるのが各当事者で、彼らの手は、さまざまに考えられうる正義の原理の集合の中からどれかを選択することである。他方、「自然」の手にあたるのは、各当事者が無知のヴェールを取り払われたときに明らかとなる現実の自らの特性（どのような社会的身分で、どんな才能や資源や善の構想を持っているか）の違いである。自分がどんな特性を持っているかは無知のヴェールのもとでは分からないようになっているのだが、現実の社会では人々はそれぞれの特性をもって生きている。そして、社会においてどんな正義の原理が行われているのかによって、どんな特性の人がどのような利得をうることになるかが違ってくる。恵まれた才能を持つ人がずっと高い利得をえるような原理も考えられるし、逆に資源に恵まれない人でも、他の人と同等の利得をえるような原理も考えられる。

いま、かりに、三種類の原理と三種類の特性とがあるとしよう。第iの原理のもとで第jの特性の人がえる利得をr_{ij}とすると、**表3－2**のような利得構造が書ける。

表3－2　原初状態のゲーム

		当事者の知られていない特性（自然）		
		特性1	特性2	特性3
当事者の選択	原理1	r_{11}	r_{12}	r_{13}
	原理2	r_{21}	r_{22}	r_{23}
	原理3	r_{31}	r_{32}	r_{33}

これが、原初状態で当事者が正義の原理を選択する際におかれている状況である。ここでは実質的にはプレイヤーは当事者だけで、利得はすべて当事者のそれである。

ロールズはこのような状況のもとで、当事者はマキシミン・ルールに従うことが**合理的**だと考えた。無知のヴェールがかけられているのだから、自分がどの特性の持ち主であるかはランダムにしか決まらない。そうだとすれば、最悪の事態を想定して、その時でもいちばん望ましくなるような原理を選ぶことが理にかなっていると考えたのである。ちょうど、雨が降るかどうか分からず、降って濡れるよりも、無駄に傘を持ち歩く方がまだましだと思えば、傘をもっていったほうがいいと判断するのと同じである。結果としてロールズは、彼が具体的に提示する正義の二原理（第2章参照）を選択することが当事者にとってマキシミン戦略に沿って合理的だと判断した。

このように「正義の原理」はまずもって原初状態における無知のヴェールの

もとでの当事者たちの合理的選択として導かれる。そして、この正義の原理がわれわれ自身にとっての正義の原理をなすとロールズは主張するのである。ただし気づいている人も多いと思うが、「当事者たちの合理的選択」というのは現実に存在するものではなくて、あくまでも架空の話である。つまり、「何が原初状態における合理的な選択か」を実際に導いているのは、ほかでもないロールズ自身である。しかしこのことは、隠されているわけではないが、強調はされない。読者には、読者や話者（＝理論家）を超えた世界において取り決められたものとして規範的原理が示される。このような構図の規範的社会理論を「契約論」という。

これとは違って功利主義は契約論的ではない。そこでは、社会にとって何が望ましいかを決める基本的な手続きは、実際に存在している人々が何を望んでいるかをカウントしていくことである。社会にとっての望ましさの最終的な基盤は、経験的に存在する人々にとっての幸福にある。それはわれわれ自身が直接的に決めるものだ。

それに対して、ロールズの『正義論』では、社会にとって何が望ましいかはまずもって原初状態という架空の世界で定められる。正義の原理を選択しているのは、経験的に存在する人々でもわれわれでもなく、**架空の当事者たち**だ。架空の世界で決められたことがわれわれを拘束する。

こうした『正義論』の原初状態における選択という契約論的構図は、多くの人々に大変好意的に受けとめられた。『正義論』が現代リベラリズムの震源をなすほどに巨大なインパクトを与えた最大の理由が、その契約論的特徴にあったといっても過言ではない。

でも、なぜ契約論的であったことが、そんなにアピールしたのだろうか。そもそも、なぜ架空の世界での決定がわれわれを拘束するのだろうか。なぜわれわれは原初状態での選択をわれわれ自身のものとして受け入れなければならないのだろうか。

2　契約というフィクションの規範的な力

元来の契約論と世俗的契約論

契約論というのは、ホッブズ、ロック、ルソーそしてカントへと続く近代初期の主要な社会理論に共通に見られるもので、そうした規範的探求の伝統に即していたことが『正義論』が脚光を浴びた無視しえない要因でもある。契約論のロジックにはやや複雑な構図があるので、少し詳しく考察してみよう。

契約論の基礎にあるのは、われわれが何かのきまりを守らなければならないのは、われわれがそうすることを約束したからだ、という構図である。約束したことは守らなければならず、約束の内容は約束した当事者たちを規範的に拘束する。この一般的な原則に訴えて、ある規範的な原理の妥当性を主張する。これが、契約論を支える図式だ。

宗教的な契約論、すなわち、ユダヤ教、キリスト教、およびイスラム教では、人間が神と交わした契約こそが、人間の神に対する義務として、人々に科せられるさまざまな規範的拘束を究極的に基礎づけている。もっとも、なぜ「原初契約」として（たとえ固く信じられていても、実際には）仮想的に想定されたものが、今日のわれわれをも拘束する力を持つと考えられるのかという疑問が生じるかもしれない。(もしかすると、こうした疑問を抱くのはユダヤ=キリスト教の伝統を持たない者だけかもしれないが。)個人主義を前提にすると、先祖が誰かと結んだ契約が子孫を拘束するのはおかしい。しかし、ユダヤ教の場合には、この問題は契約が神とユダヤ民族全体とのあいだのものだという想定によって解決される。すなわち、契約はある諸個人と神とのあいだのものではなく、ある集合体全体と神とのあいだのものであり、ある個人はその集合体の一員であることによって自動的に当の契約の一方の主体になる。キリスト教の場合には、ユダヤ民族の代わりに人類全体が当事者となる。

しかし、近代になってからの世俗的な社会理論が考えているのは神と集合体との契約ではないのだから、そう簡単ではない。しかも、神とのあいだのものであれば、その契約は現実のものである——神が現実のものである限り——のに対して、世俗的な理論にとっての原初契約は明らかに仮想的なものにすぎない。

世俗的な契約論が考えている契約とは、当然のことながら人と人とのあいだの契約である。ただし、それが実際にかつて存在した契約だと考えられているかといえば、決してそうではない。ホッブズ、ロック、ルソーと続く世俗的契約論は、いずれも「自然状態」というものを想定し、自然状態において結ばれた契約によって、自然権および自然法とは区別された社会的な制度と規範が成立するという共通の構図をもっている。ここでの「自然状態」というのは決して「未開の原始的状態」というものではない。それはまっすぐな直線や、位置だけあって面積を持たない点の概念のように、理念的に考えられたものである。これら初期の契約論者たちは、アルキメデスの点のように、経験的に存在する社会的な現象を相対的に眺めることを可能にする視点として、まず自然状態というものを想定したのである。

ここで、もしも自然状態そのものが社会的な望ましさを体現していて、現実の社会がそこからの堕落形態だと考えるのであれば、ルソーの『人間不平等起源論』（同じ著者の『社会契約論』とはちがって、ここには契約論はない）やマルクス＝エンゲルスの『共産党宣言』のような物語になる。すなわち、現実を何らかのかたちでもとの自然状態に戻すことが正しいことなのだ。

社会契約論はこれとは異なって、自然状態はまだ不完全で望ましくない状態だと考える。社会契約とは、望ましくない自然状態にいる人々が、自らの状態を克服してより望ましい状態を作り出すためにある制度もしくは規範を共通の拘束として受け入れることを約束するという合意である。明らかにここには二重のフィクションが存在する。自然状態もフィクションであり、そのもとでの契約というのもフィクションである。このようなフィクションからなる理論がどうしてわれわれに対して説得力のあるものと考えられたのか。

物語としての契約

契約論をもっとも純粋な形で展開したルソーの『社会契約論』を読むと、この問題の鍵は二つの「拘束」にあることが分かる。一つの拘束はいうまでもなく原初契約を結ぶ人々が契約によって自らに課す拘束である。ルソーの定式化では、社会契約によって公的人格としての政治体が立ち現れるので、人々の相互の約束、人々の政治体への約束、そして政治体の人々への約束の三つがそれぞれの義務を成立させる。しかしこれはルソーによって語られている一つの物語の中の出来事にすぎない。ルソー自身、決してその物語が現実のものだとは主張していない。ルソーにとっても、そしてわれわれにとっても、それは一つの寓話にすぎない。

しかし、寓話からもう一つの拘束が立ち現れる。それは、その物語を読む人々がその物語から受け取る拘束である。契約論物語は一つの架空の政治社会の構成を記述しているのだが、その構成の清澄さや均整、そこに登場する人々の公共性や権力の公正さは、明らかにそれ自体として読む者に訴えかける力を持っている。読者は、騎士道物語を読んだドン・キホーテのように、現実を物語によって理解し、物語を現実に照らして解釈するようになる。たとえば、ルソーが次のように書いているのを読む者は、まさに現実の人間もまた「契約と権利によって、すべて平等だ」と考えるに至る傾向を持つのである。

> 基本的契約は自然的な平等を破壊するものではなく、むしろ反対に、自然が人間のあいだに与えた肉体的不平等に道徳的合法的平等を置き換える……。また体力や才能においては不平等の可能性があっても、人間は契約と権利によって、すべて平等である……（「社会契約論」中公バックス『世界の名著　ルソー』二四九頁）。

いうまでもなく、論理的には、この結論はあくまで契約論物語の内部の話である。しかし、この物語の中の世界から理念的な力を受け取る読者にとっては、あたかも、現実の世界が本来的には契約論的であって、物語のさまざまな構成のことごとくが現実の社会の本来的な真のありようを示している

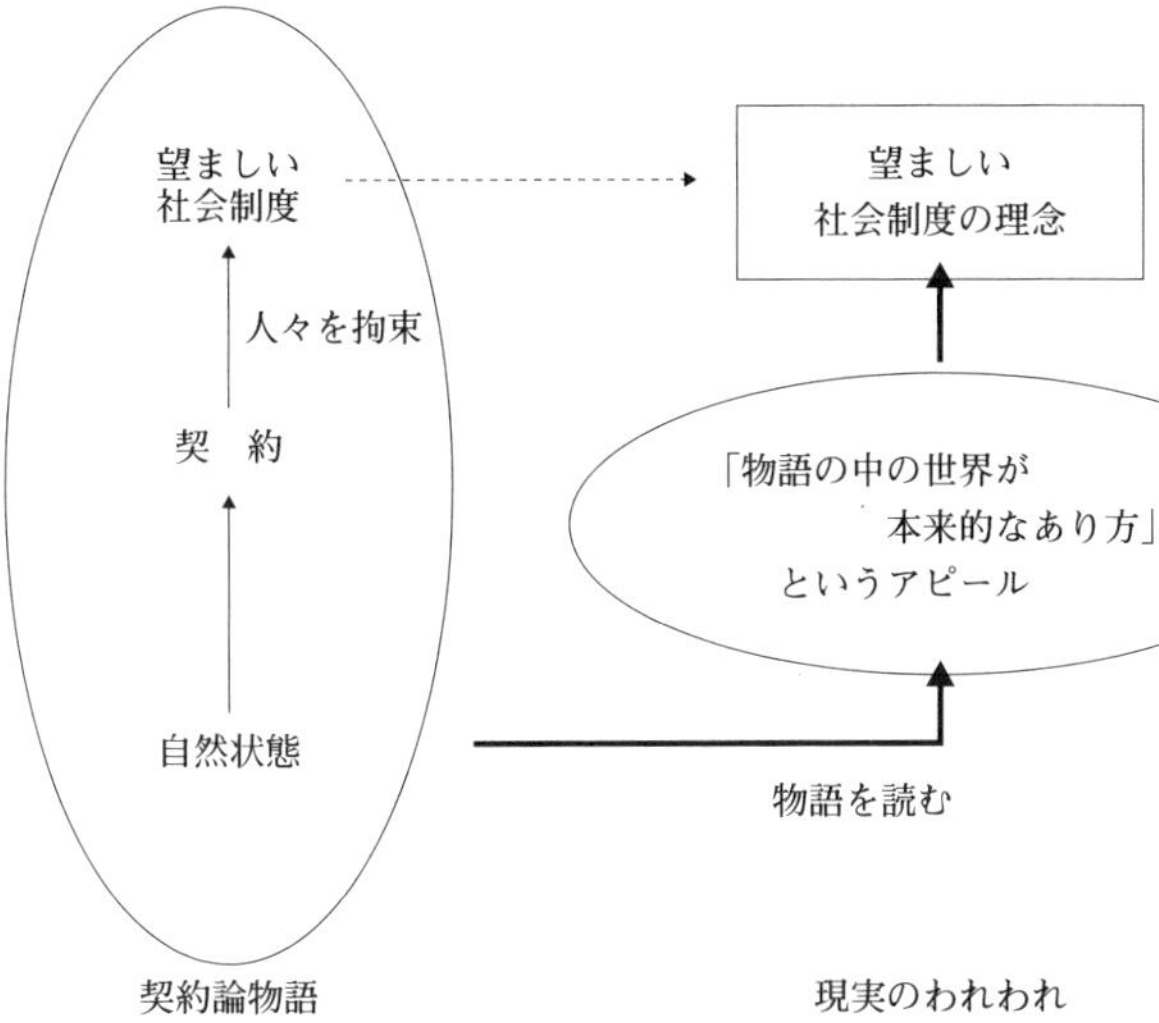

図3－2　契約論物語がわれわれを拘束するしくみ

ように感じられる。つまり、フィクションである物語の世界こそが本来的な現実（real）であって、現実の経験的世界はそのゆがんだ仮象であるかのように見えてくるのである。この構図は**図3－2**のように表すことができる。

整理して述べれば、契約論の原型は、われわれもしくはわれわれの仲間が実際に契約したという事実に基づいて、その契約内容がわれわれを拘束する、というものだ。この形式はユダヤ教に起源を持つが、宗教だけでなく、近代の成文憲法体制もしばしばこの意味において契約論的に解釈されることがある。これは、約束したことに自ら拘束されるという規範原理に基礎をおいたものであり、ホッブズやロックの考えにもこの形式が暗黙のうちに利用されている。

ルソーの契約論はこれとはやや異なってい

る。そこでは、契約論物語がフィクションでありながら、その物語世界の公正で不偏的な構成がもつ規範的アピール力によってわれわれを拘束している。厳密に言えば、ここでわれわれは「契約があった」ことによって拘束されるのではない。物語世界を読むことでわれわれの中にすでに潜在している規範的な価値理念が明示的に喚び起こされ、「公正な状況のもとでは、これこれの契約を結ぶはずだ」という推論によって、当の契約が「望ましいもの」に思えるのである。

ロールズにおける契約論

ロールズの契約論的構図についても、同じことが起こっているように思われる。無知のヴェールのもとで正義の原理を定める原初状態の当事者たちも、当事者たちが代表している市民たちも、これらはすべてロールズの理論の中の登場人物つまりフィクションにすぎない。そこでの原理の選択も、したがってその内容が二つの正義の原理だということも、基本的にはロールズの理論の中の物語世界の出来事である。ロールズの理論の中で、当時者たちが選んだ原理が当事者たちにとって正義であったとしても、その事実はとりあえずはその物語の中にとどまる。それでは、その世界において正義であることがらが、いかにしてロールズを含むわれわれの世界においても正義となりうるのだろうか。

彼は、無知のヴェールのもとでの原初状態での選択が正義の原理だということを一通り説明した後で、次のように書いている。

最後に一言。われわれは、ある正義の諸原理は平等な初期状況で合意されるから正当化される、と言いたい。私はこの原初状態が純粋に**仮説的**であるという点を強調してきた。もしこの同意が決して**実際には得られないものだとすれば**、道徳的にせよその他のものにせよ、こうした原理になぜ何らかの興味を持たなければならないかを尋ねてみるのは当然である。その答えは、原初状態の叙述に具現化されている諸条件が、**実際にわれわれが受け入れるものであるということである**。もし、われわれが受け入れないとしても、おそらく哲学的内省によって受け入れるようにと**説得されうるものである**。契約状況の各側面には、それぞれ支持する根拠が与えられうるのである。……このような拘束は、**われわれが社会的協働の公正な条件に対する制限とみなす用意のあるものを**、表わしている。(『正義論』訳一六頁、ただし強調は引用者)。

ここでロールズは、(a)原初状態における仮想的な合意は、実はわれわれ自身が実際に同意するものであること、(b)その理由は、原初状態として設定された状況は、実際にわれわれ自身が理性的な内省を通じて「公正なものだ」と受け入れるはずのものだからであること、(c)したがって、当事者にとっての社会的協働の公正な条件である正義の原理は、同時にわれわれ自身が社会的協働にはいるときの公正な条件なのだ、と主張しているのである。つまり、ロールズ理論の中の世界にある「契約状況の各側面」がわれわれによっても公正なものとして受け入れられるので、そこでの合意内容である正義の原理はわれわれにも妥当するはずだ、というのである。

ロールズの原初状態という契約論的フィクションは、多くの読者にアピールしたのであるが、このアピール力はあくまでフィクションとしての物語世界が、フィクションであるにもかかわらずわれわれにとっての本来的な世界であるということの信憑性に依存している。原初状態それ自体の規範的価値の高さが、そこから導かれるとされる正義の二原理の規範的妥当性を支えている。

だが、こうした世俗的な契約論は「かつて結ばれた約束」という宗教的信念に頼っているわけではないので、次のような脆弱さを抱えている。第一に、契約論のアピール力は、フィクションの物語としての魅力に依存している。ロールズの場合、それは「原初状態における無知のヴェールのもとでのマキシミン・ルールという合理的選択による原理の選択」という構図が、フィクションとしてであれ「公正な条件のもとでの道理的な決め方」を表しているという点について、われわれが実際にそう思うかどうかに依存しているのである。もしも原初状態の物語に十分な説得力がえられないのであれば、契約論という理論構成をとった意味は失われてしまう。

第二に、契約論は、アプリオリで演繹的であり、そこから導かれる具体的な諸制度が本当にわれわれにとって望ましいものになるとは限らない。これはホッブズやルソーの契約論につきまとっていた深刻な問題である。彼らの社会理論はハイエクによって「設計主義的」なものだと厳しく批判されているが、それは、架空の物語によって導かれた規範的原理が「空想上の妥当性」しかもたず、現実の適用において「意図せざる不正義」をもたらす危険が極めて高いという点に向けられている。ロールズの場合にも、その正義の二原理にそうした懸念がないとはいえない。

実際ロールズ『正義論』は多くの論者から極めて高い評価をえたのであるが、同時に、（本章の後半と次章とで検討するが）いくつかの鋭い批判が寄せられることになる。それはまさに契約論の二つの脆弱な側面を突いたものであった。

ただし慧眼のロールズには、個々の批判点はともかく、一般に契約論的構図に付随する問題については、実はよく分かっていたようなのだ。ロールズ理論の中で「内省的均衡」がはたしている役割はそこに関わっている。そのことを次に説明しよう。

3　内省的均衡

内省的均衡とは何か

ロールズの理論といえば、右に述べたような復興された契約論的な論理だけによって構成されていると理解している人も少なくない。しかし、ロールズの『正義論』は純粋には契約論的には組み立てられていないのである。契約論は表の顔にすぎず、本当はもっと手が込んでいる。むしろ『正義論』を支えている真の論理は「内省的均衡 reflective equilibrium」だとみるべきなのだ。

内省的均衡の概念は、ロールズ自身があまり丁寧な説明をおこなっていないためもあって、非常に分かりにくい。ときどきこれを「われわれの内省的な熟慮によって、社会にとって何が正しいことであるかを導き出すこと」と単純に理解している人もいる。しかし、もしも正義の原理などの規範的原理をわれわれの内省的な熟慮によって導きだすことができるというふうにロールズが考えていたとしたら、何のために原初状態という架空のものを設定しなければならなかったのかが分からなくなる。そんな余分なものを介在させないでも、直接に「われわれ自身の内省的な熟慮」を働かせればいいいはずだ。

あるいはまた、原初状態の設定を通じて導きだされた正義の諸原理が、正義に関するわれわれの直観的な道徳的判断と合致しているかどうかをチェックするのが内省的均衡だと考えている人もいる。しかし、もしそうだとすれば、わざわざ「均衡」などという言葉を使う必要はない。「直観的判断による検証」とでも呼べばよかっただろう。

さらに、原初状態の設定が適切かどうかについて反省的に熟慮することが内省的均衡だという理解もあるが、これも正しくない。原初状態の設定はもともと仮説的なものであり、それをどんなに反省的に熟慮したとしても、「仮に想定してみた」という性質は残る。

ここでまず注意したいのは、原初状態における選択という契約論的フィクションは、あくまで物語だということだ。一体誰が、どういう資格でこの物語を構築できるのだろうか。

さらに、いったんこの物語の骨子を受け入れて、無知のヴェールとその下での合理的選択というアイディアを、当事者たちの状況設定を不偏なものとする上で基本的なものだと考えたとしても、そこには次のような幅広い可能性が残されている。すなわち、無知のヴェールで隠されるのは何か、どう選択することが合理的に選択することになるのか、そもそも当事者たちの選択において合理性の基準に訴えかけることが妥当なことなのか、などである。ロールズ自身は原初状態を詳細に説明していく中で、これらの問いに答えていくのだが、そのプロセスは何かあらかじめ決まっている原理から自動的に導かれるようなものではない。考えてみれば当然のことだが、当事者たちのおかれている状況を想定しているのは、ロールズ自身であり、ロールズを読むわれわれ自身である。ロールズおよびわれわれだけがいるのであって、その外側に原初状態を構築する主体はどこにも存在しない。

ロールズは、図3－1（七六頁）の構図において原初状態で選択される正義の原理が、「正義に関するわれわれの熟考された確信」と適合しているかどうか、という問題が存在しているといって、次のように述べる。

ときには契約環境の条件を変え、ときにはわれわれの判断を撤回してそれらを原理に一致させるというように、行きつ戻りつすることによって、ついには合理的な条件を表し、十分に簡潔にされ調整された、熟考された判断に一致する諸原理を生み出す初期状況の叙述を見出すだろうと私は思う。この事態を**内省的均衡**と呼ぶことにする（『正義論』訳一六頁）。

ここでロールズは、「われわれの熟考された確信（判断）」という、図3－1には含まれない隠された変数を提示するのである。（「確信」という言葉も「判断」と互換的に用いられている。）

それでは、熟考された確信や判断とはいったい何のことだろうか。その例としてロールズは「宗教上の不寛容さや人種差別が正義にもとる」ということしか挙げていない。つまり、何が熟考された確信であるかについて、常識として確立している規範的判断をあげるだけで、一般的な説明がないのである。これは奇妙なことに思われるだろう。なぜなら、熟考された確信が何であるかが分からなければ、われわれは内省的均衡へのプロセスをたどることができないように見えるからだ。

しかし、実はここにロールズの「内省的均衡」を理解する鍵が示されている。まず、熟考された確信の中身がほとんど述べられない理由は、そうするしかなかったからだと理解することができる。というのは、熟考された確信を具体的に提示してしまうと、それが一種の前提になってしまう。それはロールズの考えていることに反してしまうのだ。なぜなら、「熟考された確信」の内容は、決して前もって特定化されているものではないからである。それはわれわれの側にあるはずのものであるが、固定された所与のものではなく、内省的均衡のプロセスの中で変わっていくはずのものなのだ。実際、もし固定されたものだとするならば、それはロールズ理論にとって破壊的なことだろう。そうであれば、わざわざ原初状態などという架空の物語を持ち出す必要は何もない。われわれは、単にその固定された確信に基づいて正義の原理を導きだせばいいことになってしまう。しかし、ロールズのとっている方法はそういうものではない。

右の引用文の少し前のところで、ロールズはもしも「われわれの判断」と原初状態から導きだされた「正義の諸原理」とのあいだに不一致があれば、「われわれは初期状況［=原初状態］の説明を修正するか、現在ある判断を改めるかのどちらかができる」（『正義論』訳一五～一六頁）と書いている。つまり、内省的均衡のプロセスにおいては、一方では「原初状態の設定のしかた」も改められうるし、他方では「われわれの現在ある規範的判断」も改められうるというのだ。このようにロールズは、「われわれの熟考された判断」が固定されたものだとは考えていない。それは内省的均衡に至るプロセスのなかで変えられうるものだ。

他方、内省的均衡へのプロセスにおいては、「原初状態の設定」のほうも修正されうる。というのは、仮説的に設定された原初状態とそこでの当事者たちの選択という構図によってわれわれにとっての正義の諸原理が導かれるのだが、原初状態の設定のしかたによっては、導出された正義の諸原理は

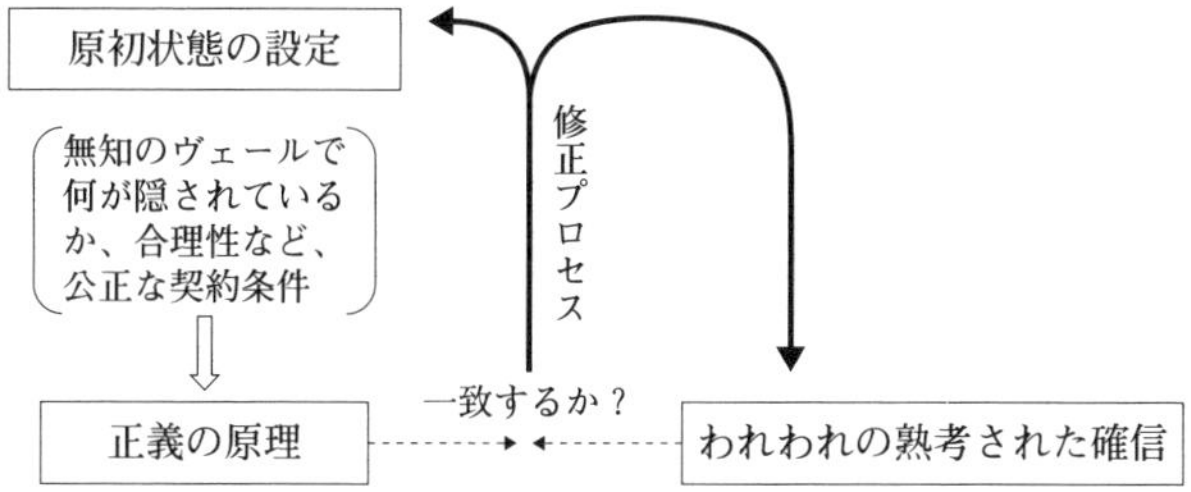

図3－3　内省的均衡のプロセス

われわれの現在ある規範的判断と相容れないかもしれないからである。

このように、導出された正義の原理をわれわれの規範的判断と突きあわせてみて、両者が一致していない場合には、原初状態の設定である「契約環境の条件」かもしくは「われわれの判断」あるいはその両方を変えることによって、「われわれの熟考された判断」が「正義の諸原理」に一致するように探索していく。そうしたプロセスの到達先が「内省的均衡」だということである。これは、図3－3のように表すことができるだろう。

『正義論』の実践プロセスとしての内省的均衡

では、どういうときにどちらが改められなければならないのか。それについては、ロールズは何も語っていない。それればかりか、具体的に不一致が生じてどちらかもしくは両方を改めていくというプロセスはまったく記述されていないのである。

これは一見すると奇妙なことだが、実は、少し前に述べたように「しかたない」のである。というのは、「内省的均衡」というのはロールズの理論の内部で記述されるものではなくて、ロールズの理論そのものが実践的に行っていることそのものだからである。つまり「内省的均衡」

とは、ロールズ理論に登場する誰か、すなわち原初状態における架空の当事者や現実の市民たちがたどるプロセスではない。同時にまた、ロールズは一般の規範的理論がたどるべきプロセスを記述するために「内省的均衡」という言葉を用いているのでもない。ロールズはまさに、自らの理論的探究の営みそのものを記述し説明するために「内省的均衡」という言葉を用いているのである。このことは、次のようなロールズの文から分かる。

正義の理論はまさに一つの理論（a theory）であることを強調しておきたい。それは、われわれの道徳的な力を、あるいはより特定化して言えば、われわれの正義の感覚を統御する諸原理を提示しようとする（setting out）、（一八世紀のある書物名を思い出して言えば［アダム・スミスの『道徳感情論』（一七五九年）をさす。引用者］）道徳感情の一つの理論である。推測された［正義の］諸原理がチェックされるような、限られてはいるがある一定の諸事実の集合、すなわち、内省的均衡におけるわれわれの熟慮された判断が存在している。［中略］いずれにしても、論理と定義の真理だけに基づいて実質的な正義の理論を展開することは明らかに不可能である。道徳的概念の分析やアプリオリなものは、どんなに伝統的に理解されたとしても、基礎としては貧弱すぎる。道徳理論は、望むならば偶有的な諸仮定と一般的諸事実とを自由に用いなければならないのである。道徳内省的均衡における熟慮された判断に理由説明（account）を与えるには、この方法以外にない（『正義論』訳三六頁、ただし訳文を変更した）。

ここでロールズが、「正義の理論」、「正義の諸原理」、そして「われわれの正義の感覚」の三つを区別し、それらのあいだを「内省的均衡」というプロセスで媒介させていることに注目することが重要である。ロールズ自身がまさに正義の諸原理を提示するような、一つの正義の理論を展開しようとしているのである。正義の諸原理はわれわれの正義の感覚つまり規範的な判断を統御（govern）する。しかし、正義の諸原理は、何かアプリオリなものや概念の分析、あるいは真理だと自明視されていることなどだけに基づいて導きだすことはできない。正義の理論は、諸原理を導きだすにあたって、それらとともに、偶有的な諸仮定をおいたり、社会や人々についての経験的な諸事実を考慮に入れたりしなければならない。ロールズの原初状態はその偶有的な諸仮定の一つの例である。他方、われわれの正義の感覚は、既存の道徳的概念やアプリオリだと見なされているものを含みつつ、独立した要素をなしている。導きだされた正義の諸原理は、われわれの今ある規範的判断と斉合的なものでなければならない。ただし、斉合していないとき、正義の諸原理を導く理論構成のしかただけが一方的に改められるのではなく、われわれの今ある判断もまた改められる可能性に開かれている。その結果、到達した先にえられるものが「われわれの熟慮された確信」なのである。「内省的均衡」というのは、正義の理論がその構成過程でたどるべきこうしたプロセスをさすものである。

ロールズ自身の『正義論』も一つの正義の理論である。したがって、「内省的均衡」とは、『正義論』の構成のしかたそれ自体を記述する概念なのである。ロールズは、内省的均衡は決して完全な「哲学的理想」には到達しないと言っている。つまり、正義の理論は、ちょうど経験科学上の諸理論がそうであるように、それ自体が一つの仮説としての理論なのであり、内省的均衡の概念はその暫定的な到達点を意味するものなのである。すなわち、ロールズの『正義論』は、その厖大な書物の大部分をあげてまさに内省的均衡に至るプロセスそのものを実践的に記述しているのであり、そして、そうした内省的均衡の結果として、「正義の二原理」を提示しているのである。

原初状態の契約説に魅了された読者にとっては、このことは非常に分かり難い。そのため、内省的均衡の解釈にいろいろと苦しんだ論者が多い。たとえば渡辺幹雄は、それを「正義の原理」と「われわれの道徳判断」との二項関係としてではなく、さらに「初期状況」を加えた三項関係として解釈すべきだと提唱している（『ロールズ正義論の行方』一七五頁以下）。あるいは、伊藤恭彦は、内省的均衡の概念には循環論法的なところがあるが、「原初状態において正義の原理を合理的に演繹するという一つの思考実験を、原初状態にはいない「私」、つまり現実の価値多元社会に身をおく個人の判断と結びつけるものとして導入された」のだと理解する（『多元的世界の政治哲学』一四八〜一五三頁）。こうした解釈は、残念ながらある基本的なところで間違っていると思われる。彼らは、あくまで「内省的均衡」をロールズの『正義論』の中の諸構成要素のあいだのものだと解釈している。しかし、ここで私が示している解釈は、内省的均衡というものは、ロールズ自身のものを含む正義の理論そのものが、「われわれの規範的確信」や既存の道徳的諸規範とのあいだでたどるべきプロセスだということである。

契約論とは異なるものとしての『正義論』

内省的均衡をこのように理解することによって、ロールズ『正義論』のこれまで注目されてこなかったいくつかのポイントが浮き彫りになってくる。まず第一に、『正義論』において正義の諸原理を提示するしかたは、決して原初状態からの演繹という契約論的なロジックだけに依拠したものではないということが分かってくる。契約論的なロジックは、ロールズの理論全体の一部をなすに過ぎない。とくに、契約論的な原初状態の設定はアプリオリに与えられるものではなくて、それをどう設定するか、そしてそこからの帰結をどう評価するかもまた、ロールズの理論の中で検討されていることがらなのである。

第二に、ロールズの『正義論』は、「正義の原理」について二つの異なる理由の論理を用いているということも明らかになる。一つはいうまでもなく、原初状態を仮設した契約論の論理である。ここではロールズは、無知のヴェールという不偏的な条件の下で当事者たちが合理的に選択する規範的原理こそがわれわれにとっての正義の原理でもあると主張している。原初状態の設定は、何が正義の原理のなかみであるかを演繹的に導きだすための論理的な前提としてはたらいている。これはある意味で「基礎づけ主義的」な論理だといえるだろう。

もう一つは、内省的均衡というメタ的な論理、すなわち『正義論』そのものがしたがっている論理である。ここでは、原初状態の設定も、いったん導きだされた正義の原理も、既存の道徳的概念や今あるわれわれの規範的確信などとともに内省のプロセスの中に投じられる。そこには、アプリオリなものは何もない。実際、ロールズ『正義論』の大部分を構成しているのは、功利主義や卓越主義や直観主義を批判しながら自らの理論を構築していくための考察を展開している議論であり、それはまさにこの内省的プロセスを実践しているものなのである。

たとえば、功利主義の総効用最大化原理を批判して、「最も恵まれない者に最大の利益を」という格差原理を主張するときのロールズは、単にそれが無知のヴェールをつけた当事者たちが合理的に選択するものだという論理だけには依拠していない。そこにおける当事者たちの「合理性」という点についてだけなら、次節で見るようなハーサニやアローなどの批判に沿って、大いなる疑義が提出できる。しかし、あとでみることになるが、彼らの鋭い批判を受けたあとでもロールズは格差原理を撤回しない。それは、ロールズにとって格差原理を支える論理が決して原初状態からの演繹だけではなく、むしろ最終的には熟慮された道徳的確信とのあいだでの内省的均衡に基づいているからである。

「正義」の二つの意味：正義の諸原理と公正としての正義

第三に、「正義」ないし「正義の原理」の概念に、二つの異なる側面があることが明確になる。一つは、具体的な規範的命題そのものである。ロールズの場合、これは平等な自由の原理と社会経済的平等に関する原理という二つの原理として提示されている。ただ、潜在的にはさまざまな規範的命題が正義の原理になりうるのであり、ロールズの文章で「正義の原理」という言葉が使われているときは、彼が提示する二つの原理をさすだけでなく、ときには他の可能な規範的命題を意味していることが多い。

もう一つは、ロールズが「公正としての正義」という言葉で表現しているときの「正義」である。この意味での「正義」は、『正義論』の冒頭で、「自由で平等な人々の間での公正な社会的協働のための基本条件をなすような規範的原理」として与えられている。これは、ロールズが「正義の一理論」

の探求を進める際の出発点におかれている基本枠組みであり、正義の原理とはちがって、探求の結果として提示されるものではない。第2章第2節で示したように、ロールズの『正義論』は、「公正としての正義」という概念をあらかじめ提示し、その概念の条件を満たすものとしての「正義の原理」を導出する論理を構築して具体的に提示し、さらにそれが実際に「公正としての正義」にかなう原理であることを論証していくという構成をとっているのである。

ここで、一般に「正義とは何か」という問いに対して、二つのタイプの答え方があることに注意したい。それは、ロールズの「公正としての正義」と「正義の原理」との違いに対応する。「公正としての正義」のタイプの答えでは、「正義」という概念でそもそも何が意味されているのか、それはいかなる社会的な意義をもった規範的な概念なのか、なぜ「正義」が重要なのか、「正義の理論」とはいったい何を探求する理論なのか、というような問いに答えようとするものである。これは「正義の機能的概念の問題」とよびうる。それは、「正義」が社会にとっていかなる意味をもつものであるかの考察を通じて、「正義」を規範的理論の中にどう位置づけるべきかという意味で、「正義」概念の理論的な意義（＝機能）を論じるものである。ロールズの『正義論』では「正義の理論的意義」を論じる部分がこれにあたる。

もう一つの答えのタイプは、具体的な正義の諸原理を提示し、それが右の機能的な正義の概念にかなうものであることを示すことである。これは、いかなる規範的原理が正義を構成するものであるについての問いであるから、「正義の構成的概念の問題」と呼ぶことができる。『正義論』の具体的な「正義の二原理」がこれにあたる。

日本語の場合、「正義とは何か」という言い方で問いを立てるときは、やや機能的概念を問題にしている傾向があるかと思われるが、構成的概念の問いが含意されていることもある。また、「何が正義か」という言い方の問いのときは、どちらかといえば構成的概念が問われているといえるだろう。

しかし、英語で「What is justice?」と問われるとき、両者は区別できないし、「正義」を論じてきたこれまでのほとんどの論者が両者を区別していない。それに対してロールズは、それほど明確に述べているわけではないものの、「公正としての正義」という言葉と「正義の諸原理」という言葉とを使い分けることによって、両者を区別しているのである。この区別は、正義の理論、あるいはもっと広く社会の規範的原理に関する理論の展開のしかたとしてきわめて重要なものだと思われる。このことは、第9章でリベラリズムの理論構成のしかたを検討する際に、再び取りあげることになるだろう。

このように、内省的均衡の概念は、ロールズにとっての正義の理論の組み立て方の基本構造にかかわっている。彼は、「内省的均衡は一意的か、一意的であるとしても、そこに到達できるか」という問題があるが、それについて「思弁を巡らしても無益であろう。それらはわれわれの力量をはるかに超えている」と述べている（『正義論』訳三五頁）。つまり、ロールズは自らその正義の理論が完全なものではなく、永遠に続く試行錯誤の過程途上にあることを明言しているのである。こうした理論の暫定性を認めていることは、ロールズの『正義論』の興味深い特徴である。そしてこの点は、実はあとで見るように、ロールズ以降に展開されてくる現代リベラリズムの一般的傾向とは異なっている。

4　契約論から重なり合う合意へ

まさに予言が自己成就するかのように、ロールズ理論は『正義論』の刊行のあと新たな内省的均衡をめざした展開をたどることになる。それによってロールズ理論がどういう変貌を遂げたかは、もともとの『正義論』が何を意味していたかを知るうえでも重要なことである。ロールズに新たな内省的均衡のプロセスを強いることになった一つの要因は、かの不可能性定理のアローや、法哲学者のハート、そしてゲーム理論研究の重鎮ハーサニなどから寄せられた、『正義論』に対する好意的だがまったく忌憚のない鋭い批判であった。なかでもハーサニを中心として、原初状態におけるマキシミン・ルールの妥当性に向けられた批判は、最終的にロールズ理論から、原初状態の設定は残しつつも契約論的な構図を取り払わせることになったものである。

ハーサニの批判

ロールズの原初状態の理論の中核には、無知のヴェールをかけられた当事者たちが正義の規範的な原理をマキシミン・ルールに従って合理的に選択するという設定がある。しかしこのマキシミン・ルールに従うことが合理的だという判断の妥当性は多くの人によって問題にされた。この非難の代表的論者は、ゲーム理論の業績でノーベル経済学賞を受賞したハーサニの一九七五年の論文である。

ハーサニにしてみれば、マキシミン・ルールが合理性の観点からも道徳性の観点からも不適切なものであることは、ゲーム理論家のあいだでは一九六〇年代初めまでに常識になっていたことである。その欠点は、最悪の事態が起こる確率の大小を全然考慮に入れていないことにある。マキシミン・ルールは、最悪の状態の確率がどんなに小さくてもそれを避ける行為をとるべきだと主張するものになっている。しかし、それは馬鹿げたことだとハーサニは言う。

もしあなたがマキシミン・ルールをまじめにとるならば、あなたは絶対に道路を横断しないことになるだろう（車にはねられるかもしれない）。絶対に車で橋の上を通ることもないだろう（橋が崩壊するかもしれない）。絶対に結婚しないだろう（ひどい結果に終わるかもしれない）（Harsanyi 1976:40）。

ハーサニによれば、さまざまな事象が確率的に生起する状況のもとでは、マキシミン・ルールよりも、期待効用最大化原則の方がはるかに合理的である。期待効用最大化原則は、それぞれの行為選択に関して、行為によって生起する諸事象の〈確率×効用の大きさ〉の「平均」を評価して、それが最大になるような行為を選択すべきだと主張する。この定式化でマキシミン・ルールを表現すると、それは「効用が最小であるような事象に確率1を割り当てる」ことを意味することになるが、それは不合理だとハーサニは考えるのである。「でも、確率が分からないときは、最悪の事態を想定しておいた方がいいのではないか」と思う人がいるかもしれないが、もし本当に確率が分からないならば、事象に対して「等しい確率」を推定しておくことが合理的である。（なお、現実には、われわれはかなりラフにではあるが、事象の確率を見積もって行動していることが多い。車にはねられる確率や橋が崩壊する確率は非常に小さいと考えているのである。）

これを原初状態における当事者の選択に立ち戻って考えると、無知のヴェールがかけられているということは、当事者は自分がどんな境遇におかれているかは知らないのであるが、世の中にどんな境遇の人がどのように存在しているのかは知っているのだから、自分がその中の誰であるかについては、等しい確率が与えられていると考えればいい。したがって、当事者が選ぶべき正義の原理とは、すべての人の効用を等ウェイトで平均したもの（これは「期待効用」でもある）を最大にするような原理だということになる。ハーサニはこれが、ある条件のもとで功利主義の原理に一致することを数学的に証明した。（ただし本書では立ち入らないが、功利主義と一致するという点は疑義がある。三谷武司「〈効用〉の論理」を参照。）

ハーサニらの批判は、ロールズにとって深刻であった。先端技術だと思って取り入れたマキシミン・ルールが、当の技術開発者によってもはや使い物にならない旧式のものであることが宣告されてしまったのである。

合理性から道理性へ

それでもロールズはひるまなかった。実は、もともとロールズの理論構成にとって、マキシミン・ルールの役割は副次的なものだったのである。そのことは、若いときに書かれた一九五八年の「公正としての正義」という論文を読めばよく分かる。そこでは、『正義論』とほぼ同じ内容の正義の二原理がすでに提示されているのだが、マキシミン・ルールには何ら言及していない。基本的に使われているのは、第2章で紹介した「自由で平等な市民たちにとっての公正な社会的協働のための規範的原理」という考え方である。

とはいえ、ハーサニらの批判を受けて、ロールズの理論は多少とも変貌せざるをえない。その過程はまた、ロールズの理論が対処しようとしている問題状況そのものの新たなシフトとも重なっていた。具体的に言えば、一九六〇年代における階層的不平等という問題から、一九七〇年代以降に顕著になってきた多文化状況という問題へのシフトである。

一九九三年の『政治的リベラリズム』は、多文化状況に対するロールズの解答の試みをなしている。この状況を構成しているのは、もはや「もっとも恵まれない者」か「才能と資源に恵まれた者」かという対立ではない。異なる信仰や文化を生きている人々にとっての「包括的諸教義 comprehensive doctrines」の違いである。したがって、「正義の原理」は、「異なる信仰や文化を持つ人々にとっての、公正な社会的協働のための基本的な規範的原理」を意味するようになる。この「正義」の機能的意味は、実質的には『正義論』のものと同一だとみなしていいだろう。そして、そのなかみも基本的に同一である。微妙なわずかな変更はあるが、第2章で紹介した「正義の二原理」がやはり『政治的リベラリズム』でも掲げられている。

大きく異なるのは、具体的な正義の原理を導き出す論理の立て方（正義の導出論）である。原初状態と無知のヴェールという考え方は残されてはいるのだが、もはや中心的な役割ははたしていない。マキシミン・ルールは完全に消えている。その代わりに用いられているのは、異なる包括的教義の間での「重なり合う合意 overlapping consensus」であり、それを可能にするための「公共的理性 public reason」である。

二〇〇一年の『公正としての正義：再説』は、『政治的リベラリズム』では十分に再検討されなかった『正義論』における主要な理論装置を、三〇年後に到達した観点から改めて新しく整序し直した、『正義論』の改訂版とも言うべき著作になっている。そこでは、原初状態も無知のヴェールもそして内省的均衡も、改めて比較的明確な定式化が示されているのだが、原初状態と無知のヴェールとは、もはや契約論的物語を構成するものとしてではなく、単に、不偏的な視点を設定するためのメタファーにすぎないものになっているのである。

〔原初状態〕は、合理的な代表者としての当事者たちが訴えかけることのできる諸理由（reasons）を限定する道理的な制約をモデル化するための代理表象の装置〔である。〕〔中略〕無知のヴェールは、交渉上の有利さの違いを取り除いて、当事者たちをさまざまな面で対称的な状況に置くものである。市民たちは単に自由で平等な人格としてのみ代表される。……原初状態は形式的平等の基礎的な規範を尊重している（『公正としての正義：再説』一五三〜一五四頁、ただし訳文を変更した）。

このような原初状態において、具体的に正義の原理を導き出してくるのは、何かを最大化するという狭い意味での合理的選択ではない、当事者たちの公共的理性（public reason）の働きに基づく合意である。

マキシミン・ルールについても言及はある。しかし、脚注でハーサニの論文に触れながら、それは「どんな場合にも適用しうる合理的な決定の一般的原理だとして提案されたことはなく」、「当事者たちにとって有用な発見的な目の子算」としての意義をもつという風に説明される。

このように『政治的リベラリズム』のロールズは、『正義論』で用意した理論装置の根幹部分を自ら解体してしまうのだ。その根幹部分とは、第2章で「正義の導出論」と名づけたところであり、原初状態、無知のヴェール、当事者たち、合理的選択、マキシミン・ルールといった最も注目された道具立てが用いられていたところである。

ロールズがこの部分を解体してしまったということは、そうしたとしても自分の理論構成の本質的な部分には変わりはないと、ロールズ自身が判断したのでなければならないだろう。それは、第2章で「正義の理論的意義」と名づけたところになるはずだ。つまり、「秩序ある公正な社会における人々の社会的協働のための基本的な規範的原理としての正義」を、探求課題として定立しているところである。これは社会にとっての基本的な規範的原理（正義）がどういう意味を持っているのか、そしてそれはどんな性質を持つべきかについての基底的な考えを展開したところであり、より一般的に機能的な概念としての「正義とは何か」という問いに対するロールズの解答が論じられているところだと言っていいだろう。

それに対して、ロールズが変更した部分は、「不偏的な視点に基づく規範的な命題を具体的にどのようにして導出するか」あるいは「不偏的な視点をどのように構成するか」の問いへの答えの部分である。この部分に関して、ロールズは契約論的構成をやめて、仮想の当事者のではなく現実の人々の

「道理性」に訴える理論構成へと修正したのである。

人々が道理的である（reasonable）ということは、「理性 reason」の力によって思考をめぐらし判断を下す、ということである。理性とは、人々に普遍的に備わっていると想定される道理的に考えていく能力である。この概念についてのロールズの説明は堂々巡りになっているのだが、それもしかたがない。なぜならそれは、人々の思考がそうであって欲しいという期待において想定される理念的なものだからである。これもフィクションだと言えるが、契約論よりは現実的だろう。

こうしたロールズの軌道修正は、基本的に、当初の契約論的フィクションを廃棄して、内省的均衡のロジックを直接的に活用するようになったものだと解釈できるように思われる。

第4章　格差原理とは何か――ロールズの平等理念

現代リベラリズムは古典的リベラリズムとは異なって、きわめて強い平等主義に彩られている。これは、一九三〇年代ニューディール以降のアメリカ社会において「リベラル」という政治的立場が、経済活動への政府の介入や規制、労働者の生活や権利の保障、黒人の公民権の獲得と地位の向上などを通じて、階級的および人種的な格差の全般的な縮小という社会的平等の価値を重視するものであったことに由来する。しかしこの平等主義的な志向が一つの理論としてまとまった形で提示されるのは、一九七一年のロールズ『正義論』が最初だった。これによって、現代リベラリズムは明確に「新しい平等主義思想」としての地位を確立したのである。

ロールズの平等主義はその正義の原理の一部をなす「格差原理」を中核にしている。この格差原理は第2章ですでに紹介してあるが、それ自体はきわめて短い文からなっている。しかも、かなり曖昧な表現である。むろんこの原理についての説明が『正義論』のかなりの部分を費やして展開されているのだが、曖昧さは十分には解消されていない。そのため、ロールズが言ってもいないことが彼の「格差原理」として世間に紹介されていることがある。本章は、ロールズの格差原理の正しい解釈を示し、その平等論がどういうものであったかを明らかにすることにしよう。

1　平等主義の課題

社会主義の挫折

平等が人間社会の理念の一つとして登場してくるのは、いつ頃からだろうか。古代ギリシャのペロポネソス戦争時代は、アテネを中心とする民主制国家群とスパルタを中心とする貴族制国家群という基本的対立があって、それぞれのポリス内部でも平民派と貴族派とが互いに死闘を繰り広げていたことはツキディデスの『歴史』に詳しい。ただし、いずれも奴隷制は自明のこととして疑っていなかったので、今日の意味での平等の理念とはおおいに異なる。このような状況について、アリストテレスは『政治学』の中で、富に関して等しくないものは政治の場において等しくなく扱われるべきだという主張と、逆に、自由という点では等しいものは等しく扱われるべきだという主張とのあいだの対立に根ざしたものだと述べている。いかなる等しさを他の部分での等しさに結びつけるべきかに関する意見の対立が、古代ギリシャの政治的混乱のもとにあると見ているのである。このことからすれば、望ましい社会という観念にとって、「いかなる平等か」という問いの重要さは、すでにこの時代には成立していたと考えることもできる。

とはいえ、平等という理念がまぎれのない形で明確に提示されるのは、やはり一八世紀のルソーを中心とする啓蒙主義思想によってである。そこにおける「生まれながらの平等」という理念は、アメリカ国家の設立やフランス革命を通じて、今日の近代国民国家を構成する基本要素になっていった。さらに、マルクス主義や社会民主主義などによって、社会経済的な諸側面についての平等主義が強く訴えられ、現実にも次第に平等主義的な社会政策が広範に実施されていったことは、誰もが知っている近代の社会変動の基調といえるだろう。

二〇世紀を通して、平等主義ともっとも密接に結びついていたのは社会主義思想であった。それは、産業の国有化や計画経済を通じて、人々のあいだでの分配上の平等を達成しようとする思想である。この思想は、人々のあいだで生活水準の格差が生じる原因は、経済活動が私的な所有のもとで利己的動機に基づいて無計画に営まれることにあると考えた。不平等や貧困という重大な社会問題が解決されるのは、そうした「経済のしくみ」を根本的に組立て直すことによって、そしてそれによってのみだと主張した。

今日、この社会主義思想は大きく魅力を失ってしまっている。表面的には、ソ連邦の崩壊やそれと対照的な市場経済社会の繁栄とがその原因であるが、より根本的には理論そのものが間違っていたのだと考えなければならない。(この点の解説は本書では省略する。)

ここで誤解してはならないが、社会主義思想の崩壊やその誤りは必ずしも平等主義そのものの誤りを意味するものとはいえない。社会主義とは、平等を達成する手段として社会主義経済を主張する思想である。それが誤りだということは、社会主義経済が平等を達成する手段として間違ったものだということは意味するものの、平等を達成するという目的そのものが誤りだということにはならないからである。

今日の平等主義は必ずしも社会主義と結びついて主張されてはいない。むしろ、次の点でかつての社会主義と好対照である。すなわち、社会主義がいかにして平等を達成するかの実践に力点を置いた理論であって、**なぜ平等が重要なのか**の問題は等閑視される傾向があったのに対して、今日の平等主義は逆に、なぜ平等が重要な価値なのか、そして、いかなる平等が重要なのかに力点をおいて論じているのである。

なぜ平等なのか？

さて、なぜ平等なのかという根源的な問いに、平等主義はどのような答え方をしているのだろうか。『人間不平等起源論』においてルソーは、原始状態あるいは自然状態というものを想定し、そこでは人々は政治的社会的には平等であったこと、そしてそれが人間にとっての本来的な姿であったこと、さらにそこからの堕落としての文明化の過程の中でさまざまな不平等が成立していったと説くことで、平等主義を論じている。「本来的なものとしての自然状態」という観念がルソー的平等主義の根幹にある。そして、『社会契約論』の場合とはやや異なって、ここでの自然状態は架空の物語的フィクションとしてではなく歴史的に実際にあった原始状態として想定されている。この点は、マルクスとエンゲルスによる『共産党宣言』その他の史的唯物論においても踏襲されている。

ルソーなどにとって、「自然」とは、現実に対置されて、現実を批判しそれを相対化しうるような

超越的な視点の別名である。それは決して現実にみえている自然ではなくて本当は「理念的に表象された自然」である。誰も実際に見た者はいない。しかし強烈な規範的含意を放射するものとして表象されている。

理念としての自然は、近代における規範の根拠として最も有力なものであった。たとえば、「人は生まれながらにして平等なのだ」という想念における「生まれながら」というのは、英語では "by nature", "naturally", あるいは "innately" であって、ある種の「自然的なもの」を意味しており、またそれは同時に「本来のもの」をも意味しているのである。つまり、「自然のもの」はどこかで「本来的なもの」という意味に通じているのである。このように、理念的な「自然」に訴えかけることは、「本来的なもの」、それ以上さかのぼりえない、さかのぼる必要のない究極の根拠としての「自然」を前提にしていることを意味している。

このようにして、アメリカの独立宣言では「自然の法と自然の神の法とにより賦与される自立平等の地位」や「すべての人は平等に造られ」という言い方がなされ、フランス革命の人権宣言では、「人は、自由かつ権利において平等なものとして出生し、かつ生存する」と高らかに謳われたりしたのである。

この思想が、今日でもわれわれの社会で現実に生きていることは、いうまでもない。学校教育や法的判断の中で「生来の平等」がしばしば語られる。しかしその一方で、学術的な社会理論としては、ルソーの時代のように素直に「これが自然だ」として提示される「自然」に規範的な根拠を求めることに対しては、慎重になっている。今日では、そうすることはむしろ「本質主義」として批判されることの方が多い。男女の区別は生来のものだから、などという形で何かを議論することは適切ではないとみなされている。したがって、「生まれながらの平等」という理念も、理念としての価値は認められても、平等の根拠づけの理論装置としては頼りにすることはできない。むろん、「自然」という観念が価値の根源として表象されることが無くなったわけではなく、環境問題や個人の生き方などの議論で、依然として「自然」は大きな役割をしばしば演じている。しかし、いったん理論的な反省の俎上にのせると、その理論上の力能は疑わしくなってくる。もはや「生まれながらの平等」という理念だけでは、平等主義を根拠づけるのには不十分なのだ。

ただし、理論がどうあれ、現実には近代社会は非常に多くの側面で平等化を進展させてきた。とくに、身分制度を廃止して原則的に全員に開かれた教育制度の確立は、一定の経済的資源を条件としながらも野心と能力のある若者たちに幅広い機会を与えるものであった。明治初年の日本では、功利主義的自由主義を基盤にした福沢諭吉の『学問のすすめ』やルソーの『民約論』などが盛んに読まれたのである。

「なぜ平等なのか」という**平等理由**の問いと並んで重要なのが「いかなる平等か」という**平等目標**の問いである。後者については、従来から「結果の平等」と「機会の平等」が大きく分けられてきた。一般に「機会の平等」とは、社会的地位が学歴や資格を条件としながらも広く全員に開かれていること、として理解されている。「機会」とは、競争の存在を前提にした概念である。マラソンで同時刻に同じ地点から一斉にスタートするのが機会の平等である。それは、ゴールに到着する時刻をも同一にする「結果の平等」は意味しない。そのため、平等目標として機会の平等をめざすべきか、それとも結果の平等までもめざすべきか、あるいはいかなる結果の平等をめざすべきかが、平等理論の大きな争点になっている。

この問題と深く関係して、市場とそれへの政府の介入・規制の問題がある。近代社会は、さまざまな領域で市場が発達している。市場は、ときには契約したり協力し合ったり切磋琢磨しながらも、基本的には各人が自分にとっての善き生の達成をめざして競争しあう場（アリーナ）である。経済市場はもちろんのこと、学歴市場、昇進市場、学問的な市場、スポーツの市場、芸術や娯楽の市場など、さまざまなところに市場があって、競争が行われている。市場という制度を支える重要な価値には「自由」「機会の平等」そして「競争における公正さ」などがある。しかし、結果としての平等は、市場とは関係ないか、むしろ対立していると考えられている。実際、市場が競争の場であるとすれば、競争は結果に差が生じてこそ初めて競争なので、結果の平等とは真正面から対立する。

むろん市場は万能ではない。市場によって導き出される社会状態が必ずしも望ましいものばかりではないことは、いうまでもない。市場だけでは、貧困の解消や人々の健康・安全の確保や、そもそも各人に「自分にとっての善き生の達成をめざす」ための機会を保証することは不可能である。われわれは、競争的市場に反するからという理由で結果の平等を軽視していいことにはならない。

なぜ平等なのかという平等の理由の問いは、本来的にいかなる平等かという平等目標の問いと密接不可分だ。何かを平等にすべきだということの理由の説明は、同時に何を平等にすべきかへの答えを与えるものであるし、逆も言える。現代リベラリズムは、こうした問いに答えようとするのである。

2　格差原理の解釈と批判

格差原理

現代の活発な平等論を引き起こしたのは、ロールズの『正義論』における格差原理であった。それは、平等がなぜ望ましい価値なのかという平等の理由についてのルソー以来の新たな現代的理論として受けとめられた。

第2章で紹介したように、ロールズが提示した正義の原理は二つの原理からなっている。第一原理では、「平等な基本的自由のもっとも広範な体系に対する平等な権利」がうたわれている。つまり人々にとっての基本的自由は平等のものであり、それを享受する権利は平等に分かちもたれるべきだという主張である。これが、ロールズにおける平等目標の第一の柱をなしている。ここで「基本的自由」としてロールズが考えているのは、政治的自由、言論と集会の自由、良心と思想の自由、人格の自由（身体的な抑圧や強制からの自由）、個人的財産権、恣意的な逮捕からの自由、である。今日では誰でもよく知っている政治的および市民的自由のことであり、これらに関して人々が平等だということは、人々が等しくこれらの自由を権利として保持しているということだと考えていいだろう。T・H・マーシャルというイギリスの社会政策学者が、平等を「法的平等」「政治的平等」そして「社会的平等」の三つに分けているが（『シティズンシップと社会階級』）、このうちの前二者に対応している。これらの平等は、多くの現代国家で最重要な価値の一つとみなされており、原則的に誰も異論はない。

第二原理の主題が「社会経済的不平等」である。そこでは「社会的および経済的不平等は次のようなものでなければならない」という書き出しで、「社会経済的不平等」の存在が許容されうるための二つの条件が提示されている。

そのうちの条件aの方が「最も恵まれない者に最大の利益を」とする「格差原理」である。このとき、「利益」という言葉でとくに念頭におかれているのは「基本財 primary goods」を享受しうることである。基本財はロールズによって、「権利、自由と機会、および所得と富」だとされている。

条件bでは「公正な機会の平等」がうたわれている。条件bの方の趣旨は、機会の平等を保証することによってさまざまな社会経済的不平等が帰結するかもしれないが、結果としての不平等が機会の平等のやむをえない付随現象である限り、機会の平等の方が優先されるということだと理解していい。実際、「機会」という概念は、さきに述べたように、何らかの競争的市場と競争の結果としての何らかの不平等を本来的に含意するものだ。

いずれにしても、何の平等かという平等目標の問いに対してロールズは「基本財の平等を」と答えたのである。

以上のうち、第一原理と第二（b）原理とは、現代の人々にとっては広く妥当なものと受け入れられている規範的な原理である。そのため、その内容についての議論はあまりない。それに対して、aの格差原理に見られる平等主義はさまざまな議論を巻きおこしていった。それというのも、格差原理は、文章としてはただあっさりと「もっとも恵まれない者に最大の利益を」と書いてあるだけで、これだけの文章からだと意味が曖昧すぎるのである。そのため、格差原理は論者たちによって思い思いに解釈され、さまざまな角度から肯定的あるいは否定的に論じられることになった。

主要ないくつかの批判

マキシミン・ルールを批判したハーサニが、やはりここでも批判の論陣を張った第一人者である。彼は格差原理が、社会の中でもっとも恵まれない個人の利益を「絶対的に優先すべき」ことを主張していると考えた。そして、二つの仮想的な例を示して、格差原理が不合理な結論を導くものであると論じている。一つは、もともと健康であった人と不治の癌を患っている人がともに肺炎にかかったとき、一人分しか手元にない抗生物質をどちらに与えるべきかという問題。もう一つは、限られた教育資源を非常にすぐれた数学者になる素質を持った人と知的発達が遅れた人とのどちらに振り向けるかの問題である。ハーサニは、格差原理にしたがえば、われわれは不治の癌を患っている人に抗生物質を与え、発達の遅れた人に教育資源を振り向けなければならないことになる、と考えた。しかし、それは道徳的に正当化しうるものではないとハーサニは批判するのである（Harsanyi 1976）。

もう一人の有力な批判者が、かの不可能性定理のアローである。彼もまた第3章でのハーサニと同様に合理的選択の基準としてマキシミン・ルールを適用することを問題にしながら、ロールズ理論が功利主義よりも優れているとすべき理由はないと批判するのだが、その際とくに、格差原理が「資産の平等主義 asset egalitarianism」に基づいていることを問題にする。つまり、格差原理は「社会のすべての資産は、個人的な技能も含めて、配分的正義が要求することが何であれそのための共通の合同資金として利用できるものだ」（Arrow 1973 : 248）と主張しているので、それは、ある一定レベル以上の所得に対する一〇〇％の課税を意味し、当然のことながら「生産のためのインセンティブ」問題を生じさせるというのである。

アローのこの批判は、ロールズが格差原理の意味を説明している箇所の文章から、それが資産の平等主義を含意していると受けとったことに由来している。その文章についてのアローの解釈が正しいかどうかはあとで検討しようと思うが、アローと同じように受けとった人は少なくない。

たとえば、社会学者のJ・S・コールマンもその一人である。コールマンは一九六六年に『コールマン・レポート』を著して、アメリカ社会の人種間不平等の構造を実証的に詳しく分析した第一人者である。（そのころまでアメリカで平等論を議論していたのはほとんど社会学者だけだった。）彼はロールズの『正義論』にいち早く注目しつつも、その格差原理の極度の平等主義（と解釈されたもの）を厳しく批判した。晩年の著作である『社会理論の基礎』（一九九〇年）という本の中でも、次のように述べている。

> 幾人かの著者たちが指摘してきたように、ロールズの第二原理は、家族によって課せられた不平等の除去を伴う。それは国家が、誕生時かその間際に両親から子供を取り上げる権利を随伴する（Coleman 1990：335）。

すなわち、彼は格差原理が「教育機会のためのすべてのインプット資源の平等化」を含意すると考えているのである。

もう一人、日本の論者の批判を紹介しておこう。今日の日本のリベラリズムを代表する論者である井上達夫は、『正義論』の構想を全般的に高く評価しつつも、格差原理については、「下位者の利益を微増させるために上位者を無制限に搾取することを原理上許容する」（『共生の作法』一五三頁）ものだと解釈した上で、それははたして正当化できるものだろうかと疑問を示している。ここで井上は、「最も恵まれない者に最大の利益を」という文を、「最も利益の少ないという人がいなくなるまで、他の人々の利益を再配分すべきだ」という意味に受けとっているのである。

格差原理のさまざまな解釈

こうした批判のうちある部分は当たっているが、かなりの部分は誤解に基づいている。もっとも、誤解を受けた責任の大半は主にロールズの方にあるといえるかもしれない。彼は、自分の正義の原理の中核をなすのが格差原理であって、しかもそれがすぐれてコントロバーシャルな（異論の多い）主張だということを強く意識していた。そのために、その原理を擁護すべきさまざまな議論を展開しているのであるが、それらは十分に整理されていないし、議論の量のわりには、格差原理によって意味されている平等が一体何のどういう平等であるのかについてしばしば曖昧な書き方をしているのである。

他方、奇妙なことに、格差原理について論じている他の論者たちもまた、自分たちがそれぞれ異なった解釈に基づいて議論していることに当然気づいているはずであり、そうであれば、いったい当の格差原理が何を意味しているのかをもっと主題的に論じてもいいはずなのだが、そうした試みは見られない。ロールズ自身もその事実を知りながら自分で説明しようというサービス精神はあまり見せていない。

では、どんな異なる解釈があるのか。それには大きく分けて次の三種類がある。

（1）**もっとも恵まれない者への優先的配分**。先のハーサニが格差原理を批判したときに依拠した解釈がこれである。これは、任意のある配分問題が生じたとき、「その状況でもっとも恵まれない者として同定された人に対して、財を優先的に配分しなければならない」という原理だと解釈する。これは次のように定式化できる。まず、社会ではあらかじめ「最も恵まれない者」であることが知られている人とそれ以外の人とに区別ができている。前者をD、後者をCで表して、それぞれの当初の利益水準をu_Dとu^Cで表せば、$u_D < u_C$になっている。そこに追加的な利益の配分として$\triangle u_D$と$\triangle u_C$があるとする。このとき、格差原理は、「$\triangle u_D > \triangle u_C$であるべきだ」という規範的主張を行っていると解釈するのである。しかし、この解釈をとる論者は少ない。

（2）**マキシミン的解釈**。格差原理は、異なる社会状態のあいだでのマキシミン的選択を意味しているというふうに解釈する論者が圧倒的に多い。これは、複数の社会状態の中からどれかを社会的に選択するという問題があるとき、それぞれの社会状態においてもっとも利益の低い人の利益のレベルを比較し、彼らの利益のレベルが最も高いような社会状態を選択しなければならないと主張しているのが格差原理だと解釈する。日本では佐伯胖が『「決め方」の論理』（一九八〇年）で説明し、そこに紹介されている多くの欧米の論者によっても採用されている多数派の解釈がこれである。（後藤玲子『正義の経済哲学』（二〇〇二年）にも詳しい紹介がある。）たとえば、完全自由競争社会と福祉社会とがあ

表4－1　格差原理のマキシミン的解釈

		個人とその利益					
		1	2	3	……	最小利益者	最小利益
社会状態	x	x_1	x_2	x_3	……	i^*_x	$u^*_x=u(i^*_x)$
	y	y_1	y_2	y_3	……	i^*_y	$u^*_y=u(i^*_y)$
	z	z_1	z_2	z_3	……	i^*_z	$u^*_z=u(i^*_z)$
	⋮		……			⋮	⋮

って、前者でもっとも貧しい人の所得が一〇〇万円で後者のそれが二〇〇万円だとしたら、後者の福祉社会をとるべきだ、ということを意味する。

この解釈は次のように定式化できる。表4－1のように、社会状態x、y、z…があって、それぞれにおいて個人iが享受する利益をx_i、y_i、z_i…とする。それぞれの社会状態の内部で人々の利益には高低があるが、その中で最小の利益しか受けとらない個人をi^*_x、i^*_y、i^*_z…とし、それぞれの利益をu^*_x、u^*_y、u^*_z…とする。u^*で表しているのは、それぞれの社会状態における最小（ミニマム）利益である。このとき、異なる社会状態のあいだで、その最小利益u^*_x、u^*_y、u^*_z…を比較し、その中で最大の値をとるものをみつける。たとえば、u^*_yがそうだとしよう。すなわち、

$$u^*_y \geqq u^*_x,\ u^*_z,\ \cdots$$

そうすると、格差原理は、「最小利益の値が最も高い社会状態yを選択すべし」と主張していると解釈するのである。

（3）　完全平等主義。格差原理が実質的に完全平等主義を主張していると解釈している人も少なくない。（前述の（1）と（2）は、人々の間での利益の格差は残りうるので、完全平等主義ではない。）先に紹介した批判の中では、アロー、

コールマンおよび井上がこれにあたる。

主なものだけでも、格差原理にはこれだけ異なった解釈がある。しかもそれぞれが「格差原理とはこういうものだ」と主張し、それに基づいてロールズ理論を論じているのである。大勢の人から注目を浴びた思想に多様な解釈が生じるのは、ある程度しようがないことかも知れない。しかし、異なった解釈がそれぞれ一人歩きをしていることについてまだ誰も問題にしたことがないのは不思議なことだ。

以下では、格差原理が本当には何を意味しているかを明らかにしながら、これらの解釈がはたして解釈として妥当かどうかを問題にしたい。それはロールズの平等主義がいったいどのようなものであるかを明確にすることになるだろう。

3　ロールズが格差原理で意味していたこと

マキシミン解釈の誤り

(1)のハーサニの解釈は、格差原理を「財が追加的に配分されるときの配分のしかたを規定している原理だ」ととらえている。この解釈は、単に「最も恵まれない者に最大の利益を」という文を、あたかも、慈善活動で集まったクリスマスプレゼントを誰にどう配分するかについてのルールであるかのように理解したものだ。つまり、「格差原理」そのものの曖昧な短い文だけに依拠したもので、格差原理や正義の原理そのものについてロールズが『正義論』全体で展開している説明が完全に無視されている。第2章で強調したように、ロールズにとっての正義とは、人々が社会的協働に参加するための公正な条件をなすものであり、そこでは、社会的協働によって生じる利益をどう分かち合うかが焦点なのである。したがって、たとえば優れた数学的素質を持った人と知的障害を持った人とを考えた場合には、問題になるのは、前者の恵まれた素質をどう生かすことが後者を含む社会のすべての人々にとっての利益になるのか、ということなのである。それは、ハーサニが考えているように、単に外部から与えられた教育資源をどう振り向けるかだけが問題なのではない。ロールズが問題にしているのは、どういう人々にどのような教育資源をふり向け、その結果として個人的あるいは社会的に生み出されるさまざまな利益をどのように配分すべきかである。ここでは外部から追加的な財が与えられるのではなく、社会全体の協働のしくみが問題になっているのである。ハーサニの解釈はこうした社会的協働を無視したあまりにも素朴な読み方だといわざるをえない。

問題は、（2）のマキシミン解釈である。圧倒的多数の論者が格差原理をこの意味で理解しており、ロールズを解説した諸テキストもこの理解で支配されている。にもかかわらず、この解釈は明白に誤りなのだ。多くの論者たちは、原初状態において正義の原理が導かれるロジック（正義の原理の導出論）にマキシミン・ルールが用いられたことと、正義の原理の一部を構成する格差原理の内容がマキシミン・ルールの適用であるということとを混同している。それはあたかも、民主主義的な投票によって大統領を選ぶということから、大統領の個々の政策決定をも民主主義的投票によって決めることになるはずだと考えるような、異なるレベルの混同である。形式的に言えば、Xという規範を選択するルールと、Xの内容とが同一視されているのだ。

実際、なんといっても、ロールズ自身がそうした誤解がありうることに気づいていて、それが誤りであることを、何度も明確に述べているのである。

まず『正義論』には、次のような文がある。

経済学者は、格差原理をマキシミン基準と呼びたいかもしれない。しかし、私はいくつかの理由から、注意深くこの名称を避けてきた。マキシミン基準は、一般には大きな不確実性下での選択ルールと理解されているが、それに反して、格差原理は、正義の原理である。かくも異なっている二つの事柄に同じ名前を用いることは望ましくない（『正義論』訳六五頁）。

この文では、格差原理が選択ルールではなくて正義の原理だという点が強調されており、それによって、「マキシミンという選択ルールではない」ことが間接的に述べられている。しかし、これだけでは不十分かもしれないから、他の証言も追加しておこう。

格差原理の原型は、『正義論』に先立つ初期の論文「憲法上の自由と正義の観念」（一九六三年）で次のように表現されている。「制度上の構造によって規定されたりそれによって促進される諸々の不平等は、それらがすべての人の利益となるであろうと期待するのが合理的でないかぎり、［中略］恣意的である。」（『公正としての正義』訳八一頁）。ここでは、「最も恵まれない者に最大の利益」ではなくて「すべての人の利益」とされていることが分かる。この表現では、マキシミン・ルールを示唆するものは何もない。『正義論』での定式化は、たんに、ここでの「すべての人の利益」の概念を、「最も

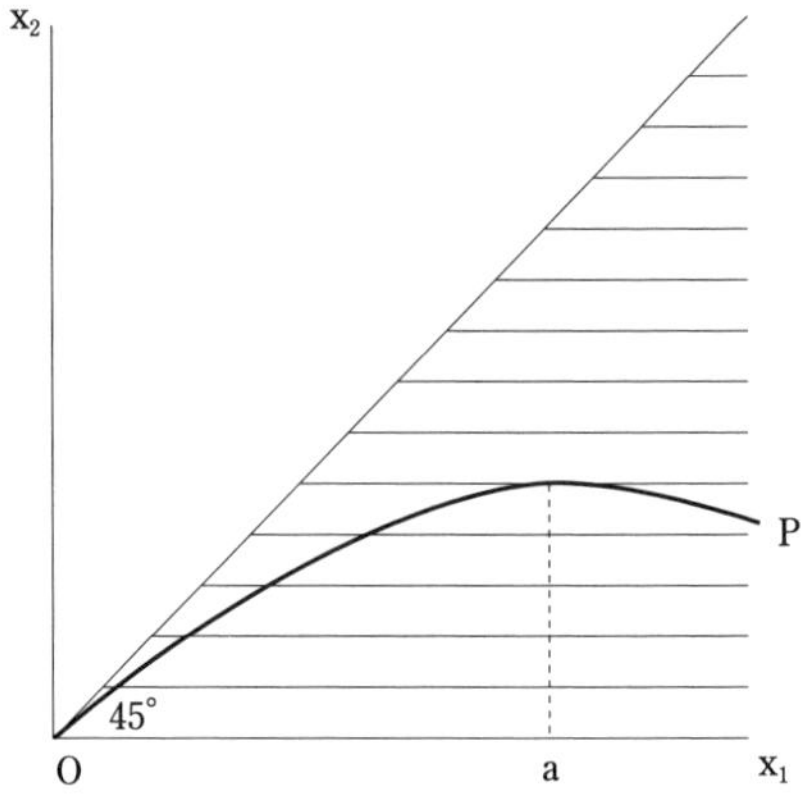

図４－１　最も恵まれない者の最大の利益

恵まれない者への最大の利益」としてより明確にかつ特定的にしたものだと理解することができるのだから、格差原理の考え方がもともと「最小利益が最大となるような社会状態が望ましい」というようなものではなかったことが分かる。

　ここで注意する必要があるのが、格差原理における「最も恵まれない者」と、表４－１におけるそれぞれの社会状態での「最小利益者」との違いである。マキシミン解釈は前者を後者の意味で理解しているのだが、それはロールズ解釈として正しくない。このことは、ロールズの次の説明で明らかである。

ロールズによる説明

『正義論』の一三節で、ロールズは図４－１（原書では図６）を示しながら、格差原理を次のように説明している。

　x_1が基本構造において最も恵まれている代表的人間であると想定しよう。彼の期待が引き上げられるときには、最も恵まれない立場にある人x_2の見通しも引き上げられる。図６において、曲線

ＯＰは、x_1の期待がより大になることによるx_2の期待への寄与を表すとしよう……曲線ＯＰが、それと交わる最高の無差別曲線にちょうど接するときにのみ、格差原理は完全に満たされる。図6ではこれは点ａの位置である（『正義論』訳五八頁）。

この図は、横軸であるx_1が最も恵まれている人の利益を、縦軸のx_2が最も恵まれない人の利益を表している。四五度線は、両者の利益が等しい状態すなわち完全平等の状態を表している。ロールズが「無差別曲線」と呼んでいる右半分に引かれた水平の線は、上方の線ほど最も恵まれない人x_2の利益が大きく、同一線上では変わらない、ということを示している。

ロールズは、二〇〇一年の『公正としての正義：再説』でも、格差原理の説明に基本的に同じ図を用いている。したがって、**図4－1**は、格差原理について三〇年経っても変わらない基本的なアイディアを表現しているのである。これから、次のことがはっきりする。

ロールズが問題にしているのは、一瞬一瞬の社会状態ではなく、長期的な「制度的構造」である。これは、もともと正義の原理が社会の基本構造の規範原理であることからも導かれるのだが、**図4－1**の描き方にもそれが示されている。曲線ＯＰは一種の生産可能曲線である。どのような基本構造を選ぶかによって、曲線ＯＰ上のどこが実現し、社会的協働によってどれだけの利益が生み出され、どのように配分されるかが決まる。

このときロールズが問題にしていたのは、それまでの社会理論で不平等を論じる際の焦点にあった、貧困と階層（階級）の問題にほかならない。それは、先ほどの**図4－1**の少し後で、「企業家階級」と

「非熟練労働者階級」をあげて、次のように説明していることから明らかだ。

格差原理に従えば、人生で期待しうるものに関する格差が、最も不利になるような代表的人物、すなわち今のケースでは代表的な非熟練労働者の利益になるときにのみ、それ［あらかじめ存在しうるような人生の見通しの不平等］は正当化されうる。期待しうるものにおける不平等は、それ［不平等］を低下させることが労働者階級の立場をさらに悪化させるようなときにのみ、許容しうるのである（『正義論』訳六〇頁、ただし訳文は変更した）。

ここで、「最も恵まれない者」の例として非熟練労働者が挙げられていることが分かる。別のところでも、「生まれついたときの家族と階級が他の人よりも恵まれていない人々、生来の資質が（現実に現れたときに）あまりよい暮らしを許さない人々、そして人生の経路における運や巡り合わせが幸せ薄い結果に終わるような人々」が「最も恵まれない者」の集団をなすと書かれている（『正義論』訳七四頁）。こうした人々は、つまりは市場的競争社会において最も不利な立場におかれている人々だ。それはまた、きわめて一般的な意味で、資本主義社会における「下位の階級」の概念に対応している。

格差原理の「最も恵まれない者」が市場経済を基盤とする自由社会の中で不利な立場におかれている人々だということは、彼らが**表４－１**の意味での「最小利益者」ではないことを意味している。そしてそれは、格差原理のマキシミン解釈とは相容れないことなのである。

発見法としてのマキシミン・ルール

マキシミン解釈というのは、ロールズ理論を社会的選択理論の枠組みで強引に定式化しようとしたときに起こった誤読だと考えられる。社会的選択理論というのは、アローの不可能性定理をきっかけとして盛んになった研究分野であるが、そこでは抽象的に考えられた異なる社会状態のあいだで望ましいものを選択する論理が考察されている。社会状態といっても、そこで注目されているのは人々にいかなる効用（利得）をもたらすかという側面だけで、制度的内容は一切捨象されている。同様に、人々もまた、具体的にどんな階層に属したり能力を持っていたりするかなどとは無関係に、異なる社会状態をそれぞれが自分にもたらす効用の大きさにしたがって評価した順序をもっているだけだ。ゲーム理論と同じように、きわめて抽象的な枠組みのもとで、与えられた選択肢の中からどれを選択すべきかについていかなる論理が構築できるかを考察するものである。マキシミン・ルールは、ゲーム理論のこうした抽象的な枠組みのもとでの選択の論理の一つとして考案されたものだ。

それに対して、ロールズが『正義論』で考察しようとしているのは、抽象的な社会状態のあいだの選択の論理ではなく、社会の基本構造に適用されるべき規範的な原理である。その中で「社会経済的な不平等のあり方」についての具体的な規範的原理を述べているのが格差原理なのだ。もともと、ロールズの理論は社会的選択理論やゲーム理論とはまったく異なる水準で立てられているのである。

最後に、ではロールズの理論の中で、「マキシミン・ルール」が正確にはどのように用いられているのかを述べておこう。本書でもこれまで、原初状態における当事者たちの原理の選択がマキシミン・ルールに従ってなされると『正義論』で書かれているというふうに説明してきたが、実はこれはかなり単純化した言い方なのである。正確に言えば、ロールズがかの二原理の説明において「マキシミン・ルール」に託している役割はごく部分的なもので、その出だしは、次の文で始まっている。

> **以上で述べてきたことから**、二原理は、少なくとも、もっともらしい正義の構想であるように思われる。だが、問題は、より体系的にそれらを立証するにはどうしたらよいかということである。それには、いくつかのなすべきことがある。制度に関する二原理の帰結を仕立て上げることもできるし、基本的な社会政策に関する二原理の意味に注意を向けることもできる。こういう風にして、二原理は、正義に関するわれわれの**熟慮された判断と比較することによって**テストされる。第二部はこのことにあてられている。しかし、原初状態の観点からみて決定的であるような、二原理を擁護する議論を見出そうとすることもできる。これがどのようになされるかを見るために、二原理を社会正義の問題に関するマキシミン解と考えてみることは、**発見法（heuristic device）として**有効である（『正義論』訳一一七頁、ただし強調は引用者）。

この文は、ロールズ理論の全体的な構成とその中でのマキシミン・ルールの役割とをきわめて明晰に語っている。まず第一に、ロールズにとって、正義の二原理はマキシミン・ルールを持ち出すまでもなく、それなしでも基本的に擁護しうるものである。それには二つの考察の流れがある。一つは、上の文で「以上で述べてきたこと」と言及されている考察である。そこでは社会の基本構造と制度、正義の概念、自由や平等という基本的価値、基本財、社会的地位、選択されるのは何か、そして、無知のヴェールがかけられた原初状態での当事者たちの選択、などが説明され、その枠組みのもとで、（マキシミン・ルールを用いることなく）正義の二原理が導きだされているのである。つまり、契約論的な議論によって正義の原理を導出している部分である。

もう一つの考察は、上の文で「われわれの熟慮された判断と比較することによってテストされる」と述べていたことであり、これはかの「内省的均衡」に対応している。

ロールズの理論には、こうした二つの考察がもともと用意されている。それに対して、マキシミン・ルールはせいぜい「発見法（heuristic device）として有効である」として利用されているだけなのだ。Heuristic というのは日本語に訳しにくい言葉で、辞書にはせいぜい「発見的」というような訳語がのっているだけだが、一般には「ある問題の探求や解決にとって指針となるような、憶測的で暫定的な定式化を用いてアプローチすること」を意味している。したがって、原初状態において当事者たちが正義の原理を選択するしかたを、一つの単純化されたモデルをもちいて理解の助けとしようとするときに、ゲーム論的状況の中でのマキシミン・ルールの適用だと見なしてみることが役に立つ、ということである。つまり「マキシミン・ルールによる選択」というのは、当事者たちの選択のしかたを実体的に記述しているのではなくて、モデル的に記述しているにすぎない。当事者たちは実際にはマキシミン・ルールを用いているのではない。ただ、そこでの論理を理解するのに、ゲーム論モデルにおけるマキシミン・ルールの考え方が役に立つというだけなのだ。ロールズ理論にとってのマキシミン・ルールの意義とはそういうものだ。

このようにして、マキシミン・ルールについてこれまでの論者たちには二重の誤解があったことが分かる。一つは、もともと単なる発見法として利用されたにすぎないものを誤って実体的な論理だと解釈したことである。そしてもう一つは、格差原理の内部にまでマキシミン・ルールが適用されていると思ってしまったことである。

前章の末尾で述べたように、このあとロールズは正義の原理の導出の理論としてさえも、マキシミン・ルールを放棄してしまう。これは、ロールズ理論にとって、マキシミン・ルールが、何ら本質的なものではなかったことを雄弁に物語っているのである。

資産平等主義と財産私有民主主義

次に、アローやコールマンや井上のような完全平等が解釈として誤りであることを明らかにしておこう。このことは、実は図4－1において点aが最も恵まれた者と最も恵まれない者との不平等を残したままであることからしても明らかであるように思われるのだが、彼らがそう理解したのもやむを得ないような論述が『正義論』には少なからず存在する。

まず、アローが「資産の平等主義」と名づけた際の根拠となっているのはロールズの次のような文章だ。

格差原理は、実際上、生来の才能の分配をある意味で共通の資産とみなし、この分配を補正することによって可能となるより大きな社会的、経済的便益を分け合うことに、同意することを表している。天性によって恵まれた立場におかれた人々は誰であれ、敗れ去った人々の状況を改善するという条件に基づいてのみ、自らの幸運から利益を得ることが許される（『正義論』訳七七頁）。

ここには、格差原理は、これまで個人に帰属することが当然と見なされてきた生来の才能のような資産までも、「共通の資産と見なす」のだとはっきりと述べられている。この点、アローの「資産の平等主義」の解釈には一定の根拠がある。

ここで注記しておかなければならないのは、ここで主張されている「資産の平等主義」が実際に何を意味するものであるにしても、その主張は、原初状態における無知のヴェールのもとでのマキシミン・ルールによって選択されるものとして導き出されたものではない、ということである。ロールズにとって「才能の分配を共通の資産とみなす」という規範的主張は、原初状態とは独立であり、むしろ内省的均衡のプロセスに現れてくる「われわれの熟慮された道徳的判断」に対応している。というのは、この主張のさらなる基盤をなしているのは、次のような**「運の恣意性の道徳的無根拠性」**テーゼだからである。

自由主義的な概念は、たとえ**社会的偶然性**の影響を排除するという点で完全に働くとしても、それは、依然として、富と所得の分配が能力と才能の自然の分配によって決定されるのを許している。……そして、この結果は、**道徳的視点から見て恣意的**である。所得や富の分配は、歴史的、社会的幸運による理由がないのと同様に、生まれつきの資産［才能］の分配によって決定されるのを許す理由もない（『正義論』訳五六～五七頁）。

歴史的、社会的な運も、生まれながらの能力や才能も、道徳的な観点からすると恣意的なものでしかない。つまり、道徳的には理由がない。理由が欠如している。不運な人々が分配上の不利益を受けるべき理由もないし、逆に、幸運な人々が利益を受けるべき理由もない。

「このように、運は道徳的には正当化できない」とロールズは言う。この判断は、原初状態において導かれる規範的原理ではなく、「われわれ」の道徳的判断としてロールズが前提にしているものだ。これは、ロールズの意図を超えて、次章で述べる現代の平等論の主流をなす「責任－平等主義」理論の出発点となった。

それはともかく、ここでは「資産の平等主義」が意味するものと、それと格差原理との関係について決着をつけておかなければならない。

ロールズは、格差原理を基盤とする基本構造を持った社会体制を「財産私有民主主義 property-owning democracy」と呼んでいるのだが、晩年の『公正としての正義：再説』（以下『再説』と略す）の中でその特徴を次のように述べている。

財産私有民主主義の背景にある諸制度は、富と資本の所有を分散させて、社会の一部の少数者が経済および間接的には政治生活をコントロールすることを防ぐ働きをする。……

財産私有民主主義は、……各期のはじめに、生産資源と人的資本（すなわち、教育と訓練された技能）の所有が広範囲にゆきわたることを確実にすることによって、しかも、これらすべてを機会の公正な平等を背景にして確保することによって、［生産手段の少数者による独占］を回避するのである。その狙いは、ただたんに不測の事故や不運のために敗北した人々を手助けすることではなく（手助けしなければならないのではあるが）、むしろ、**適正な程度の社会経済的平等**を足場にして自分自身のことは自分で何とかできる立場にすべての市民をおくということである（『再説』訳二四七～二四八頁、ただし訳文は変更した）。

財産私有民主主義という概念はもともとJ・E・ミードという論者によるものだが、ロールズはすでに『正義論』で格差原理の意味を説明するために援用している。そうすると、上の文章は、ロールズが格差原理や財産私有民主主義の語を用いながら提示しようとした平等主義の理念をきわめて明確に語っていることになる。それは次のようなものであったといえるだろう。

まず第一に、ロールズは決して「あらゆる資産を平等に分配すべきだ」と主張するつもりはなかった。その根拠は、ロールズは、生産資源の分散化を主張しているいかなる文章においても、決してそれらを「平等に配分すべきだ」とは表現してはいないという事実である。彼の文章で表現されているのは、せいぜい「分散されるべき」「広範囲に行きわたるべき」「機会の公正な平等」である。そして、「適度な程度の平等」あるいは「社会的地位と富において、そして、政治的影響を行使して手にしうる機会から利益を得る能力において、時間とともにより大きな不平等へと導く傾向を継続的に中和する」、というにとどまっている。その上、明確に財産私有民主主義は「生産的資産の私的所有を認める」ものだとされるのである。

第二に、ロールズが格差原理で考えていることの中核にあるのは、才能や資源に恵まれない人々であっても、それらに恵まれた人々と比べてできる限り同等の機会が与えられるべきであって、そのことは自由で平等な人々からなる公正な社会的協働のための、そして一つの社会の中でお互いが十全の資格をもった同等の成員であるための、条件だということである。これは、そもそも『正義論』でも、「非常に重要な基本財には、自分自身に価値があるという感覚がある」（訳七〇頁）と述べていることから明らかだ。この感覚をロールズは「**自尊心** self-esteem」と呼んでいる。さらに『再説』でも、格差原理と財産私有民主主義が、功利主義や「ミニマム保障論」や「福祉国家体制」との比較において、道徳理論としてすぐれたものであることが主張され、その際に、ロールズは人々の間での持続的で互恵的な関心を意味する「**相互性** mutuality」を第一義的に強調しているのである。ロールズによれば、ミニマム保障論や福祉国家は、単に一定の生活水準を保障しさえすればよいと考えている、というのである。（これについては、近刊予定の拙稿「福祉の論理」も参照されたい。）

このようにして、ロールズが重要だとみなしているのは、「自分自身のことは自分で何とかできる立場にすべての市民をおく」ということである。そうした自律した能力を持ちうるようにお互いが協力し合うというのが、彼の平等主義の中心にある理念だといえるだろう。

第三に、したがって、ロールズの「資産の平等主義」的な議論は、完全な平等主義を主張しているのではなく、生来の才能のような個人的資産であっても、道徳的観点からは、個人に不可侵の権利として帰属するのではなく、正義が必要とする度合いに応じて、社会全体のために利用されなければならない、ということを主張するものだと理解される。

以上が、ロールズが『正義論』から晩年の『再説』に至るまで一貫して考えていた平等主義の内容であり、「何を平等にすべきか」の平等目標と、「なぜ平等か」の平等理由についてのロールズの答えである。それは完全平等主義から遠く離れていることはもちろん、通説となっているマキシミン的解釈ともまったく異なっている。そしてさらに、この平等主義は次章で考察する「責任－平等主義」とも完全に無縁のものなのである。

II　現代リベラリズムの論理

第5章　責任―平等主義とリベラリズムの深化

1　格差原理から平等の純粋理論へ

公理への探求

現代リベラリズムにとって、ロールズの『正義論』は、古典物理学にとってのニュートンの『プリンキピア』や経済学にとってのアダム・スミスの『国富論』と同じような位置を占めている。すべてはビッグバンのようにそこから始まったのである。

しかし、これもやはりニュートンやアダム・スミスと同じように、ロールズは「教祖」ではなかった。『正義論』を契機として、さまざまな論者たちが正義や平等や自由の理論をさらに展開していくのだが、それはしだいにロールズ自身の理論からは異なったものになっていく。基本的な傾向としては、理論は次第に尖鋭化されていき、よりラディカルで一種教条主義的な色彩を帯びるようになってくる。これもまた、学問の一般的展開過程という点からいえば、きわめてよくあることだ。当初、萌芽的ないし原型的に提示されたアイディアや理論構想が、後継者たちによって検討され論議されているうちに、より純化されて原理主義的に再構成されていくという傾向は、珍しいものではない。後継の理論家たちは、論理の内的な一貫性をより確かなものにするしかたをめぐって競うので、理論や思想の「継承」をめぐる暗黙の争いは、しばしばより過激で明確で直截的なものの勝利に導かれやすい。

　現代リベラリズムの場合には、このプロセスはいくつかのドクトリンの定式化とその発展という形をとってきた。そうしたドクトリンとしては、「正義の善に対する優位」「中立性」「自律性」「反帰結主義」および「運の恣意性の道徳的無根拠性」などがある。これらは、それぞれの理論において、ある種の「公理」のような役割を果たしている。

　公理というのは、幾何学におけるユークリッドの公理で分かるように、その理論の内部では根拠づけることはできないが、その理論にとっては真であると前提される命題のことである。ユークリッドの幾何学は、たとえば「二つの点を結ぶ直線は一つ、そしてただ一つだけ存在する」というような命題からなるたった五つの公理をおくだけで、限りなく深めていくことのできる幾何学の体系を作り出している。その中では、たとえば「三角形の内角の和は180度である」とか「直角三角形では、(斜辺の長さ)^2＝(高さ)^2＋(底辺の長さ)^2 が成立する」などの「定理」が、論理的に導出される。

　ユークリッドの幾何学と同じような構成のしかたでもって理論を作っていくことを「公理主義」という。公理主義は数学では普通に採用されている方法であり、自然科学においても「理論」を構成するときの一般の方法でもあるのだが、社会理論を探求するときにもしばしば、「望ましい理論のあり方」として考えられていることが多い。たとえば、一七世紀オランダの哲学者スピノザは『エチカ』という書物で、公理主義的な理論を組み立てることによって、神の存在を「証明」するとともに、われわれ人間がしたがうべき倫理規範を導きだしている。そこまであからさまではないものの、それより少し前のホッブズの『リヴァイアサン』にも公理主義の色合いが強い。

しかしふつうは、社会理論を公理主義的に構築していくのは難しい。その代わりに、公理主義的な理論構成を念頭に置きながら、そのための準備作業として「公理の候補となるような命題」を探求していったり、明示的には公理としては提示しないけれども、いくつかの（しばしば暗黙の）前提から出発して、できる限り公理主義的な構成で理論を展開していこうとする試みがみられる。たとえば、デカルトの『方法叙説』は、われわれが知識をえていくための疑いえない方法もしくは基盤を確立することから出発しており、それがあの有名な「我思う、ゆえに我在り」という命題であった。あるいは、カントの道徳哲学は、「普遍的に妥当する道徳的命令」という概念を立てて、それが満たすべき条件をさまざまに検討し、その上でやはり有名な「汝の格率が……」という「定言命法」を提示するのである。

デカルトやカントの方法は、今日「基礎づけ主義 foundationalism」と呼ばれて、どちらかといえば好ましくないものだとされている。**基礎づけ主義**というのは、「疑いえない確実な真理」というものがあって、それを究極的な根拠や出発点とすることによって理論を構成していくことができるはずだ、という方法上の態度を意味していると考えていい。

基礎づけ主義という言い方には、一般に否定的ニュアンスがあり、主としてポストモダニズムや脱構築の観点から、プラトンに始まる西欧哲学の主潮流のあり方を「形而上学的」だと批判することと関連しているのだが、厳密に言えば、どんな理論や知識にもどこかで「疑いえないもの」や「自明な真理であること」が存在しているものなので、基礎づけ主義とそうでないものとの区別はかなり曖昧なところがある。そのため、ともすれば単に他を批判するときのレッテルとして使われることがないわけではない。（かつての「ブルジョワ的」だとか、最近の「本質主義」だとかのレッテルもそうである。）しかし、やや大まかにではあるが、疑いえない根拠を意識的に探求し、それを基盤にして理論を構成していこうとする「自覚的」な営みをさして「基礎づけ主義」と呼ぶことはできるだろう。そして、その意味で、現代リベラリズムは、ロールズのとっていた方法論的な立場を超えて、はるかに基礎づけ主義的な方向にシフトしてきているのである。

ロールズについても、その契約論的な構図の部分は明らかに基礎づけ主義的であるといえる。とくに、原初状態からの原理の選択をマキシミン・ルールで説明しているところはそうである。そして、ロールズが基礎づけ主義的に解釈されたことと基礎づけ主義的な現代リベラリズムが華やかに展開していったこととは、決して無関係ではない。

ロールズにおける「運の恣意性」

前章でみたように、ロールズにおける平等主義は、実際にはかなり穏和なものであったと考えられる。にもかかわらず、多くの論者はロールズの中にきわめて強い平等主義を読みとる傾向があった。その主な原因は、ロールズが格差原理を説明する際に、**「運の恣意性の道徳的無根拠性」**を主張したことにある。

もっとも、すでにみたように、ロールズはこれによって最終生産物や資産の完全平等分配を導いているわけではない。ではなぜ彼は、「富と所得の分配が能力と才能の自然の分配によって決定される」のは「道徳的視点からみて恣意的である」などと主張したのだろうか。

私の推測では、おそらくこのときロールズが意識していたのは、リバタリアニズムの主張であっただろうと思われる。『アナーキー・国家・ユートピア』のR・ノージックを代表的論者とするリバタリアンの考えでは、諸個人には「本来的に彼に帰属するもの」が自然権として与えられており、その各人の権利は自由意志に基づく交換や譲渡による以外には侵すことはできない。この原理に基づく配分と所有のみが「正義」であって、それに反するものは不正である。これを「権原理論 entitlement theory」という。リバタリアンのあいだでも「何が自然権か」についての判断が分かれているのだが、ノージックをはじめとして多くの論者は、才能や継承資産は当然のようにそれに含めている。彼らから見れば、格差原理はとんでもない権利侵害を正当化しようとしていることになる。（リバタリアニズムについては、森村進『自由はどこまで可能か』（二〇〇一年）に詳しい紹介があるのでそれを参照して欲しい。）

この考えは、リバタリアンという特殊な思想的立場を超えて、アメリカ社会でいわば「自明の理」のように広く信じられているといってよいだろう。（そう考えなければ、われわれ日本人から見るとあまりにも単純素朴なノージックが不思議なほどにもてはやされた理由が、正直なところ私には分からない。なお、ノージックの本は一九七四年の刊行だが、同じハーバード大学哲学科の同僚として、ロールズはノージックやリバタリアン的な議論をよく知っていたと推察される。）ロールズはその「自明性」に対抗しなければならない。

そこで、「帰属権」を「保有者」から切り離すことによって、それをどのように分配するかについて理論上のフリーハンドを確保する。それが「運の恣意性の道徳的無根拠性」テーゼの目的であった。そのことは、次の文章でも窺い知ることができる。

公正としての正義においては、そうすることが共通の便益になるときにしか自然や社会環境の偶然的出来事を利用することに、人々は同意しない。二原理は**運の恣意性**に対抗する一つの公正な方法なのである（『正義論』訳七八頁）。

ロールズが考えている公正としての正義とは、そうした運の恣意性に対抗して、独立した領域としての道徳性の観点から分配のための規範的原理を提示するものであった。ここでとくに、ロールズが「共通の便益」という言葉を使っていることに注意して欲しい。彼は「自然や社会環境の偶然的出来事」を人々が利用すること、したがってそれによって社会経済的な不平等が生じることを絶対的に禁じているわけではない。「共通の便益」になる限りにおいては、正義の観点からもそれは許されるということが意味されているのである。

さらに重要なことは、「共通の便益になる」という事態と、「偶然的出来事」とが概念的にはっきりと区別されていることである。つまり、偶然的な出来事の中には、共通の便益になるものもあればならないものもある。偶然的な出来事だからといって、すべてが直ちに「共通の便益ではない」とされるのではない。逆に、共通の便益であるものは、すべて「偶然的ではない何か」でなければならないというものでもない。両者は異なる事態であって独立に生じうることだ。

そして、ロールズの公正としての正義の第一基準になっているのは「共通の便益」かどうかであって、「出来事が非偶然的」かどうかではない。出来事が偶然的だからといって直ちに「正義に反する」のではなくて、それが共通の便益にならないときにそうみなされるのである。したがって、ロールズは自然や社会環境の偶然的な出来事は「道徳的に恣意的だ」と言っているけれども、それが私的に利用されることが「正義に反している」と言っているのではない。道徳的に恣意的であることと、正義にかなっていないこととは、ロールズにとっては同値ではないのである。

ところが、ロールズによって触発された現代リベラリズムの平等論は、まさに「道徳的に恣意的かどうか」のほうを最大の基準にして組み立てられていくのである。すなわち、「恣意的な運の道徳的無根拠性」のテーゼから、ドゥオーキンたちによって「道徳的に恣意的な運によるものについては、完全な平等を」という理論が新しく展開されてくるのである。このような理論を「責任－平等主義 Luck Egalitarianism」と呼ぶ（詳しくは次節で説明する）。直訳すれば「運－平等主義」だが、運に対立するものとしての「責任」の方にウェイトがあるので、「責任－平等主義」と訳すことにする。*

＊　現代の平等主義理論については、竹内章郎『現代平等論ガイド』（一九九九年）、同『平等哲学への道程』（二〇〇一年）、などが参考になる。

センの潜在能力論と厚生主義批判

ある意味で、口火を切ったのはA・センの「何の平等か?」(一九七九年)という論文であった。この論文は、「われわれは何を平等にすべきか」という平等主義にとっての原理論的な問いを考察したものであった。そして、セン自身は責任－平等主義を主張したのではないが、この問いかけに触発された平等への基礎づけ主義的な探求が、その後次第に責任－平等主義の諸議論を生み出していくのである。

この論文は、センが、今ではよく知られている「**潜在能力** capabilities」という概念を初めて提示したものである。彼は、もしも何かを平等化するのが望ましいとしたら、それは人々の主観的な効用のレベルやロールズの言うような基本財(これは主観的なものではないが)の配分のしかたではない。達成されるべきなのは基本的潜在能力の平等化だ、と論じるのである。

主観的な満足や利益である効用のレベルの何らかの分布のしかただけに基づいて社会的な望ましさの規準を立てることを、センは**厚生主義**(welfarism)と呼ぶ。(福祉主義という訳語もあるが、センの論文の日本語訳では「効用主義」と訳されている。センの意味からすれば効用主義という訳が適切だが、ここでは慣行にしたがっておく。)彼はこの論文で、平等に関する功利主義と厚生主義とロールズの格差原理とをそれぞれ批判するのである。

功利主義というのは、効用の総計ないし平均を最大化するという原理だから、厚生主義の一タイプである。しかもそれは、一つの平等主義を表している。というのは、功利主義は、一人一人の効用(welfare)を等しくカウントして総計を求める、という手続きに基づいているからである。つまり、各人の効用は差別なく等しく扱われているという点において、明確に平等主義的なのである。かつて、ベンサムが功利主義を唱えたとき、この意味での平等主義が念頭にあったことは間違いないし、今日でもハーサニやR・M・ヘアーのような人が功利主義を望ましい社会の規範的な原理だと主張するときにも、この意味で功利主義が偏りのない判断をもたらす基準を提供するものだという観点がある。

ただし、功利主義は効用の平均だけに注目していて、効用の分布のしかたを無視している点で、十分には平等主義的でないこともよく知られている。ここでセンの功利主義批判を詳しく紹介する必要はないだろう。センの第一の目的は、功利主義よりもむしろ厚生主義およびそのもっとも平等主義的なバージョンとしての厚生の平等主義を批判することにあった。**厚生の平等主義**というのは、人々の効用のレベルを平等化するという規範的原理である。これは明らかに、総和ないし平均を最大化するという功利主義よりもはるかに平等主義的である。にもかかわらずセンはそれを批判する。その最大の理由は、厚生主義はたとえ平等主義的であっても「**効用情報**」しか考慮しておらず、効用情報だけでは平等化すべき人々の状態についての情報としてあまりにも不十分だ、ということにある。センは、障害をもった人にとっての平等や差別的賃金のことを念頭におきながら、「善き生の判断」は、「その人の喜びや欲望充足」といった効用のレベルだけではなく、「一定の客観的要因（たとえば、その人が飢えているのか、寒さに震えているのか、抑圧されているのかどうかといった点）をも考慮」に入れなければならないといい、平等主義にとっては客観的要因も含めた**非−効用情報**が欠かせないと主張するのである。

その上で、彼はさらにロールズがその格差原理を説明する際に、「最も恵まれない人々」の集団から、身体的あるいは精神的な障害をもった人々を外して考えていたことを問題にする。実際、こうした人々の処遇という問題は、ロールズの正義論のテーマの外におかれているのである。この理由について、ロールズは「こうした難しい事例を考察することは、われわれとは隔たりのある人々について考えることによって、その人たちの運命が憐憫や不安を呼び起こし、われわれの道徳的な知覚を混乱させてしまう」（『正義論』訳七四頁）としか述べていない。前章で見たように、ロールズが最も恵まれない者の例として考えていたのは非熟練労働者のように恵まれない出身階層の人々であったり、あるいは才能や資質の点で不利な立場にいる人々であった。ともかく彼は、まずは一つの体系的な理論を構築することを優先したために、その適用範囲をある程度限定しようとしたのだろう。

センにとっては、ロールズのこの限定は正しくない。障害を持つ人々をも視野に入れた平等の理論が必要なのだ。そこで、批判の焦点はロールズの平等主義を構成している「基本財」の概念に向けられる。基本財というのは、客観的なレベルで考えられるものなので、効用情報だけに基づいているという厚生主義への批判はあてはまらない。センはむしろ逆に、基本財が客観的すぎる点を「物神崇拝（フェティシズム）」という言葉で批判するのである。つまり、同一の財の量が、障害のある人とない人など、異なる人々の間で異なった意味を持ちうることが、基本財の概念とそれによる格差原理とには考慮されていないというのである。

センの考えるところでは、身体障害者の限界効用が小さい場合には、功利主義だと彼らに差別的不利益を強いてしまう。また、格差原理は身体障害者の欲求の緊急度を考慮に入れていない。

したがって、功利主義も格差原理も彼の助けにはならない。それは身障者のハンディキャップを、無情にもそのまま放置するだけだからだ。……［しかし］彼には身障者として当然満たされるべきニーズがある、とわれわれがなお考えるならば、この権利要求を支えるものは、限界効用の高さでも、総効用の低さでも、（ましてや）基本財の欠如でもないことは明らかである（『合理的な愚か者』二五二〜二五三頁、ただし強調は引用者）。

つまり、センが主張しているのは、優遇措置が施されることが当然の「権利」であるような、人々の「緊急度ないし必要度」というものがあるのだから、それを充足することが社会的に望ましいということである。

それをセンは「基本的な潜在能力」として概念化した。最終的に享受された満足のレベルを意味する「効用」でもないし、享受されるべき財でもなく、享受するための能力に注目し、社会がなすべきことは、もしも身障者や貧しい人のようにそのままではそうした能力に欠ける人がいる場合には、それを保障することだというのである。潜在能力とは人々にとって価値あるような活動を行う能力であり、実際に活動を行うかどうかとは別に、活動の機会が選択肢として開かれていることを意味している。

ただし、このようなセンの「潜在能力」の概念は、何か経験的なものとして確定できるものではなくて、それ自体がすでに規範的な構想を内包しているという点に注意しなければならない。なぜなら、「権利要求」の基礎にあるのは、「当然満たされるべきニーズがある」というわれわれの「考え」だからである。センはそのことを曖昧にしており、そのため満たされるべき「潜在能力」が何か客観的に存在しているかのように思っている人が多いが、それは錯覚である。

センの平等論については本書ではこれ以上追究しない。[*]いずれにしても、ロールズの格差原理を批判する形で提出されたセンのこの議論によって「何を平等化するべきか」を探求することが開始され、それが平等論の主テーマになっていったのである。

＊　センの理論の紹介は、鈴村興太郎・後藤玲子『アマルティア・セン』（二〇〇一年）に詳しい。また、若松良樹『センの正義論』（二〇〇三年）も参考になる。

2　責任－平等主義の展開

ドゥオーキンの資源平等論と過酷な不運に対する補償

センに続いて、法哲学者のR・ドゥオーキンの「資源の平等論」（オリジナルは一九八一年）が発表され、新たな展開の大きなステップになった。平等理論に「責任」概念を明示的に導入したのは、これが最初である。

ドゥオーキンもまた、さまざまなタイプの厚生（＝効用）の平等主義を批判する。ある人にとっての効用とは、その人の人生の全体としての主観的成功（これを「善き生の構想」という）の度合いだと考えられるが、その度合いは、どういうことを達成したかにだけではなく、いかなる資源の配分のもとで達成したかに依存している。少ない資源しかもっていない人は、小さな達成でも大きな満足をえてしまう傾向があるだろう。したがって、資源の配分を考慮しないで効用だけを平等化するというのは、道徳的に望ましいとはいえない。

こうした上で、ドゥオーキンは**資源の平等主義**を以下のようなモデルを用いて展開していく。まず、人々の集団が、なんの前提もなしに市場的社会に放り出されて生活を始めるとしよう。基本的な才能のレベルは同一であって、好みやリスク選好や善き生の構想などが異なるだけだとする。このとき、平等主義の第一の条件は市場に参入するときに人々がもっている資源を平等にすることだと考えられる。逆に、資源と才能に関して平等な人々が市場的社会の中で生活するとき、その結果として生じる不平等は道徳的に許容しうるとドゥオーキンは考える。なぜなら、出発点が平等であるとき、公正な市場での競争の結果として生じるものは、あくまで自己責任によるものだからである。ただし、実際の市場社会では、（1）才能や能力にさまざまな違いがあるし、（2）運の問題もある。ドゥオーキンはこれらの問題にも対処できるようにモデルを拡張する。

第一の工夫はそれぞれの選好や善の構想に応じて資源を再配分するための**オークション**（競り）である。全員が、当初の平等な資源量に対応して、等しい量の賭け札を持って資源の競り市場に集まる。競売人がある価格体系を提示し、そのもとですべての賭け札が差し出されて、すべての資源が売り切られたとすると、その結果として生じる資源の配分状況が、実質的な意味で平等な配分になる、とドゥオーキンは考える。というのも、公正な市場での自発的な取引は、初期条件が公正であれば結果も公正なものだと考えるからである。さらに彼は、「誰もが他人の配分を自分のものより羨ましく思うことはない」という「羨望テスト」という基準を設定し、オークションの結果はこのテストをクリアーする（満たす）配分をもたらすので、実質的に平等であると主張するのである。

第二の工夫は、保険である。彼は、生まれつきの能力の違いや環境の違い（ハンディキャップの問題）を、自分自身ではコントロールできない災害や事故と同様に「過酷な不運 brute bad luck」の問題だと考える。

過酷な不運は「自然の運」であって、本人の意思や選択とは無関係にやってくる。他方、運の中には「選択の運 optional luck」というものもある。喫煙によってガンにかかるリスクが高まるとすれば、その高まった分は選択の運である。喫煙するかどうかは本人の選択によるものだ。車を運転して起こる事故も、やはり選択の運だといえる。

われわれの実際の社会では、さまざまな不運に対して、自動車保険、傷害保険、生命保険、火災保険等々の保険市場が発達している。そして万が一、不運に見舞われてしまった場合、かけた保険料に応じて保険金が支払われる。この保険金は、不運に対する補償だと考えることができる。

ドゥオーキンは、（現実のではなく）**仮想的な保険市場**というものを考えることによって、障害を持って生まれるというような過酷な不運に対する平等主義的な対応としての社会的補償を決めようというのである。

もし（現実とは異なり）あらゆる人々が将来特定の年齢に達すると身体上ないし精神上の傷害を被る同一のリスクを有しており……、他方、障害者となる人々の総数は現在と同じままだとした場合、社会の平均的な成員は、このような傷害に備えてどのくらいの担保範囲の保険に入ろうとするだろうか。このとき次のように我々は言うことができるだろう。すなわち、これらの同等のオッズを変えてしまったような（保険を掛けることが不可能な）自然の運や不運がなかったならば、平均人は特定のレヴェルで保険に入ったことであろうし、これに応じた仕方で障害を被る人々に補償するであろう、と（『平等とは何か』訳一一頁）。

このように、「生まれつきの不運」に対する適切な補償のレベルを、「将来の不運」というリスクに対して支払われる、社会の人々が適切だと見なすような保険金の額として設定することができる、とドゥオーキンは考える。むろん、この保険制度は現実に設けられるものではなく、あくまで仮想のものである。理論の上では、ある意味でロールズの原初状態の設定と同じような役割を果たしているといっていい。仮想のものであるが、もしもそこでの適切な判断というものを導きだすことができるならば、それは現実のわれわれにとっても適切なものだ、と想定されているのである。ただし、ドゥオーキンの場合は具体的な判断、つまり個々の生まれつきの不運に対する適切な補償額というものを導きだしているわけではない。あくまで、その外枠を述べただけである。

ドゥオーキンが重視しているのは、なにを補償することが平等主義にかなったものになるかについての基本的な原理である。それを彼は、「自然の運」と「選択の運」の概念を用いて定式化するのだ。

資源の平等という観念それ自体は、保険を掛けた人と掛けなかった人が同じ事故でともに失明するという恐ろしい災難に出合ったとしても、前者から後者への再配分を要求することはないだろう。というのも、保険が利用可能であったという事実は、たとえ二人の人間がともに**自然の不運**に遭ったとしても、両者の間の相違は**選択の運**に属する事柄であることを意味するからであり、［中略］先行するリスクが平等であるという条件のもとでは選択の運から生ずる結果を乱すべきではない［中略］からである（『平等とは何か』訳一〇九頁）。

「先行するリスクが平等であるならば、選択の運から生じる結果の不平等は是正しなくていい。逆に、自然の運から生じる不平等は是正されなければならない」。これが、ドゥオーキンの平等主義の基底にある規範的原理である。選択の運という概念は「自己責任」と結びついている。ドゥオーキンは、初期の平等論に関する論文ではそれほど「責任」概念を表面に押し立てて議論しているわけではないけれども、『平等とは何か』の序の中では、「個人の責任のどのような考慮からも切り離されたロールズの格差原理」とは対照的に、彼自身は「可能な限り多くのことをこのような責任に依らしめようと試みる仮想保険のアプローチ」をとっているのだと述べている（一二頁）。したがって、ドゥオーキンの資源平等論の基底にあるのは、「自分の責任の範囲にはない過酷な不運に対しては補償すべきだが、自己責任で生じた選択的（オプショナル）な不運については補償の必要はない」とする「**責任－平等主義**」だといってさしつかえない。

自然／選択の区分

ドゥオーキンの「自然の不運」と「選択の不運」という区分は、「何を平等化すべきか」という「平等目標」の問題と「なぜ平等であるべきか」という「平等理由」の問題の両方に対して、画期的で明解な答えを与えるもののように思われた。もともと、社会理論では、この二つの問いは必ずしも密接に結びつけられて答えられてはこなかったのである。

たとえば、マルクス主義は「なぜ平等であるべきか」に対しては「搾取理論」で答えていた。これは労働価値説に基づいて、「労働者に本来帰属すべき価値が資本家によって不当に奪われている、すなわち搾取がある」というものであり、この「不当性」を解消することが平等化への道なのだから、生産手段の私的所有を廃絶することこそが平等な社会をもたらすと考えた。しかし、この理論では、手段としての「私的所有の廃絶」と目標としての「平等」とのあいだにあまりに大きな距たりがありすぎる。私的所有を廃絶したからといって、どんな平等がどの程度実現するかは明らかではないのである。このために、二〇世紀に実際に社会主義社会を作るという実験が行われたけれども、その結果は、平等社会というには遙かにほど遠い新たな階級社会が生まれただけだった。

「自然／選択」という二分法は、こうした平等理由と平等目標とのズレを起こすことはない。なぜなら、この二分法こそが、理由であり同時に目標なのだから。選択的な不運によって生じた災厄や不平等は、個人の責任によって生じたものだからそのままで構わない。逆に、選択の結果ではないものこそは、平等化されるべきものだ。このように、理由がすなわち目標を与える。

容易に想像がつくように、自然／選択の区分はたちまちのうちに「責任 responsibility」の概念と結びついていった。選択したことの結果として不利益が生じたとしても是正されたり補償されたりする必要がないのは、それが「自らの責任」に属すからである。平等の理念など社会の望ましいあり方についての観念は、社会としての道徳的な責任という観念と結びついているが、ある個人自らの責任の範囲内に生じた出来事は、明らかに社会の責任ではない。このようにして、自然／選択の区分は「社会の責任／自己の責任」の区分として解釈され、それは同時に、社会の責任としての「平等化の目標」を定義づける。したがって、どんなものが自然の運を構成しているかを明らかにすれば、何を平等化すべきかが自ずから決まってくる、と考えられた。

もっとも、実際の議論の流れはこのようにスッキリと収斂していったのではない。まずは、ドゥオーキンの資源の平等論に対する批判的議論が起こってきた。たとえば、アーヌソンという論者は、アーミッシュの共同体に生まれ育った若者がそこを離れて近代的な大都市で生きることを決意した場合のことを例に挙げて、資源の平等では十分ではないと論じている（Arneson 1989）。よく知られているように、ペンシルバニア州のアパラチア山地に住むアーミッシュの人々は、電気や石油などを利用した近代文明の道具を拒み、現在でも一七～一八世紀風の生活様式を頑なに守り通している。むろん、大学に進学してビジネスマンや医者・弁護士になったりするというような生き方は視野の外におかれている。そのような共同体で育った若者が、何かのきっかけで、伝統的な生き方を捨てて近代文明社会で生活したいと思ったとしよう。このとき問題なのは、彼／彼女が近代文明社会で生活していくために必要な標準的な教育を受けていないために、市場的競争社会に放り出されてもうまく生きていくことが難しいということである。ドゥオーキンは、障害を持った人々には、仮想的保険市場の考えで対処できると考えたけれども、それは、障害を持って生まれることが自然の不運だと見なされたからであった。アーミッシュの共同体に生まれたことをそれと同じように自然の不運と見なしうるかは微妙だろう。少なくとも、ドゥオーキンの念頭にはない。

標準的な教育や訓練を受けているかどうかは、本人が個人的に選択したというよりはむしろ親や地域共同体がどういう子供の育て方を選択したかにかかっている。同じように、どういう生き方を望ましいと思うか、何が好きで何が嫌いか、といった「善き生の構想」や「選好」もまた、子供の時の育てられ方に影響を受けている。このことからアーヌソンは、個人に責任があるかどうかに基づいて資源を平等に分配するという政策は適切ではなくて、むしろ、「厚生への機会の平等」という原理の方が望ましいと主張する。

こう紹介すると、アーヌソンは責任－平等主義ではないような印象を与えるが、実はそうではない。というのは、彼もまた「厚生への機会の平等」が実現されれば、現実に生じる不平等は「**各個人の統制の範囲内**にある諸要因に帰せられる」ので問題はないと述べるのである。

責任－平等主義をより明確に主張したのは、マルクス主義者のG・A・コーヘンである。彼は、「搾取」の概念をまったく新しく定義しながら、平等の理念を次のように述べる。

ある人からその利益が不公正に奪われるとき、彼は搾取されているのであり、そして、避けることのできたギャンブルやリスクの結果としてではない不運に出合うとき、彼は過酷な不運をこうむっているのである。私は、平等主義を推進する第一のものは、分配に対する搾取と過酷な不運との影響をともに絶滅させせようとする思いであると信じている（Cohen 1989 : 908）。

このコーヘンの平等主義は、結局のところ平等化すべきものを責任の有無、つまり個人の選択の結果として生じたことなのかどうかという基準によって区分するということに帰着する。彼は、選好や価値、たとえば贅沢な嗜好でさえも、もしもそれが個人の責任ではなく形成されたものならば尊重されなければならないと主張する。コーヘンにとっては、「正しい区分は、責任と過酷な不運との間にあるのであって、選好と資源の間にあるのではない」（Cohen 1989 : 922）のである。

レーマーの機会の平等：努力という環境

責任－平等主義をさらに一層そして具体的に推し進めたのが、R・E・レーマーの『機会の平等』（一九九八年）という短い書物である。（ローマーと表記することが多いが、レーマーの方が発音に近い。）彼は、数理経済学の手法を駆使して階級や不平等の問題にきわめて斬新で刺激的なアプローチを展開している論者であり、『分配的正義の理論』という邦訳の書物もある。こちらの本は徹底的に数学的な道具立てを用いたものなので、大学で数学をやや専門的に学んだ人でないと読みこなすのは難しい。それと比べると、『機会の平等』の方は、数学も一部でしか使われておらず、全般的に分かり易く書かれている。（ただし、邦訳はまだない。）

「機会の平等」は単なる「平等」とは区別されて一般的によく使われる概念であるが、もともとこの概念にはある問題が存在している。たとえばわれわれは、すべての人々の教育水準が同一であることを「学歴の平等」といい、それに対して、たとえ結果としての教育水準が同一でなくとも、身分や性によって差別されることがなく教育を受ける権利が全員に与えられているときに、「教育機会の平等」とか「機会が開かれている」というふうに言う。しかし、あからさまな差別がないことをもって「機会が平等だ」といって良いのかどうかは、従来から多くの人が疑ってきた。なぜなら、たとえば貧しい家庭の子は、経済的な理由でもって大学進学をあきらめざるをえないことが多いが、このことは、貧しい家庭の子には大学教育を受ける機会が閉ざされていることを意味するのではないかと考えられるからである。できるならば大学へ進学したいと思っている人が、貧しいがゆえにそれを断念せざるを得ないのだとすれば、決して「機会が平等だ」とはいえないのではないか。そういう疑問は自然に起こってくる。

そこで、経済的な理由によって進学をあきらめることが少なくなるように、多くの国でさまざまな奨学金や授業料免除などの工夫が取られてきた。それが、大学進学における経済的格差の影響を緩和して、貧しい家庭の子弟が高等教育を受ける機会を大きく拡大したことは間違いない。

では、たとえば所得に応じて奨学金を支給するようにすれば、機会は完全に平等化されたといえるかと言えば、そうでもない。実は、子供の平均学力や進学へのアスピレーション（志望）が家庭の階層や経済水準によって異なっている。とくにアメリカの場合、人種による違いが無視できない。

これは実際、一九六〇年代以降のアメリカでたいへん大きな社会問題になった。現代社会は、学歴によって社会的地位や所得が大きく決まってしまう社会である。（ただし、これはあくまで平均的にいえることで、低い学歴で高い地位や所得をうる人々は決して少なくないことには注意して欲しい。）したがって、人種による学力格差を放置してしまえば、人種間の所得格差は永久に残ってしまう。それは、単に平等の理念にとって由々しき問題であるだけでなく、人種間の差別や対立などの社会問題の温床になる。アメリカの多くの大学で、アファーマティブ・アクション（積極的差別是正措置）という政策がとられているが、これは、入学者の選抜にあたっては入試の成績などの学力によるだけではなく、人種や性別なども考慮し、従来は進学率の低かったマイノリティの入学比率を一定程度確保しようとするものだ。この政策は一九七〇年代から広く普及し、これによって実際に黒人その他の民族的マイノリティの進学率は大きく向上した。しかし、その一方で、これは「逆差別」ではないかという批判もあり、訴訟事件も起こっている。

ここでは、「公正な機会」とは何かが問われているのである。純理論的には次のような問題である。いま、人々の教育達成レベルを左右する要因に x_1、…、x_n があるとしよう。出身家庭の経済水準、階層、人種、あるいは本人の学力、アスピレーションなどがありうる。このとき、経済水準の影響を除去するだけで「機会の平等」になるのか。学力やアスピレーションや人種などの要因の影響も除去しなければおかしいのではないか。しかし、他方で、学力がかなり異なるにもかかわらず同じ大学に入れるとしたら、はたして「公正な機会」といえるのか、という疑問も生じる。それに、もしもすべての要因の影響を取り除くことを考えたとしたら、それは結果として教育達成レベルそのものを平等化することになる。そうだとすれば、一体、「機会の平等」と「結果の平等」とを分けて考える意味はどこにあるのか。あるいは、何らかの理由によって、除去すべき要因と除去しなくてもいい要因とを区分し、前者の影響が実際に取り除かれたときに「機会の平等」が達成されたと考えるべきなのか。

この難しい問題に、責任−平等主義のロジックを用いて解答を与えようとしたのがレーマーの『機会の平等』なのである。彼は、教育達成のレベルに影響を与える諸要因を「**環境**によるもの」と「自らの**責任**によるもの」とに区分し、前者による影響を取り除くかもしくはその影響に対して補償を与えるかすることが「教育における機会の平等」を意味するのだと主張する。その際、とくに焦点を当てられているのが「努力」という問題である。

われわれは、学力が自分自身の努力の如何によって影響を受けることをよく知っている。昔から、「四当五落」（睡眠時間が四時間だと受験に合格するけれども五時間以上だと落ちてしまう、という受験の厳しさを誇張して述べた言葉）などという懐かしい言葉があったりして、勉強という努力に励めば、学力が向上し難しい学校の入試に合格するチャンスも高くなる、と思っている。実際これは間違った思い込みではない。（四当五落は冗談だが。）むろん、努力したからといって必ず学力が上がるという保証はないけれども、蓋然性は高い。これは、日本だけでなく、各国共通の社会的事実だといってよい。

世の中には、勉強という努力を尽くすのに一生懸命になる子供もいれば、そうしないでのんびりと過ごす子供もいる。努力するか否かの違いによって、当然、平均的な学力に差がついてくる。では、勉強という努力を払うかどうかということは、個人の意志に基づく選択だと考えていいだろうか。多くの人々は、たぶん、明らかに個人の選択だと考えるだろう。レーマーは少し違う。努力するか否かについても、個人の責任だけではなくて環境の影響による部分があるというのである。全体としての努力の量を「努力のレベル」と呼ぶとしよう。このうち、環境の影響による部分を「**努力の性向**」（た

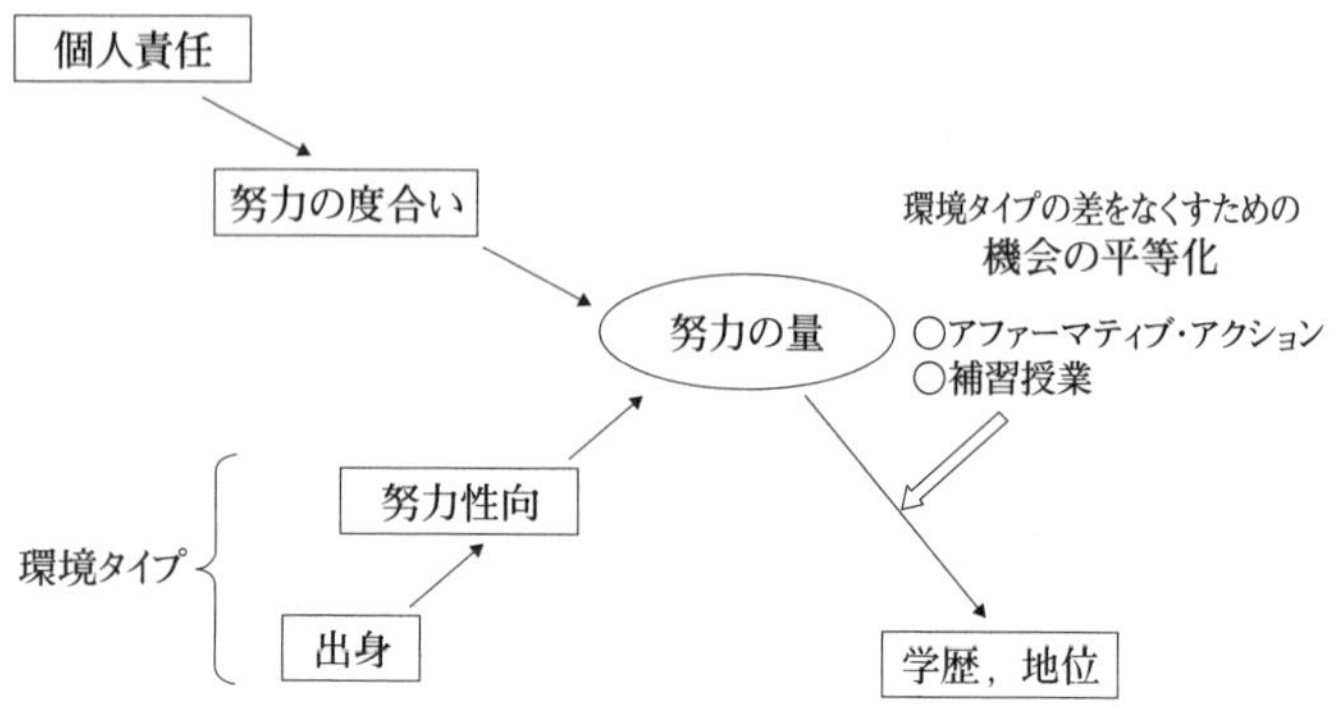

図5－1　レーマーにおける機会の平等

だし、レーマーはこれには言葉を与えていない）とし、それ以外の個人責任に帰せられる部分を「**努力の度合い** degree of effort」と名づける。恵まれた環境に育った者や恵まれた資質を持って生まれた者は、それだけの理由によって自ずから高い努力を払う性向を身につけているだろう。たとえばレーマーは、アメリカ社会で「エイジアン」の子どもたちの学校の成績がよいのは、勉強しなければ厳しい罰が加えられるような家庭のしつけ（＝環境）のせいだと述べている。逆に、他の集団の子どもたちが努力しないのも、家庭での自由放任的な育て方のせいになる。

　このようにレーマーは、ある社会的な状態を帰結させる要因を、大きく環境と個人責任とに分ける。そして、環境の相違は、何らかの質的な「**環境のタイプ**」にまとめられると考え、環境のタイプが異なるからこそ、努力の性向に違いが生じるというのである。努力に関して、この環境は図5－1のようなメカニズムで働いていると想定されているといえるだろう。

　このときレーマーは、人々の社会経済的な境遇の不平等のうち、最終的に「環境タイプの違い」によって生じる「努力の性向」の差からもたらされる格差は個人の責任がないので、それについて社会的に補償することが「機会の平等」だというのである。

こうした機会の平等を達成するためにレーマーが考えていることは、補習授業とアファーマティブ・アクションである。まず、環境のせいで努力が足りない生徒には補習授業を施して学力を向上させる。それでもなお残る教育水準の格差は、アファーマティブ・アクションによって、すべての環境タイプの出身者が、平均としては同一の教育水準に到達できるように強制する。このようにして、教育水準に関わる機会の平等が達成できる、とレーマーは考える。

常識的に考えれば、努力を怠ったせいで生じた不幸な境遇についてまで社会が補償するというのは馬鹿げている。この考えで行くと勉強をサボったために単位を落とした学生や、のんびりと育てられたために家業をつぶしてしまった三代目経営者なども救済しなければならなくなる。これはどこかおかしいと考えるのが普通だが、「責任のないところは平等に」という責任－平等主義のロジックは、レーマーのような論理性に忠実であろうとする数理経済学の泰斗をして、その理屈好きの性癖に惑溺させるだけの魅力を持っていたということであろう。

分析的マルクス主義

一般には、レーマーやコーヘン等の仕事はマルクス主義的な関心や志向に導かれているので、*Making Sense of Marx*（一九八五年）というような著作のある数理的社会理論家のエルスターらと並んで「分析的マルクス主義」とよばれる。分析的マルクス主義は、現代リベラリズムの一翼を担っているが、厳密にはリベラリズムとは異なる。何といっても、マルクス主義というのは一九世紀の自由主義的資本主義体制を真正面から批判してきた思想なのだ。しかし、今日の分析的マルクス主義と現代リベラリズムとの間には、違いや対立よりも、共通している部分の方が大きい。

分析的マルクス主義は、次の点でかつてのマルクス主義とは決定的に離別している。（1）基本的に労働価値説に基づいて「搾取」の概念を立てるというマルクス主義の根幹にあったもくろみを放棄した。これには、レーマーの初期の労作である『搾取と階級の一般理論』（一九八二年）の功績がきわめて大きい。この本でレーマーは、日本の経済学者森嶋通夫が『マルクスの経済学』（一九七四年）で展開した数理モデルを発展させながら、労働価値説が成立しえないことを徹底的に論証したのである。（2）マルクス主義の黙示録的でロマン主義的な側面をなしてきた「革命」神話と「唯物史観」もまた完全に放棄している。「歴史の必然」や「プロレタリアート独裁」が語られることもない。（3）マルクス主義の認識論的あるいは哲学的な教義も捨て去られている。「唯物弁証法」が前提されたり、「上部構造－下部構造」の図式や「虚偽意識」や「イデオロギー」の概念を用いて、人々の社会意識や政治意識を分析することもない。

では、どこが「マルクス主義」なのか。それは論者たちが自らそう称しているだけで、その理由は必ずしも明確ではないのだが、漠然と次のような要素をあげることができるだろう。第一に、社会が生活機会や利益の異なる不平等な諸階級によって分割されているという基本認識。第二に、この階級間格差は何らかの「搾取」に基づいているという判断。そして第三に、この搾取に基づく階級間不平等は、どこかで現代の資本主義的経済体制の基本構造に関わっており、経済構造のあり方を変えない限り、その不平等を根本的に是正することはできないという信念、である。

この三つの点については、現代リベラリズムは必ずしも共有していない。しかし、次の点が共通である。それは、社会の不平等の中には規範的に「不当」なものが存在しており、正義にかなった社会制度とは、不当な不平等が除去されたものである。したがって、規範的社会理論にとっての最重要課題の一つは、何が不当な不平等であるかについての理論を打ち立てることである。

現代リベラリズムは、マルクス主義のように「搾取」の概念は必ずしも用いない。今日では、「搾取」というのはせいぜい「不当な配分」を意味するだけである。それは単に「取り除かれるべき不平等」の別名にすぎないといっていい。したがって、分析的マルクス主義と現代リベラリズムとはきわめて共通性の高い問題関心に支えられているといってよいのである。

3　無視された帰結

社会経済的な不平等を、個人に責任が帰せられるものとそうでないものとに分けて、個人に責任がないものについては何らかの平等化や補償の措置をとることが社会の責任であり、正義にかなったことだとする責任－平等主義は、多くの論者にとってたいへん魅力的なものに映った。それは、平等主義にとって、きわめて明解な理論を提供するものであるように思われたのである。

しかし、これには大きな錯覚がある。問題は大きく二つある。一つは、「責任」という概念の理論的な性能についての根本的な誤解である。この誤解は、リベラリズムに限らず、広く道徳理論全般に浸透している。もう一つは、平等主義が「基礎づけ主義」的に構成されることによる問題である。これも、リベラリズムに限らず、多くの平等主義理論に昔から存在してきたものだ。まずは、第二の問題から説明しよう。

責任－平等主義の副次作用

責任という概念はきわめて強い道徳的なインプリケーションをもっている。だが実は、何かを誰かの責任に帰着させるという判断は、危険な副次的作用も伴うものなのだ。責任－平等主義の副次的な作用のうち、常識的に考えて望ましくないと思われるものをあげてみよう。

第一に、誰でも気づくことは、責任－平等主義のもとでは、個人に責任が帰せられるようなすべての不平等や不運が、社会によって放っておかれるということだ。スピードを出しすぎて交通事故を起こしたり、喫煙や不摂生によって病気になっても、社会の側は何も救済しなくてもいい。少なくとも、そうする道徳的義務は社会にはないと、責任－平等主義の理論からは導かれる。もっとも、スピードの出しすぎや喫煙なども また、個人の責任ではなくて「環境」のせいだということになれば話は別だが。

第二に、責任－平等主義に基づいて平等化や補償の措置をとる場合、多くの人は自分の好まないことを行うように強いられる。たとえばレーマーの機会の平等主義では、環境のせいで努力が足りない生徒は、補習授業によって努力レベルを上げるように強いられるし、環境のせいで学力が劣っている子は、たとえイヤだったとしても平均的な教育水準に達するまで教育を受けなければならない。

第三に、責任－平等主義は、個人の性質や行為を「責任のあるなし」によって分けることになる。

このとき、「責任あり」と断定されるのも困ることだが、逆に「責任はない」とされることも、決してありがたいことばかりではない。たとえば、レーマーの議論は、人々が環境タイプの違いによって異なる集団に識別できることを前提にしている。それがおそろしく差別主義的な見方を含意していることは明らかだ。彼が「エイジアン」と呼んでいる集団は、努力レベルが高いにもかかわらず、それは「環境」のせいであって本人の責任（功績）ではないとされる。しかし、高い努力を払うことが本人の内在的な性質のせいではなくて環境のせいだとされることほど、その「努力」を傷つけるものはない。この手でいけば、オリンピックのマラソンで優勝するのも、本人には何ら評価すべきものはなくて、もって生まれた体質やコーチや恵まれた練習環境のせいだということになるだろう。ある高い地位をえた人にその地位をえる上での「責任を免除する」ことは、逆に、地位をうる上での「環境」が「不当に恵まれたものだ」という評価を含意してしまうのである。ここには「環境タイプ」という概念が容易に一種のスティグマになる危険性が現れているのである。

現代リベラリズムの平等論にこうした**スティグマ**の危険性があることはE・S・アンダーソンという学者も鋭く指摘している。彼女は、責任－平等主義はその意図とは裏腹に、選択的な不運の被害者に対しても、苛酷な自然の不運による被害者に対しても、結局は不正義をもたらすことになるだろうということを、さまざまに論じている。とくに後者のうち、精神的・身体的な障害を持つ人々がその境遇に「責任がない」と社会的に判断することの中には、そうした人々に対する「私的なさげすみ」を「公的に認められた真理」へと押し上げてしまい、思いやり（compassion）ではなく、憐れみ（pity）による侮辱的なスティグマがもたらされる危険があると指摘する。そして、責任－平等主義を実践する社会では、そのための専門的行政機関として「国家平等委員会」のようなものが設置され、そこから、障害を持った人々に次のような手紙が送られることになるだろうというのである。

障害者たちへ：あなた方の生まれつきの劣った素質と現在の無能力とは、悲しいことに、健常者と比べてあなた方の生を生きる価値の劣ったものにしています。この不幸を補償するために、われわれ健常者は、あなた方の生きる価値を十分に良いものにすべく、あなた方に追加的な資源を供与します（Anderson 1999 : 305）。

むろんこれは、アンダーソンが責任－平等主義を皮肉るために誇張した架空の話であるが、それにしても、ジョージ・オーウェルの『一九八四年』の世界にも似たぞっとするフィクションである。

心情倫理としての平等主義

第四に、こうしたスティグマや不本意な強制が懸念されることから分かるように、責任－平等主義は、その論理を貫徹したときにどのような帰結が生じるかをまったく試みない「基礎づけ主義」の悪弊にどっぷりと浸かっている。平等主義はそれ自体として崇高で美しい理念である。しかし、平等主義の実践は、しばしばとんでもない災厄をもたらすものでもある。スティグマや強制はその一つで、これは個人の尊厳や自由や基本的権利という重大な価値に関わっている。かつての社会主義が平等の名のもとにこれらを踏みにじってまったく省みなかったことは、記憶に新しい。

災厄はそれだけではない。平等主義はしばしば「平等化されるべき諸価値の総量」をいちじるしく減少させる。資源の平等を実践するためには、資源が存在していなければならない。自然の不運に見舞われた人々に補償するためには、補償するための資源が必要だ。さらには、平等主義を政策として実行するためには行政機構を設けて人々を雇用しなければならない。こうした資源は、一体どこから生じてくるのか。（前章でみたように、ロールズの格差原理は図4－1の点aを意味しているが、そこでは一定の価値が共同生産されることが前提になっており、ここで指摘されている問題を免れている。）

たとえば、レーマーの機会の平等で考えると、努力する性向が低いタイプの人々は、それだけの理由でもって、努力する性向の高いタイプの人々と平均的に同等の地位や利得を受けとることが保証されている。それぞれのタイプの内部では、「努力する度合い」が人によって異なるので、努力するインセンティブがまったくないわけではない。しかし、レーマーの補償措置のもとでは、努力する性向が高いタイプだとされた人々、たとえばあの「エイジアン」の子どもたちにとっては、どんなに努力しても結局は他の集団と同じレベルの地位や利得しかえられないのだから、明らかに努力レベルを下げるだろう。他方、努力性向に低いタイプの人々にとっても努力レベルを上げるメリットは何もない。したがって、全体の努力レベルは減少する。その結果、明らかに経済活動は衰退に向かう。

平等主義者たちは、平等主義の政策が人々の**インセンティブ**を損なう側面について真正面から考察することを避ける傾向がある。その（無意識の）理由は、インセンティブという私的欲望に関わる要因を考慮することは、平等という崇高な理念に対して忠実ではない、というものである。ここにあるのは、理論家としての心情倫理にほかならない。理論の内的な純粋性に知性を捧げることが最重要視されるのである。しかし、そもそも理論とは何のための理論であるかが無視されている。本来、平等主義理論は平等の理念のためだけのものではなく、社会構造の規範的原理の一環としてあるべきものだ。規範的原理においていかなる価値がどのように尊重されなければならないかの問題において、明らかに平等はその中の一つ（むろん重要な一つではあるが）にすぎない。平等主義のために人々が実際に享受できるはずの多くの利益を大きく損なうことは、まさに角を矯めて牛を殺すにほかならないのである。

4 「責任」の錯覚

責任という概念の困難

前節で指摘したスティグマの危険は、あくまで人々を環境タイプによって類別したり、社会の出来事を個人に責任を帰属できるものとそうではないものとに分けることができる、という前提で生じるものだ。もしも、この区分ができないのであれば、そもそも責任－平等主義を実施することは不可能になるし、したがって、スティグマの危険も消える。ただし、もしも、実際にはそうした区分はできないにもかかわらず、あたかもできているかのように装って表面的に責任－平等主義が実施されるとしたら、その結果はとんでもない不正義になるだろう。

結論的に言えば、社会的世界を責任の有無やその帰属のしかたで「客観的」に区分けすることは、原理的に不可能なことである。「責任」とは、「権利」や「義務」と同じように「構成的な概念」であって、石や水のように客観的に存在しているものではない（拙著『制度論の構図』を参照）。それは、社会の中で人々の何らかの（しばしば暗黙の）合意によって組み立てられていくものである。それをどう組み立てていくかは、社会にとっての重要な課題ではあるが、あらかじめ客観的に所与として存在しているわけではない。したがって、平等主義の根拠を責任ないし責任のないことに求めることは不可能である。

たしかに、規範に関するこれまでの長い考察の歴史において、「責任」の概念は道徳理論にとって欠かせないものであった。「責任ある主体」こそが道徳的評価の対象でありうるという考えは、広く受け入れられた自明の公理であった。こうした個人の道徳性の識別基準としての「責任」を、社会における正義という道徳性の基準としても援用できるのではないかという着想が、責任－平等主義の基盤をなしている。責任のあり方に応じて人々の境遇が定まることが道徳的なことであり、責任と結果とが無関係であることは不正なことだ、という判断がある。

これまでのすべての道徳理論が「道徳性を責任によって説明する」という構図をとってきている。つまり、「責任」という概念は、人々を道徳的に評価するさいの「説明項」として使われてきた。それは日常的世界における慣行であり、道徳理論はそれをそのまま踏襲したのである。（これを私は「一次理論の疑似二次理論化」と呼んでいる。）説明項であることによって、責任はあたかも「すでに客観的にそこにあるもの」というふうに見なされる。

しかし、このように「客観的」にあるはずの「責任」は、理論的にはきわめて厄介な問題をはらんでいた。ここでは、その一つである決定論の問題と自由意志の問題だけについて簡単に説明しよう。

まず、世界が決定論的に決まっているという風に考えるならば、そこには責任の入り込む余地がないように見える。レーマーのように、努力する性向さえもが環境によって決定されていると考えるのであれば、残る「努力の度合い」もまた実は別の要因によって決まっているのだと考えても何らおかしくはないだろう。そうすると、すべては環境のせいであって、個人の責任はどこにもない。責任－平等主義の行き着く先は、すべての面にわたる完全な平等こそが正義だということになる。

責任は自由意志の存在を前提するという考え方もある。ところが自由意志というのは分かり難く大変面倒な概念なのだ。たとえば、私は煙草が大好きで、多少寿命が縮まったとしても、今のところやめようとは思ってもいないのだが、ここで「やめない」というのはたしかに私の意志である。しかし、これが「自由意志」かどうかは、分からない。長年の習慣で蓄積された煙草への嗜癖がもとになっていることは明らかであり、それはよく「ニコチン中毒」ともいわれる。また、そこには遺伝形質の影響もあるという説もある。そうだとすると、私が煙草を吸うのは、身体に染みついた性癖の現れにすぎず、「自由」な意志ではないのかも知れない。そもそも「自由意志」という概念でもって、「何にもとらわれることなく、何でも意志しうるという条件の下で何かを意志すること」というふうに考えるとすれば、そんな「自由意志」というものは存在しえない。われわれの意志は、生理的な条件によって基礎づけられているだけでなく、われわれのさまざまな知識や蓄積された信念や価値観によって規定されている。

責任における決定論と自由意志の問題は、今日でも哲学者たちを悩ましている。たとえば、ロールズの弟子筋に当たるT・ネーゲルという哲学者は、人の行為というものは究極的にはその人の統制下にないという決定論的世界がもっともらしく見えるときに、いかにして責任という概念を救済しうるかを論じているのだが、その議論は混乱に満ちている。彼はとくに、責任が個人の自律性を前提にしていると考えた上で、自律性を因果的な決定性に抵触しない形で定立しようとするのだが、そこで自由意志に近づけて自律性を考えているために、われわれの客観的知識の拡大が自律性を脅かすという陰気な結論に導かれてしまっている（ネーゲル『コウモリであるとはどのようなことか』）。

あるいは、最近、倫理学者の成田和信は、「責任に必要なコントロール」という概念を立てて、次のように定義している。

①［行為者］*S*が合理的〈実践〉能力を発揮し、そのけっか合理性判断に応じた意志が生じ、その意志が［行為］*A*において実現されているか、あるいは、②*S*が合理的〈実践〉能力を発揮するのに失敗し、そのけっか意志が生じ、その意志が*A*において実現されている［とき、責任に必要なコントロールがなされている。］（『責任と自由』二二七頁）

単純に言えば、思慮を尽くした上で（これが「合理的〈実践〉能力」を発揮していることをさす）ある行為*A*をなすべきだと判断した結果として*A*をなしているとき、あるいは逆に、そうした思慮を尽くさないである行為を意志してその結果として行為をなしているとき、そこには責任に必要なコントロールがあり、したがって、行為*A*に対する責任がある、というのである。この概念化がきわめて奇妙なものであることは、一見して明らかだ。合理的〈実践〉能力なるものを発揮しようとしまいと、意志を持って行為すればそこには責任があるということだし、逆にもしも意志がなかったのならば、責任はないことになる。したがって、たとえば幼児がライターで火遊びをしていて火事が起こったとき、「火をつける」という意志があれば責任があることになるし、逆に成人が酔っぱらってタバコに火をつけたまま寝込んだために火事になったときは、タバコ以外のものに「火をつける」という意志はなかったのだから、責任はないことになる。これは、われわれの日常的な責任概念の用い方には反している。

責任とは社会的に構成されたもの

日常的な用語法にあっているかどうかは、どうでもいい。もともと、ネーゲルや成田の前提に根本的な錯誤があるのだ。彼らは、他の多くの論者たちと同じように、（1）責任は行為に関してたてられる、そして（2）行為の構造を明確にすることによって、責任のある行為とそうでないものとを客観的に区別することができる、という二つの思い込みにとらわれている。この思い込みは、責任とはわれわれによって勝手に捏造されたものではない、（近年はやりの言葉を使えば）「構築されたもの」ではない、という前提の上に立っている。これは、われわれの日常的な道徳観（一次理論）をそのまま踏襲したものだ。しかし結局は思い込みにすぎない。そのような「責任」が客観的に存在するわけではない。社会に関するわれわれの日常的知識や理論は、おおむねフィクションとして作り出されたものであり、「責任」もその一つなのだ。

日常的な責任概念は次のような性質を持っている。

まず、われわれは責任を行為に対してだけではなく、行為を伴わない地位や役割にも賦与している。たとえば、組織が関わる事件や事故に対して、直接には関係のない経営トップや大臣がしばしば責任を課せられる。これは、われわれが、行為それ自体の因果的な構造によってではなく、行為を取り巻く社会的文脈において責任概念を用いているからである。責任とは、社会関係上の概念なのだ。ある出来事に対して責任を誰かに帰属させるということは、社会関係についてのわれわれの規範的な了解を再確認したり再構築したりすることにほかならないのである。

たとえばわれわれが草や木はもちろんのこと、犬や赤ん坊を道徳的に賞賛したり非難したりすることがないのは、それらを「責任ある主体」とは認めないからである。このように、誰を（何を）そうした主体と認めるかは社会の規範的構造として社会的に設定される。子供や心神耗弱者に「責任」を認めないのは、単にわれわれがそう決めているからである。われわれは「責任能力のある個人」を、「自律した個人」とか「自由意志を持った個人」という。こうした形容詞は「客観的なものとしてある説明項としての責任」概念に都合よく選ばれたものだ。「自律」や「自由意志」は説明されざる独立変数として働いているにすぎない。

今日の社会的慣行において、われわれが「責任能力のある個人」に想定しているのは、「熟慮しうる理性的能力をもっている」という性質だといえるだろう。熟慮とか理性とかも決して明確な概念ではないが、要するに、何が正しいことか、何をなすべきか、この行為をしたら何が起こるか、というようなことについて、考察をめぐらすことのできる潜在的能力を持っている、と推定するということである。むろん、実際に考察をめぐらしたか、そして、考察の結果として正しい判断に至ったか、ということは二の次の話だ。多くの場合、事故や犯罪を犯した人々は、その時点では熟慮していないか、もしくは誤った判断をしたかのどちらかであろう。しかし、だからといって、われわれは日常的に彼らを免責はしない。彼らが、熟慮しうる理性的能力の持ち主だと推定されれば、それだけで十分に責任を問いうる主体に設定できる。しかも、これは「推定」である。誰も、人の能力を正しく測定することなどできるものではない。

したがって、因果的決定性との対立問題は次のように解決できる。まず、ある出来事に対する行為責任を問う場合、われわれはその出来事に対して行為が「原因」であることを有責性の条件とする傾向があるが、これは、近代の科学的思考を背景にした個人主義的な法の考え方に依存している。非近代社会では、「黒魔術」や「呪詛」が有責性の根拠とされたり、直接関係のない「一族郎党」が有責だとされることは少なくなかった。今日でも、すでに述べたように、「責任ある社会的地位を占めていること」が有責性の根拠となることがあり、これは、行為や出来事の因果性とは関係がない。したがって、本来的には「有責性」は「因果性」から独立している。

また、行為が有責であるためにはそれが「何からも自由」だとか「他でもありえたもの」でなければならないという考えは、日常的にはただ単に「当の行為者が熟慮して行為を選択しうる能力を持った道徳的人格だ」と推定しうることを意味しているにすぎない。実際に当の行為が因果的な意味において「何ものによっても決定されていない」というようなことは何ら意味されていないのである。しかしながら、次章でみるように、古代ギリシャ以来のヨーロッパの思想において、「自由」の概念が人格の道徳性や社会成員としての有資格性と結びついて発展したことと、「拘束されていない」という意味の「自由」が、他人や法から社会的に拘束されていないという意味だけでなく、物理的に拘束されていないということも含意したため、道徳理論家たちは、ある行為が有責であるためにはそれが因果性からも自由でなければならないかのように思いこんでしまったのである。つまり、有責性と因果性とのアポリアは、「有責性のための自由」を「因果性からの自由」と読み込んだ道徳理論家たちが自ら作り出したものすぎない。

この考えに沿って、「自由意志」あるいは「意志の自由」をめぐる永年の問題も、それは「意志が因果的に自律している」ということを意味するものではなく、「道徳的に自律していること」すなわち「意志の持ち主が、自らの存在やその行為の道徳的な意味を内省しうるような主体であること」を意味しているのだと理解することができる。このようにして、結局のところ、「責任」と「自由」とは「道徳性」を媒介にしてほとんど同義に結びつけられているのであり、この意味で「自由」であることは「責任を取りうる主体であること」を意味するのである。*

* なお、日本の論者には、哲学者レヴィナス（『全体性と無限』など）の理論を部分的に援用した「応答責任」の概念で責任理論を再構築しようとするいくつかの試みが見られるが（瀧川裕英や北田暁大など）、レヴィナスのようなきわめて神学的な理論をそのまま用いるのではないとしても、客観主義的な「責任」概念を理念的に根拠づける試みが有効だとは思われない。

このようにして、「責任」という概念は、権利や義務と同じように、制度的な概念であって、自然的実在概念ではない。いずれにしても明らかなことは、どういうときに、いかなる責任をだれに帰属させるかは、社会的な約束ごと、合意として成立していることなのだ。社会的な出来事を社会的な空間において理解し、位置づけ、他の出来事と関連をつけ、個人にどう関わるかを特定するための、一つの制度的な概念である。これを、「社会的な構成概念」という。したがって、「責任」を推定することは、すでにそれ自体が道徳的な判断なのである。「責任」の代わりに「功績 desert」の概念を用いて、あるべき配分の仕方を考えても同じことだ。

現代の平等論者は、これまでの多くの道徳哲学者とともに、この点を完全に間違えている。もしも責任が客観的に同定できるものであるならば、何を平等にすべきかという規範的判断を客観的な責任の有無に根拠づけることができるだろう。しかし、実際には、どこに誰の責任があるのかということそのものが、規範的な判断なのである。これは前に、センの基本的潜在能力の平等の理論においても、「満たされるべきニーズ」という概念がすでに規範的な判断を前提にしていたことと同様である。

このようにして、平等主義を運や責任概念と結びつけて構築するという企ては、必然的に失敗する。ロールズの格差原理の説明にあった「運の恣意性の道徳的無根拠性」を基点とする責任－平等主義は、一見、論理的な構築物に見えたものの、その実、砂上の楼閣にすぎなかったと言わざるをえないのである。*

＊　責任－平等主義には、ここで論じた以外にもさまざまな争点がある。やや好意的な検討を行っているものとしては井上彰「平等主義と責任」（二〇〇二年）を、そして厳しく論理的な欠陥を突いたものとして瀧川裕貴「〈平等〉の論理」（二〇〇六年）を挙げておきたい。

ところで、ロールズの平等論は、このような基礎づけ主義的平等主義とは次の点で大きく異なっている。まず第一に、ドゥオーキンの責任－平等主義は「責任」の有無を「何を平等化すべきか」に結びつけることによって、平等目標と平等理由とを一体化させており、これが魅力であると同時にその困難の原因にもなっているが、それに対してロールズの場合は、平等の理由は、「自由で平等な市民たちが自発的に社会的協働に参加するための公正な条件」という「正義」の理由に基づいているために、原理主義的な平等主義に陥ることを免れている。第二に、平等をうたっている格差原理は正義の第二原理に含まれているが、ロールズは「平等で最大可能な基本的自由」をうたっている第一原理が第二原理に優先すると述べている。したがって経済的富に関する狭い意味での平等の前に、まず基本的自由の平等が主張されているのである。そして第三に、平等において考慮されるべき「利益」は「基本財」からなっているが、基本財としてロールズが最も重視しているのは、「自尊心」である。したがって、責任－平等主義のようにスティグマや強制をもたらすような平等は、あらかじめロールズ理論からは排除されていると考えるべきなのである。

このように、ロールズにとって平等化すべきものとして重要なのは、「自由」や人々の「尊厳」であった。次章では、現代リベラリズムが「自由」や「尊厳」をどのように論じているかを考察することにしよう。

第6章　自由という価値の理由

自由という価値ほど、近代の社会理論において重要視されてきたものはない。平等主義を唱導したマルクスも、理想としての共産主義社会とは「個人の独創的で自由な発展」が実現されている社会として特徴づけている。あるいは、自由とはまったく無関係に原理主義的に宗教改革を推進したかに見えるルターにも『キリスト者の自由について』という小論文があって、そこでは「キリスト者はすべてのものの上に立つ自由な君主であって、何人にも従属しない」という命題が掲げられている（『新訳　キリスト者の自由・聖書への序言』岩波文庫）。それほど自由というのは、人々に訴えかける力の極めて強い価値なのだ。

自由の価値は、近代ではほとんど疑いえない自明のもののように見える。リベラリズムとはその「自由 liberty」を重視する立場であり、ロールズもまた、その正義の第一原理では人々が広範で平等な自由を享受すべきことを主張している。しかし、なぜそうなのか。ロールズ自身はそのことを前提にした上で立論している面があり、改めてなぜ自由なのかは説明されていない。

いったい、どのような自由を、どのような理由によって人々に保障することが望ましい社会なのか。それについてリベラリズムはどう考えているのか。本章では改めてそのことを問うことにしよう。

1　自己決定原理

生命倫理の因数分解

日本では生命倫理の問題は、一章で見たように脳死と臓器移植に焦点が当てられる傾向があったが、アメリカの場合、最大の問題は中絶の是非をめぐるものであった。そして、中絶問題への生命倫理の議論で、一時期盛んに論じられたのが「パーソン論」である。「パーソン論」とは、「人格を持った存在とは何か」という問いに答えることをめざす議論である。なぜ、そんな議論がこと新しく論じられたかといえば、「ヒト」の概念の定義を確立することができれば、「一般にヒトを殺してはならない」とするときの「ヒト」とは何かについての社会的合意が達成されるはずで、そうすれば人工中絶をめぐる厄介な論争に解決をもたらすことができるのではないかと期待されたからである。

この二〇～三〇年の間、アメリカでは人工中絶の是非が国論を二分するきわめてホットな政治的対立の争点であり続けてきた。毎回の大統領選挙や議会選挙でも主要な論点の一つであり、ちょうど日本における靖国問題や歴史認識問題と同じように、マスコミは好んでこの論点に関する政治家の言動を取り上げる傾向がある。その対立の激しさは異常なほど過熱しており、中絶手術を行った医師たちに対してさまざまな個人攻撃が行われて、なかには殺害された人さえあるほどだ（荻野美穂『中絶論争とアメリカ社会』（二〇〇一年）参照）。

パーソン論によってこの問題を解決しようとした論者たちは、中絶への反対が「胎児はヒトであり、胎児の生命を奪うことになる中絶は殺人行為に等しい」という論理から成り立っていると考えた。それなら、胎児（少なくとも、ある月齢以前の）はヒトではないということが論証できれば、中絶への反対論は根拠がなくなる。胎児がヒトではないならば、中絶という行為はある女性が自分の体をどう扱うかという問題の一つにすぎない。そして、自己の身体は、他の自己のさまざまな所有物と同様に、それをどう扱うかは純粋に本人の自由にゆだねられるべき問題になる。自己所有物の自己処分権という確立された一般規範を適用すれば、ヒトではない胎児の生命を奪うことになる中絶も、自由な選択にゆだねられるべきものとして許容される、という論理である。

バイオ・エシックス（生命倫理学）をタイトルとして出版された初期の書物のほとんどがこのパーソン論を主なテーマにしており、それらは「ヒト」と「ヒトでないもの」とを分かつさまざまな基準を提案してきた。しかし当然のことだが、このパーソン論の戦略はまったく成功していない。なぜなら、受精の瞬間から誕生するまでのどの時点で胎児がヒトではないものからヒトに変わるといえるのか、特定の時点を定める一義的に道理的ないかなる論拠もありえないからである。しかし、パーソン論が正しいかどうかがここでの問題ではない。重要なことは、パーソン論が有意義だと考えられた背景として「自己決定論」の前提が広く共有されていたことである。

今日の生命倫理をめぐるさまざまな議論において、「自己決定論」という論理ほど頻繁に活用されたり言及されたりしているものはない。というのも、複雑で解決困難に見える倫理上の問題に対してこの自己決定論という論理を適用することができるならば、あたかも因数分解を解くように、問題の複合性を単純な諸要素に分解することで全体の問題が解けるかのような威力を発揮するのではないかと期待されたからである。自己決定論とはすなわち、自己決定にゆだねられるべき領域を確定することによって、生命倫理という複雑な問題を、近代社会においてすでに一般的に確立された自由という理念に基づいて解こうとする理論的試みの総称にほかならない。そこにはむろん、できるだけ広い領域が自己決定にゆだねられることはいいことだ、という自由主義の基本前提があった。初期の生命倫理では、そうしたプロジェクトが盛んに進められてきたのである。*

＊　生命倫理をめぐる議論については、加藤尚武『脳死・クローン・遺伝子治療』（一九九九年）、加藤尚武『合意形成とルールの倫理学』（二〇〇二年）、加藤尚武・加茂直樹『生命倫理学を学ぶ人のために』（一九九八年）、岡本裕一朗『異議あり！生命・環境倫理学』（二〇〇二年）、シンガー『実践の倫理［新版］』（原書一九九三年、訳一九九九年）などの入門書がある。

危害原理と自己決定領域

こうした自己決定論のもとになっているのが、J・S・ミルの「危害原理」と呼ばれる考え方である。これは彼の『自由論』の中で次のように述べられている。

人間の行為の中で社会に従わなければならない部分は、他人に関係する部分だけである。**自分自身にだけ関係する行為**においては、彼の独立は、当然、絶対的である。彼自身に対しては、彼自身の体と精神に対しては、個人は主権者である（中公バックス『世界の名著　ベンサム・ミル』二二五頁）。

すなわち、人が自分自身にだけ関係する行為を為すことに対しては、他の誰もそして社会も干渉してはならない。それが、社会として望ましいあり方だというのである。他人に害を及ぼすかもしれない行為に対しては社会は禁止したり制限したりすることができるが、そうではない行為については、人は自分で決定する自由を持っている。この意味で、「危害原理」というよりむしろ「他人に関係しない行為に関する自己決定原理」という意味で「逆危害原理」と呼んだ方がいいだろう。そして、他人に関係しない行為に対して他人や社会が干渉することは、この原理の立場からは「パターナリズム」として強く非難されることになる。

これは非常に明快な理だ。異議をさしはさむ余地はまったくないように見える。しかし実は、この原理でもって問題を解決できることはほとんどない。とくに、論議のまととなるような社会的な倫理問題については、ミルの原理はほとんど無力なのだ。なぜそうなのかはすぐに分かることだが、少し説明しよう。

たとえば、クローン人間を造ってもいいかどうかという問題がある。*造ってもいいとする議論は、ある人が自分のクローンを造るという行為は、医師と自発的に提供された卵細胞と借り腹となる女性

（本人のこともある）の助けを借りるとはいえ、基本的に本人だけに関係する行為だと考え、それゆえにミルの原理に従ってその行為は当事者の自由選択にゆだねられるべきだと主張する。しかし、どちらかといえば多くの人はクローン人間に反対している。これは、危害原理の立場からすれば理屈が通らないことだろう。実際、最近の日本の倫理学者がクローン技術を論じたもののほとんどが、それを規制することには合理的な根拠がないことを強調している。それは、ここで危害原理が妥当すると考えてしまうからである。（同じ人が、ES細胞の医学的利用には反対することがある。これは、他人である医師や科学者が、学術上の名誉や商業目的という不純な理由で別の人のものや別の人そのものを利用することの倫理性を問題にするもので、やや異なる倫理的原理に関わっている。）

＊　クローンの問題については、Nussbaum and Sunstein『クローン、是か非か』（原書一九九八年、訳一九九九年）、加藤尚武『脳死・クローン・遺伝子治療』（一九九九年）、岡本裕一朗『異議あり！生命・環境倫理学』（二〇〇二年）、上村芳郎『クローン人間の倫理』（二〇〇三年）、などが参考になる。

確かに、なぜ反対かと聞かれてその根拠を理論的に展開できる人は少ないだろう。しかし、理論的な根拠があるかどうかとは別に、次の事実は明らかだ。つまり、多くの人は、誰かがクローン人間を造ることを「その人だけに関係する行為」だとはみなしてはいないということである。もしかして、これは単に多くの人が間違っているだけかもしれない。本当は、クローン人間を造ることはその人だけに関係することなのに、多くの人々にも関係することだと誤解しているだけかもしれない。しかし、いったい**誰がどのようにして**クローン人間を造ることがその人だけに関係することだと**決めることが**

できるのだろうか。

そもそも、「その人だけに関係する」とは、どのようなことをいうのか。これについてドゥオーキンは、リベラリズムを正当化する議論の中で、「外的選好」と「内的選好」の区別によって危害原理を補強しようとした。人はしばしば直接には自分自身に関係ない他人の状態について関心をいだき、好き嫌いの感覚を持つ。他人が自分とは異なる宗教を信じているのを「間違ったことだ」と考えたりするのが、その例だ。そうした、他人のことがらに関する選好判断を、外的選好という。そしてドゥオーキンは、外的選好は社会の望ましさや規範的原理を考察する上では考慮に入れられるべきではないと主張する。

しかしこの主張は、危害原理を根拠づけるものというよりはむしろ、それを支えるための概念区分を提示しただけのものだといわざるをえない。何が外的選好かの境界線はきわめて曖昧なのだ。たとえば、自分が忌み嫌う宗教を他人が信じるのがいやだと思うのは外的選好かもしれないが、その宗教に勧誘するポスターが街角に張ってあって目にはいるのはいやだというのは、はたして外的選好だろうか。ましてや自らとは異なるものを信じる者を殺戮することが正しいことだと信じているような宗教への介入を「外的選好」だという理由で禁ずるべきだとは必ずしも言えないだろう。

むろん、危害原理を受け入れたとしても、クローンの有力な反対論はある。何といっても、ある個人Aがクローン人間を造るということは一人の新しい人格Bを誕生させることなのだから、Aの行為は「Aだけに関係する行為」にはなっていない。ただ、これに対しては、「通常の仕方で子供を造る場合にも、親の行為が別の個人の誕生に関わっていて、しかもそれは許容されているのだから、クローンだけが禁止される理由はない」というクローン擁護論がある。それはそれで一つの議論だが、この場合、危害原理はクローン擁護の理由として用いられていないことに注意しなければならない。むしろ、クローンを「その人だけに関係する行為**ではない**」と認めた上での議論なのである。

いずれにしても、ここに次の問題があることは明らかだ。すなわち、一般に、どのような行為が、その人だけに関係する行為なのか？　そのことは、誰がどのようにして決めるのか？　自己決定原理や危害原理にとっては、これが客観的に定められるということが大前提である。しかし、まだ誰も、そうした客観的な基準を示すことに成功していない。

実は、これと同じ問題が、「それぞれの個人の固有の権利」という概念についても生じる。ノージックに代表されるリバタリアンの論者たちは、すべての個人には何らかの不可侵の権利領域というものがある、と考える。たとえば、自己の所有する財産の管理権と自由処分権であり、あるいは、自己の身体に関する自己管理権である。そうした固有の権利領域に対して他人の介入が許されたり、その一部を他人に譲渡することができるのは、唯一、当該本人の完全に自発的な同意があるときだけだ、と考える。

この議論もきわめて単純でわかりやすい。社会的空間が一人一人の固有の不可侵領域に画然と区分されていて、同意という手続きを通じてのみ領域変更が許される。個人主義の極致とも言うべき理論構成である。しかしこの議論は、「何が各人の固有の不可侵領域か」が確実に定まっていることを前提にしている。それについてリバタリアンの多くは、一七世紀後半の思想家ロックにならって、その中核にあるのは、正当に所有されている土地とその上に個人の労働を働きかけることによってえられる生産物だと考える。いわば「自立農民だけからなる共同体」がこの理論を支える社会モデルである。しかし、この前提は成立しない。まず、「正当な土地所有」が、歴史的に正当化されにくい。人類の始源からずっと正当な原初的所有と正当な移転とだけで今日の土地所有が形成されたと考えることはできないからだ。次に、土地の所有者と土地に対して働きかける労働者とが別人であるような「小作農」が存在する場合、土地からの生産物をどう分配すべきかについて、リバタリアン原理は何も語れない。この困難は、現代の一般的な生産活動ではますます大きくなる。われわれの社会は、きわめて複雑な経済組織からなっている。それぞれの生産物は多数の人々の「共同生産 joint production」によって生産されている。共同生産された財やサービスに関しては、一人一人の固有の不可侵領域に分割するなどということは、そもそもできない相談なのだ。

生命倫理におけるパーソン論と規範的社会理論としてのリバタリアン哲学とは、一九七〇年代のアメリカを中心に展開されて脚光を浴びてきた、ともに、一種の原理主義的な個人主義理論である。ある意味で、多元主義的に複雑化した現代社会が抱える困難な倫理問題に対して、近代社会理論の初発の原理原則に立ち戻って答えを与えようとした試みだといえるだろう。これらの理論は、「何がその人だけに関係する行為か」「何が固有の不可侵領域か」について、紛れのない答えが存在することを前提にしている。しかし、この前提は決して成立しえないのである。

2　センのリベラル・パラドックスとその意味

自己決定原理の問題を別の角度から考えてみよう。

平等論や貧困の問題への理論的貢献でノーベル経済学賞を受賞したアマルティア・センの若い頃の業績に「リベラル・パラドックス」の定理がある。（『合理的な愚か者』（一九八九年）に主要論文が収められている。）これは一般的にはアローの不可能性定理の延長上にあって、社会的決定を論理的に導出することが不可能であることを示すもう一つの定理だと理解されている。それはそれで間違いないのだが、この定理とそれをめぐる論争を吟味してみると、自己決定領域を設定するという考え方に潜む問題が浮かび上がってくる。

チャタレイ夫人の恋人

センの定理は、二人以上の人に自己決定領域を認めると、社会的決定を導きだすような一般的な方式が存在しないというものだが、この内容をセン自身が用いている例を使って説明しよう。

謹厳な道徳家のA氏と好色家のB氏とがいて、二人のうち誰がD・H・ロレンスの『チャタレイ夫人の恋人』を読むべきかあるいは誰も読むべきではないか。これが社会的に決定されるべき事柄だとする。謹厳なA氏は、どちらも読むべきではないが、もしどちらかが読まなければならないとしたら、好色家のB氏に読ませると害が大きいので自分が読んだ方がましだと考えている。他方、B氏はどちらも読むべきだが、もし一人しか読めないのであれば、自分よりも道徳家のA氏に読ませた方が社会のためになると考えている。(どちらも、相手のことを意識して自分の素直な好みとは逆を選好していることに注意されたい。)

センはあらかじめ「二人ともが読む」という可能性を排除して話を進めているので、ありうべき社会状態は、次の三種類になる。(「ともに読む」を選択肢に加えても、話の根幹に変わりはない。)

x：A氏だけが読む。
y：B氏だけが読む。
z：両氏とも読まない。

この三つの社会状態に関して、仮定より、A氏とB氏の選好順序は次のようになっている。(上にある社会状態の方がより強く選好されている。)

A氏：z、x、y
B氏：x、y、z

アローの場合と同様、ここでの問題は、このような二人の個人の選好順序が与えられたときに、どのようにして社会的な単一の選好順序を導き出すことができるか、ということである。つまり、A氏とB氏に共通に妥当すべき社会状態の順序を定めることが、社会的決定の問題である。
ここで、センは次の条件を設ける。

（1）（非循環性）　社会的な選好順序は、循環的であってはならない。

（2）（パレート原理）　二つの社会状態の順序について、全員の選好が一致しているならば、社会的決定もそれに一致しなければならない。

（3）（個人選好の無制約性）　どのような個人的選好順序の組み合わせに対しても、社会的な選好順序が決定されなければならない。

これらの条件は、アローの場合とよく似ているが、それよりも緩やかなものになっている。具体的に言えば、「非独裁性」の条件と「無関連選択肢からの独立性」の条件とが除かれている。ただし、それらのかわりにセンの定理には、「リベラル」を表す次の条件が設定される。

（4）（リベラル条件）　自己の選好順序にしたがって社会的な選好順序が定まるような二つの社会状態の組を、少なくとも一つは持っているような個人が二人以上いる。これはこの二人にとってそれぞれの「自己決定領域」になり、これらの対に関する社会的な選好順序は当該個人の選好順序にしたがわなければならない。

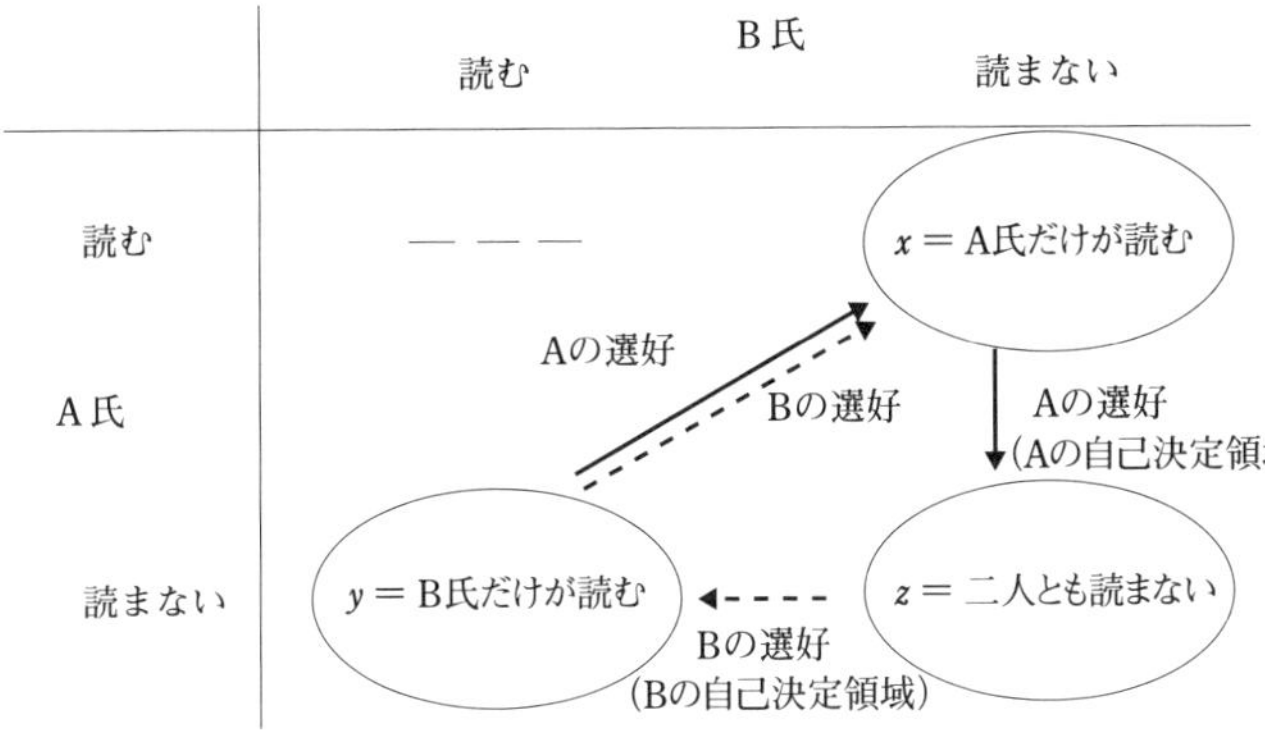

図6－1　リベラル・パラドックス

この条件の意味を、いまの『チャタレイ夫人の恋人』の例で説明しよう。A氏とB氏とが直面している可能な社会状態の集合は、**図6－1**のように表される。矢印は、矢先にある方がより選好されるという形で、それぞれの選好順序を示している。

ここで、リベラル条件（4）を満たすような二人の「自己決定領域」が次のようになっているとする。まずA氏については「xとz」の間の選択が自己決定できるとする。なぜなら、xとzとの違いはA氏が読むか読まないかだけの違いで、B氏の状態には変化がないからである。同じ理由で、B氏については「zとy」の間の選択を自己決定領域とする。これらは図においてはそれぞれ実線と破線とで示されている。センのいう「リベラル条件」とは、こうした「自己決定領域」を社会的選択の中に明示的に埋め込むということである。（ただし、センの条件は非常に緩やかで、成員が三人以上いる場合でもその中の二人だけに「自己決定領域」としての順序対が設けられればよい。）

このように、A氏とB氏とに自己決定権のある順序対を認めると、図6－1から分かるように、$x \to z \to y$という社会的順序がえられる。ところが、yからxへは二本の矢印が存在している。これは、A氏もB氏もともに「yよりはx」を選好していることを表している。yとxについては全員（二人）の選好が一致しているのである。したがって条件（2）（パレート原理）によって、この順序は社会的順序にも反映されなければならない。

しかし、これらをつなげると「$x \to z \to y \to x$」という循環が生じてしまう（条件（1）に反する）。これが「リベラル・パラドックス」である。センが証明したのは次のような一般的な定理である。

センの定理：条件（1）から（4）をすべて満たすような社会的決定関数は存在しない。

誤解を避けるために二点ほど説明を加えておこう。まず、この定理は、ある特定の個人的選好順序の組み合わせに対してなら、条件（2）と条件（4）をみたして無循環な社会的順序を導出するような社会的決定関数が存在しうることを排除していない。実際、図6－1で、もしもxとyに関する二人の選好がともに逆方向だったら、「$y \to z \to x$」という社会的順序がすなおに導けるだろう。この定理が「存在しない」と言っているのは、「どんな個人的選好順序の組み合わせに対しても、必ず無循環な社会的順序を導き出すことのできるような社会的決定関数」なのである。

次になぜ循環が生じるとまずいのかと言えば、循環があると単一の社会的決定がえられないからである。このことは図6－1でよく分かる。もっとも、可能な社会状態の数が四個以上ある場合、下位の方で循環が生じても、単一の最上位の状態が選ばれれば問題はないのではないかと思われるかもしれない。しかし、ある個人的選好順序の組み合わせに対して下位の方で循環を生じさせてしまうような社会的決定関数は、別のある組み合わせに対して上位の方や全体で循環を生じさせてしまうことになるので、やはり循環はどこで生じてもよくない。

どのようにしたらパラドックスは解消できるか？

自己決定領域を認めてしまうと社会的決定ができない。センの定理はそう述べている。これは、極端な自己決定論者にとってだけでなく、漫然と「自由」が大切だと考えてきた社会理論家にとって衝撃的な定理であった。そのため、この定理が発表されてからの二、三年の間に、多くの論者がこの定理をめぐってさまざまな議論を展開した。おおかたの関心の焦点は、センの四つの条件のうち、どれかを緩めることによって、なんとかして循環のない社会的順序を導き出して、社会的決定を可能にしようということにあった。

もしも問題の焦点をここに置くならば、条件（1）の非循環性の堅持は前提として動かさないとして、可能な解決策は三つである。すなわち、条件（2）のパレート原理を緩めるか、条件（3）の定義域の無限定性を緩めるか、それとも条件（4）のリベラル条件を緩めるかである。

リベラル条件を緩めるということは、図6－1では、二本の太線の矢印のうち少なくとも一つを無視して社会的順序づけを作るということである。もしもA氏の自己決定権を考慮しなければ、「$z \to y \to x$」という非循環の順序がえられる。同様に、もしもB氏の自己決定権を消去すると、「$y \to x \to z$」という社会的順序がえられる。論者の中には、センのリベラル条件の「自己決定領域」を無差別に適用するのではなく、その実際の中身によっては、社会的順序の構成の条件からはずしていいものがあるだろうと考えた人がいる。確かに、何を自己決定領域としての権利に認めるべきかについては大いに議論の余地がある。しかし、だからといってパラドックスの解消にはつながらない。リベラル条件は、中身についてまったく問題のないような自己決定領域を設定するならば、という条件として読めるからである。

これとは逆に、リベラル条件を緩めるなどとんでもない、自己決定権は絶対不可侵の前提である、という観点から議論してきたのが、かのノージックである。彼は個人の権利はあらゆる社会的決定の絶対的前提なのであって、社会的決定はこうした個人の権利によって制約された範囲内でのみなされるのだ、と述べる。この考えをチャタレイ夫人の恋人の例に適用すれば、A氏の「読まない」という個人的権利とB氏の「読む」という個人的権利とがともに守られるという前提の上で、社会状態の選択を考えるということになる。この場合、この二つの権利条件を充足するのは y（A氏は読まず、B氏が読む）という選択肢しかないので、結局 y が社会的に選択されることになる。ノージックの主張は、ある意味では条件（3）を緩めて、選択の範囲をあらかじめ狭めるということを意味している。

ノージックはこの主張を、「もし私にニューヨークかマサチューセッツのどちらかに住むことを選ぶ権利があり、私がマサチューセッツの方を選んだとするなら、ニューヨークに私が住んでいればどうなったかといった選択肢は、社会的順序の構成要素となるのにふさわしい対象ではなくなる」というたとえ話で述べている。これに対してセンは次のように反論している。「もし私［セン］が（他の事情を所与としておいて）ノージックに当人が住みたいところを決めさせるような社会がよりよい社会であると考えているなら、本人の希望通りマサチューセッツに住むことを彼が許されている状態の方が社会的により望ましい、と主張するはずである」と（『合理的な愚か者』訳七一～七二頁）。つまり、どういう自己決定領域を設けるべきかということそのものが社会の望ましさのテーマだというのである。

しかしこの反論は、おそらくセン自身が考えている以上に重い意味を持っている。それは端的に「どこに誰の自己決定領域が認められるか否かということ自体が、一つの社会状態だ」ということを述べているのである。つまり、当初は「ノージックがNYに住む」「ノージックがMAに住む」という二つの選択肢だけであったかに見えたものが、さらに「ノージックがNYに住むかMAに住むかは彼の自己決定領域に属す、属さない」というメタ的な社会状態が設定されるのである。一般化して言えば、「決定権が誰に属すか」が社会状態の構成要素として追加される。この延長上で考えると、さらにさまざまな「権利」や「義務」や「決定手続き」などがいくらでも追加されうる。「権利を決定する権利」「権利を決定する権利を決定する権利」……と続けられる。

むろん、これは半分冗談である。しかし、実質的な意味は重大だ。というのは、このことは「ある所与の社会状態の集合に対して、社会的な順序を定める」という社会的選択理論の基本構図がそもそもフィクションにすぎないことを明らかにしているからである。もともと「所与の社会状態の集合」などというものの想定が実際の社会にとっては意味をなさないのだ。

しかし、この点には立ち入らないようにしよう。はっきりしていることは、もしもノージックのように自己決定領域なるものが確固として設定できると考えるならば、センのリベラル・パラドックスのようなものは存在しなくなるか、あるいはもし存在したとしても、ノージックの観点からは瑣末なパラドックスでしかない、ということである。

センの解決策とそのトリック

それに対して、セン自身がパラドックスの解消方法として提案しているのは、条件（2）のパレート原理を緩めることである。条件（2）は、二つの選択肢の選好順序が全員同じならば、社会的順序はそれを反映すべきだ、と規定している。その意味ではむしろ「全員一致原理」と呼んだ方が分かりやすい。彼は、「全員一致原理の適用を回避して社会的決定を可能にするために、**自らの選好順序を修正する用意のあるような個人**が存在することが望ましい」と主張する。すなわち、「自分の選好全体の中で、各個人にあてがわれた「保護領域」〔＝自己決定領域〕に関するすべての人びとの選好と組み合わせても矛盾が生じない部分についてだけ、自分の選好が考慮の対象として数えられることを望んでいる個人」（『合理的な愚か者』訳八九〜九〇頁）が存在することが、望ましい解決策だというのである。これは「矛盾が生じる部分については、自分の選好が社会的決定において重きをなさなくてもよい」と考えているような個人である。センはこのような個人を「他人の権利を尊重する個人」と呼び、このような個人が一人でも存在するならば、条件（2）〜（4）をみたしてかつ非循環な社会的順序をもたらすような社会的決定関数が存在しうることを証明した。

これに基づいてセンは、全員一致原理を絶対不可侵と見なすことによって不都合が生じることを「パレート伝染病」と呼び、その蔓延を防いで適切な社会的決定をうるためには「他人の権利を尊重する個人」の存在こそが重要なのだと力説した。

このセンの解決策は、「他人の権利を尊重するという公共的精神の持ち主であるような個人の存在こそが、お互いの権利を尊重した上での社会的決定という公共的価値の実現を可能にする」ことを意味しているかのように見える。センはそう解釈されることを意図している。しかし、この解釈には問題がある。次の二つのトリックに気づいてほしい。

第一に、ここで「他人の権利を尊重する個人」というのは、実質的には、「社会的決定のために自分の選好を抑制することを辞さない個人」である。これは確かに一つの個人的な徳ではあるが、そのような個人を想定することは、集合的決定のために自分を抑制する個人を想定することであり、そもそも任意の所与の個人的選好の組み合わせに対して社会的決定を導くという社会的選択理論の基本的問題設定を無意味にしてしまうものだ。

第二に、ここでは「誰が、他人のどのような権利を尊重するか」が何ら特定化されていない。チャタレイ夫人の例では、他人の権利を尊重するのがA氏であってもB氏であっても、センの解決策は「B氏だけが読む」を帰結する。結果としては、ノージックの主張と同一だが、理由は異なっている。ノージックと同じということは自己決定を尊重した結果になるのでセンの解決策はもっともらしく見える。しかしそう思えるのは、問題が「D・H・ロレンスの書いた、論議の的にはなっているが世評の高い小説を読むか否か」だからである。われわれがすでにこの小説は読むのを禁止すべきではないという規範のもとで考えているからこそ、センの解決策が良いことのように思えるのである。もしもA氏とB氏とでもめているのがこの問題ではなくて、「麻薬を吸うか否か」「動物を虐待するか否か」「クローン人間を造るか否か」などだったらどうだろうか。「B氏だけがそれをする」という選択が望ましいとは言えないだろう。

コンパートメント化の思想

センのリベラル・パラドックスに直面した論者たちの多くは「いかにしたらパラドックスを解消することができるか」という問題に焦点を当てて議論を展開した。それは、知的な探求としては面白いかもしれないが、それ自体が規範的原理の問題の探求に直接につながっていると考えるのは間違いだ。社会的選択理論の問題設定はきわめて形式的な構図の上に立てられている。その理論を構成している社会状態、個人選好、自己決定領域などの諸概念はきわめて抽象的なもので、それらの中身は何ら特定化されていない。したがって、この構図の上で問題を立てて解決するということは、論理パズルを解くようなことと変わらない。とくに、ここでかりに循環のない社会的順序の成立可能性が導出されたとしても、それは、社会的決定を導く**形式的なアルゴリズム**が見つかったことを意味するにすぎないのである。つまり、社会状態についての個人の選好順序のようなものを「データ」としてインプットすれば、自動的に何か「正しい社会的決定」をアウトプットしてくれるようなコンピュータ・プログラムである。アローの不可能性定理やセンの定理は、そうしたプログラムが存在しないことを教えてくれている。それはむしろ歓迎すべき発見だと考えるべきだろう。

したがって、センのリベラル・パラドックスに直面して、多くの論者のように、何かそれを解消する仕方はないものかと苦慮する必要はまったくない。むしろ、次のように考えるべきなのだ。すなわち、自己決定領域や全員一致原理がただ形式的に設定されているような構図のもとでは、われわれは納得しうる社会的決定に至ることは決してできないということが示されているのだと。リベラル・パラドックスが意味しているのは、われわれはいつどこでも妥当するような形式的な理論でもって望ましい社会的決定を導き出すことはできない、ということなのである。

センの定理に関してさらに重要なことは、その内部で前提とされている諸条件は、現実のわれわれにとっては前提ではないということである。すなわち何を誰の自己決定領域として承認すべきかという問題それ自体、全員一致原理はどのようなときにどの程度遵守されるべきかという問題それ自体、そして、人びとの個人的選好はいつどの程度尊重されるべきかという問題それ自体、これらがすべて**社会的選択の対象そのもの**なのである。センはからずも「もし私がノージックに当人が住みたいところを決めさせるような社会がよりよい社会であると考えているなら」と述べているが、このことは、「誰に何の自己決定権を認めるべきか」ということそれ自体が人々の「選好」の対象であり、したがってまた社会的に決定されるべきものであることを意味しているのである。

実は、このような自己決定領域をめぐる問題の構図は、前章で見た「責任－平等主義」がはらんでいる問題とパラレルである。責任－平等主義は、社会における人々の状態が環境によって生じている部分と自己責任によって生じている部分とに分割できることを前提にしていた。その分割は、**客観的に与えられうる**もので、それについてはあらためて**社会的に決定する必要のない**ものであった。したがって、社会としては、人々の責任領域に属さない環境による帰結や過酷な不運の結果に対して補償すればいい。これが責任－平等主義の基本構造であった。

自己決定論もまた、社会的世界はあらかじめ自己決定領域とそうでない領域として**一義的**に分割できると考えている。その前提のもとで自己決定領域に属す事柄については、他人や社会は介入すべきではないと主張する。

両者に共通しているのは、**コンパートメント化の思想**ともいうべき考え方である。これは社会には個々の個人が自由に責任を持つべき自己決定領域というものがあらかじめ決まっているのだから規範的社会理論はそうした自己決定領域を発見し、その事実に基づいて規範的原理を構築することができるという考え方である。社会理論の仕事は、何が個人領域に属すかを正しく認識するとともに、個人領域への不当な干渉を規制し、個人的に解決できない問題については社会が責任を持つ、というのである。

こうしたコンパートメント化の思想は、一九七〇年代以降のアメリカの社会理論家たちに広く浸透している。リバタリアンたちだけでなく、危害原理を奉じる自己決定論者、そして多くのリベラリズムの論者たちに共通している。確かに、ある意味でそれは、とくに次章以降で検討する多元主義的状況に対する一つの解答の試みではあるだろう。ちょうど、かつて宗教戦争の後にウェストファリア条約によって西ヨーロッパ世界を主権国家という単位で区画し、国家の内部における宗教問題についてはその自治を承認しつつ、内政不干渉の原則によって、宗教問題を国家間の対立の争点にはしないとした解決策にきわめてよく似ている。この発想を、国家レベルではなく個人レベルに適用しようとするのが、コンパートメント化の思想である。

しかし、今日ではこの主権国民国家からなる区画された世界という見方はまったくあてはまらなくなっている。その理由は、簡単に言えば、われわれは他の国家や社会の内部で起こっていることに対して、多大の関心を持つようになったし、関心を持つべきだと考えられる、ということである。たんに、経済的あるいは軍事的な状況だけではなく貧困や人権などの社会的文化的な状況についてもそうなのである。

同じこと、いやそれ以上のことが、個人レベルについて言える。個人レベルでのコンパートメント化はもともと無効なのだ。何が「自分だけに関係すること」であって何が個人の自己裁量領域に属すか、あるいは何が個人の責任範囲に属すかは、あらかじめ与えられているのではなく、社会が決めることなのである。より正確に言えば、われわれはまず、何に関して他人や社会は介入すべきではないか、あるいは、何に関して個人を罰したり讃えたりすべきかを考え、それによって自己決定領域なるものや責任範囲なるものを制度的に定めるのである。

「権利」や「責任」もそうだ。すべてこれらは**制度的理念**を表す言葉であって、ある意味で、われわれ人間が勝手に創り出し、それによって自分たちの社会を秩序づけてきたものである。決してあらかじめ自然的に決まっているものではないのである。

3　リベラリズムと三つの自由

自由の意味と理由

しかし、現代において自由が重要な価値を持つことは疑う余地もない。ただ、右で述べたように、どういう自由がわれわれに認められるべきであるかは、われわれ自身が決めるべき課題であって、決して外から与えられるものではない。そして、それぞれの自由の主張には理由がなければならない。リベラリズムにしても、その名称が現しているように「自由 Liberty」が中核的な価値である以上、それをどう理由づけているかが問われることになる。何らかの自由を制度的に確立するということは、その侵犯を抑止して実際の侵犯行為を処罰する政治権力を確立することだから、そこには十分な理由がなければならない。

ヨーロッパ社会では、ルターに見られるように「自由」の重要性は古くから広範な人々によって自明のように認められてきた。そうした「自由」の重要視は、もとをたどれば、古代ギリシャ世界にまで遡ることができる。そこでは、社会を構成するにふさわしい人間の第一義的な特徴は、「奴隷」ではなく「自由人」であることであった。ペルシャとの戦いも、「専制」に対する「自由」の戦いと意義づけられていた。すでに述べたように、アリストテレスはペロポネソス戦争時代の民主主義派の主張の中に、「自由という点で等しいものは等しく扱われるべきだ」という形の平等主義を見出している。当時においてすでに「自由であること」には重要な意味が設定されていたのである。

しかし、ソクラテスやプラトンがそれほど「自由」を説いたわけではない。アリストテレスも自分自身の議論として「自由」の価値を主張してはいない。やはり、自由の第一義性は近代になって確立されたものだ。いうまでもなく、日本や中国の伝統的な社会思想には、自由を説いたものを見つけることは難しい。自由という語は古代中国から使われてはいるが、単に「思うままに振る舞うこと」という意味であって、今日のような社会的な価値は託されていない。今日の「自由」は、liberty や freedom あるいは Freiheit の訳語として明治以降に広まったものである。

近代において「自由」が熱く語られてきた背景には、知識層がそれ以前におけるカトリック教会による思想統制や封建的政治体制からの解放をめざしていたことが大きいだろう。それは明治の日本の青年たちにとっても同様であった。社会の合理的な秩序づけの理論をめざした近代初期の思想では、「自由」は「自然権」として理由づけられる傾向があった。ホッブズやロックがそうである。これは今日でもノージックを始めとするリバタリアンたちによって受け継がれている。また、それとは違って、カントやヘーゲルのようなドイツ観念論の伝統では、いわば「内的必然として」の「自由」が理由づけられている。すなわち、自由意志をもった理性的で道徳的な存在であることの証として個人は「自由」だというのだ。（カントの道徳哲学における自由の意味については、「人倫の形而上学の基礎づけ」「人倫の形而上学　第二部徳論」（中公バックス『世界の名著　カント』所収）を参照されたい。）

今日のリベラリズムをめぐる議論においても、こうした自由のさまざまな理由づけの仕方が陰に陽に援用されている。本来ならば、そうした理由づけを丁寧に検討すべきだろうが、ここでは現代リベラリズムの理論構図を理解する上で必要最小限の考察にとどめることにしたい。

三つの自由

まず重要なことは、「自由」にはさまざまな内容と理由づけがあるということだ。たとえば、ある種のリベラリズムでは、自由とはもっぱら自己決定権のことをさしている。他方では、自由という言葉でむしろ思想信条の自由や政治的自由のことを中心に考えていることもある。これは宗教的寛容や多文化主義とも密接に関連している。さらにもう一つ、自由が主として個人の自律性のことを意味していることもある。

とりあえず、「自由」の内容概念を大きく次の三つに分けて考えることが適切だろう。

（1）拘束からの自由
（2）自律としての自由
（3）開かれた自由

いうまでもなく、この分類は暫定的なものである。そのことに注意した上でこれら三つの概念の特徴を説明していこう。

拘束からの自由というのは、「二つの自由概念」のバーリン（『自由論』）のいう「消極的自由」つまり社会や他者によって制約されていないという意味での自由である。自己決定原理や危害原理でもって意味されている自由であり、センの『チャタレイ夫人の恋人』のたとえ話は、この意味での自由に対応している。ある人がどんな小説を読むか読まないかは、あたかも朝食をパンにするかご飯にするかと同じように、その人の自己決定権の範囲に属することだと考える。

リバタリアニズムにおける「自由」の概念が、おおむねこの拘束からの自由であることはいうまでもないが、リベラリズムの中にも広く浸透している。現代リベラリズム思想の多くは、「各人の善き生の構想」が自律的であることに大きな価値を置き、それに対して、社会がパターナリスティックに介入することは正しくないと考える傾向がある。そこでは、それぞれの個人の善の構想がどんなものであれ、危害原理に抵触しないものである限り、それを追求することを可能にし支えることが社会の第一義的な道徳的責務であると考えられるのである。こうしたリベラリズムにとって、拘束からの自由が重要だと見なされるのは、ミルの危害原理の定式化にあるように、「自分自身のことに関しては当の個人が主権者だ」と考えられるからである。当人のことがらについて、当人ではない他人や社会が当人のためにより良い判断ができるという保証はないという**「主権的自己」**の考えが基盤にある。それらに対して介入するのは**パターナリズム**であり間違っている。この上で、さらに「存在するのは個人のみであって、社会の望ましさは個人の状態だけに依存する」というベンサム流の個人主義に基づいて考えると、拘束からの自由を保証することが社会の規範的原理の中心をなすはずだということになる。

拘束からの自由を重視する観点は、先に述べたコンパートメント化の思想ときわめて親近性が高い。とりわけ、人々には本来何ものによっても侵すことのできない固有の「権利」が存在しており、そうした権利が擁護され保証されることが社会の望ましさにとってきわめて重要なことだという「権利基底主義」は、現代リベラリズムの主要テーゼの一つをなしている。

これに対して**自律としての自由**を説く代表的論者にJ・ラズがいる。彼は、「自律性は自己創造self-creation の理念である」、「自律的な個人 person はある程度まで彼自らの人生の著者である。彼の人生は、ある程度まで、彼自身の製作になるものである」として、個人の自律性が人にとっての第一義的な価値だと主張する。ラズにとって道徳的に第一義的な価値は、「自己創造」や「自らの人生の著者であること」、つまり、個人的な徳性や卓越を追究することである。したがって、そうした個人の自律した活動をいかにして可能にし、支えていくかという観点から社会制度についての規範的原理が組み立てられていくことになる。つまり、この自律性にとって、社会的および政治的な自由はもっとも基底的な条件をなしており、それゆえ、それ自体として内在的価値を有するのだという（Raz 1986）。

ここから分かるように、自律としての自由の考えは、単なる拘束からの自由とは次の点で明確に異なっている。すなわち、拘束からの自由の場合には、個人の善の構想はその中身が何であれ無条件に尊重されなければならないのに対して、自律としての自由では、善の構想の良さを問題にしているのである。個人が道徳的あるいはその他の点での徳性（virtue）を涵養することに大きな価値をおく道徳理論を「**卓越主義**（あるいは完成主義）perfectionism」と呼ぶ。自律としての自由の考えは、卓越主義の一種である。

『正義論』におけるロールズを始めとして現代リベラリズムの論者には、卓越主義をリベラリズムとは異なったものと見る傾向がある。それは、卓越主義が明らかに「個人の生き方」に介入することを許すパターナリスティックな理論であって、個人の生き方の自律性を重視するリベラリズムとは相容れないように思われるからである。

しかし、ラズのように個人の自律性を尊重することが、単にあるがままの個人の生き方ではなくて、**あるべき**個人の生き方を尊重することになっているタイプのリベラリズムの理論は、決して少なくない。

たとえば日本のリベラリズムを代表する論客、井上達夫も次のような「自己解釈的存在」としての自我論を展開しているが、それは明らかに卓越主義的である。

私の自律性は次のような、原理的に転嫁不可能な「双子の責任」を果たす能力に存する。すなわち、選ばない自由が自分にあるとは思えないが故に、自由に選んだとも主張できないような自己の生の指導価値を解釈・追求する責任を、自己解釈を通じて遂行する能力と、自己を知る責任をかかる価値の解釈を通じて遂行する能力である（『他者への自由』一五九頁）。

井上は、このような自律性を「解釈的自律性」とよび、解釈的自律性を尊重するリベラリズムを「逞しきリベラリズム」と呼ぶのだが、ここには、リベラリズムの一つの理想像が魅力的にそして高らかにうたわれているといえるだろう。とくに、「責任」という言葉が巧妙に使われていることに注意して欲しい。ここで「責任」とは、個人を超えた価値に個人を関係づける概念である。自律としての自由の理念は、暗黙のうちに、個人を越えてより高次に位置する何らかの価値に向けられているのである。

なお、このように道徳的責任と自由を密接不可分なものとして考えるのは、哲学ではしばしばみられることだ。理論的にはカントの道徳哲学が、個人が道徳的に振る舞うことは「道徳法則」および「内的必然」にしたがうことであって、それは同時に、それ自体が本来的な「自由」だと考えたことが有名である。「必然」と「自由」とが結びつけられるのには、やや論理的なトリックがあるものの、自由と道徳性との結びつきはおかしいものではない。前章で触れたように、われわれは日常的にも責任を取りうる主体はもともと自由な存在でなければならないし、逆に、自由には責任が伴うものだと考えている。近代社会においては、道徳的および法的な責任主体は自由な個人であることが想定されているのである。したがって、自律としての自由という考えは、われわれの日常的な道徳的思考とよく合致したものだといえるだろう。

しかし、同じリベラリズムといっても、尊重されるべき自由が拘束からの自由なのかそれとも自律としての自由なのかの違いは、社会がとるべき規範的原理の内容に大きな相違をもたらすものである。それはとくに、政府あるいは社会がどの程度個人に介入することが許されるかという点をめぐって鋭く対立する。拘束からの自由を第一に考えると、危害原理によって制約されるのでない限り、個人の生き方に社会が介入するのは望ましいことではない。それは「パターナリズム」だと非難の対象になる。それに対して、自律としての自由を第一に考えると、人々が「自らの自律的な徳性を高める」ために社会が積極的に介入することはむしろ望ましい。社会は、人々が「自らの人生の著者」になるような生き方をとりうるように支援すべきだということになる。

最後に、**開かれた自由**とは、まずもって「良心の自由」とよばれ、制度的には「思想信条の自由」と「政治的自由」あるいは「寛容」によって表される自由である。良心とは、個人が自ら信ずるものに従いつつ理性の力によって自律して規範的な判断を行う心の働きである。開かれた自由の主張は、人々のそうした心の働きが社会によって妨げられたり抑圧されたりしてはならないこと、したがって、思想信条や政治的主張のゆえに個人を罰したり、一定の方向に強制したりしてはならないことを意味している。

開かれた自由は、今日の多くの立憲的政治体制の根幹をなす制度規範としてすでに広く確立されており、必ずしも現代リベラリズムに特有のものだとはいえない。コミュニタリアニズムが開かれた自由を重視していないわけではない。もともと「リベラル」という言葉が「寛容」を意味していることから分かるように、古典的リベラリズムとはまずもってこの開かれた自由を主張するものであった。そして、その思想的出自は、今日のリベラリズムが多文化状況に対してやはり「寛容」を重視した議論を展開していることに引き継がれている。

この開かれた自由は、拘束からの自由および自律としての自由と、次の点で微妙に異なっている。第一に、開かれた自由は人々がそれぞれのしかたで宗教的あるいは道徳的な信念を生きている存在であることを前提としている。開かれていることの中心にあるのは、良心の基盤となるような異なる信念に対して開かれていることである。これに対して、拘束からの自由が考えているのは、すべてのあるがままの善の構想であり、そこには良心に支えられているとは言えない利己的な生き方も含まれる。また、自律としての自由は、良心の内容について開かれた自由よりも介入主義的だということができる。

第二に、社会制度が保証すべき社会的自由の焦点が異なってくる。開かれた自由はいうまでもなく、古典的な政治的自由や宗教・思想・学問の自由に焦点がある。人々が自らの良心に従って生きることを最大限に保証することが、規範的原理の第一条件をなす。他方、拘束からの自由では、各人がそれぞれの善の構想を自由に追求することを最大限に保証することが眼目になる。それは、政治的および宗教的自由よりもはるかに広範な社会的自由を要求し、政府あるいは社会からのパターナリスティックな介入をできるだけ排除しようとする。そして逆に、自律としての自由は、社会があるタイプの信念を涵養するために介入することを容認するばかりでなく、むしろ積極的に支持するものになる。

以上のように、リベラリズムが自由の価値を擁護しようとする思想であるといっても、その自由は単一ではない。それらは人々の生の善さにとって不可欠のものであって、それを擁護することが社会の最も重要な道徳的責務だと考えられている点で共通であるが、どのような自由かという点では異なっている。この違いは、人々の生の善さにとっていかなる自由が最も本質的に重要であるかについての考えの違いによるものである。

三つの自由と規範的原理

ロールズの正義の第一原理は基本的自由が平等にかつ最も広く保証されるべきことをうたっているが、その基本的自由の中心におかれているのは実は「良心の自由」である。つまり、ロールズが社会の規範的原理として最も重視しているのは、拘束からの自由や社会経済的な平等ではなくて、開かれた自由なのである。

ロールズは原初状態における正義の原理の選択について、「［当事者たちは］自分の宗教的道徳的確信が何であるかとか、彼らの解釈する自分の道徳的、宗教的責務の特定の内容が何であるかを、知らない。［中略］さらに、当事者は、自分の宗教的、道徳的見解が社会の中でどうなっているかを、たとえば、多数派の中にあるのか、それとも少数派の中にあるかを、知らない」と設定した上で、「彼らが決すべき問題は、基本的な宗教的、道徳的、哲学的関心に関する市民の自由を規制するために、どの原理を採用すべきかということなのである」と問うのである。そして次のように述べている。

〔良心の平等な自由〕は正義に関するわれわれの熟慮された判断の不動点の一つである。……当事者が、自分たちの宗教的、道徳的自由の無欠性（integrity）を保証してくれる原理を選択するにちがいないということは、自明のことのように思われる（『正義論』訳一六一頁）。

すなわち、正義の原理は、人々の宗教的・道徳的自由を平等に保証することを最大の眼目とするというのである。ここで、名目的には原初状態での選択として説明されているが、根本的には、それは「われわれの熟慮された判断」として動かしがたいものだ、という理由によっている。もともと公正としての正義は、人々が社会的協働に自発的に参加するための公正な条件を定めるものであり、社会的協働とはまずもって政治的な共同体を構成することなのだから、平等な政治的自由とその中核にある平等な良心の自由とは、不可欠なものなのである。

ここで注意しておくべきことは、ロールズの当事者たちは、「自分の宗教的、道徳的確信や、自分の道徳的、宗教的責務」を非常に重視しているということである。そうした人々だからこそ、良心の自由を中核とする開かれた自由が重要なのだ。

この点からすると、すでに『正義論』の段階において、ロールズの公正としての正義の第一の焦点は、宗教的道徳的な多元主義の問題に対して道徳理論からの対応を提示することであったとみるべきかもしれない。彼が社会経済的な不平等の問題を第一に考えていたというのは、われわれの読み誤りであった可能性がある。ただし、他方で、『正義論』が全般的に「格差原理」を中心に構成されているという印象を与えるのも事実である。おそらく、後期の『政治的リベラリズム』における中心的なテーマがこの宗教的道徳的な多元主義の問題になった理由の一つには、この点の印象の偏りを是正する意図があったと思われる。

他方、ドゥオーキンのリベラリズムは権利基底主義を一つの柱とするものなので、ロールズと比べるとはるかに拘束からの自由に傾いているのだが、それでも最近の著作では「真正性 authenticity」の原理によって「宗教的帰依の自由、表現の自由、利用しうる限り広範にわたって文学その他の芸術作品に接する機会を持てること、個人的、社会的そして親密な集団を形成する自由、加えて監視からの自由という形態での表現しない自由など」を特別に保護すべきことが正当化されるといっているの『平等とは何か』訳二一九頁)。ここで真正性の原理といっているのは、個人の人格としての真正性、分かり易く言えば、ある人の人格の核が維持されることが尊重されなければならないという規範的原理のことである。したがって、ドゥオーキンもしだいに、個人にとっての宗教的・道徳的な確信の意義と開かれた自由とを重視するようになってきているように思われる。

こうした主要な論者たちの開かれた自由の重視にもかかわらず、現代リベラリズムといえば拘束からの自由や自己決定論が中心であるかのようなイメージが強い。そう思われている理由は、社会の基本的な規範的原理をどう構築するかという課題にとって、拘束からの自由を基軸とするコンパートメント化の思想が、ある意味で最も簡単な解決策を与えるからである。第一に、この思想のもとでは、人々のあいだの利害や宗教的・道徳的信条の対立について思い悩む必要がない。せいぜい各人の行為によってときおり生じるかもしれない「負の外部効果」――経済活動にともなう環境汚染や電車内での携帯やヘッドフォンの音漏れによる迷惑など――をどう調整するかという問題があるだけだ。それは結局のところ、「なるべく他人に迷惑をかけないこと」、そして「他人にかけた迷惑には適切な賠償をすること」という単純なルールを主張すればよい。第二に、この外部効果を除けば、各人がいかなる道徳規範や文化を生きるべきかという問いに煩わされることはない。それは「私的領域」に属することであって、社会および社会理論が介入すべき問題ではない。第三に、さまざまな自由のあいだや自由と他の価値とのあいだに存在するかも知れない対立についても、苦しまなくていい。そういう対立があるとしても、それは各人が個人レベルで解決すべきことである。

このように、拘束からの自由だけを問題にする場合には、規範的原理を考えるべき理論家にかかる負荷は著しく小さい。理論家はいわば人々のあいだの国境確定の作業にだけ携われればよく、その後は、各人が相互内政不干渉の原則に則って生活するのを見届けることに専念し、もしも誰かパターナリスティックな介入を行おうとする「侵略」の意図が見えたときやその行為があったときにのみ、「不正がある」との声を上げればよいのである。パーソン論や自己決定論は、そうした構図のもとで唱えられたのである。

これに対して、まず自律としての自由の場合は、理論家の負荷はもう少し大きい。彼らは何よりもまず「自律」ということの価値を理論的に定立しなければならない。その作業においては、次のような問題をクリアーする必要がある。第一に、リベラリズムがもしも次章で述べる「中立性」テーゼを堅持するならば、自律の価値は、どんな宗教的・文化的な背景信念にも依存することなく定立されなければならない。

第二に、それだけではなく、自律の価値が宗教的・文化的に拘束されたどんな価値よりも優位にあるということを証示しなければならない。さもなければ、自律としての自由の理念に基づいて社会の規範的原理を提示したとしても、その理念に最高の価値があると信じる人たちだけにしか意味のないものになってしまう。

他方、開かれた自由をもとにして規範的原理を考えようとする場合には、そこには理論家にとって解決しなければならない多くの課題が残されていることが分かる。第一に、人々の間での宗教的・道徳的信念の対立は残されたままだ。宗教的信念にもとづいて人工中絶やクローン人間を「悪」であって禁止すべきだと考える人々と、逆に自己決定論に基づいて「禁止することが悪だ」と考える人々とが存在している。このような信念の対立があるときに単に開かれた自由や寛容を主張するだけでは、「人工中絶は禁止されるべきかどうか」や「クローン人間は容認されるべきかどうか」について、どう考えたら良いかの指針にはならない。第二に、開かれた自由の理念が個人レベルの行為選択にどう関わるかが明らかではない。それは個々人のいかなる信条も「宗教的信念」だからという理由で尊重されると考えるのか、それとも何らかの理由によって制限を設けることを正当化するのか。後者だとすると、それはどんな理由によってか。

このように、それぞれの自由の考えは、リベラリズムの内部に、社会にいかなる規範的原理を設定すべきか、そしてそれはいかなる原則にしたがうべきかについての異なる理論構想をもたらすことになる。それが試されるのは、リベラリズムが課題として設定している多文化状況に対して、実際にいかなる理論構想を提示しうるかにおいてである。次章から、この問題へのリベラリズムの戦略を検討することにしよう。

第7章　包括的リベラリズムと限定的リベラリズム

1　階層から文化へ

文化多元主義という問題

すでに述べたように、ロールズの『正義論』はとくに「格差原理」で示されているように、階層的不平等の問題に焦点を当てて公正としての正義を論じていたのだが、その後、現代リベラリズムの焦点は、今日の文化多元主義状況に対する正義の原理の探求におかれるようになる。

文化多元主義とは、一つの社会の中に異なる文化を生きている多様な人々が生活しているという状況のことをいう。ふつうに考えれば、多様な文化があるのは大変いいことだ。世界各国の食べ物や音楽やスポーツを楽しむことができる。良い時代になったことはまちがいない。しかし、ここにはかなり深刻な問題が生じてくる。

社会理論において「文化」という概念が確立してくるのには、二つの思想・学問運動が関係している。一つは、一八世紀の終わり頃、ドイツのロマン主義的で民族主義的哲学者ヘルダーを中心とする、「文明」とは区別されたものとしての「文化」概念の主張である。「文明」には技術的・物質的な単線的進化のイメージがあるのに対して、「文化」という言葉を用いることで、精神的・理念的なものあるいは個性的で多様なものの価値が強調されたのである。

もうひとつに、二〇世紀初めのアメリカにおける「文化人類学」の成立がある。それまで、一九世紀のあいだに、欧米以外の社会や風俗や人々を研究する学問として人類学が確立していったのだが、当初は圧倒的にH・スペンサーの社会進化論の影響のもとにあった。これは、さまざまな社会で風俗や政治構造や物質文明が大きく異なるという現象を、単線的な進化の異なる段階にあると理解するものである。しかしこの社会進化論は二〇世紀にはいると急速に衰えていき、その代わりに、社会のあいだの違いを理解するために、かねてからドイツ語では確立していた「文化」という概念が英語圏における社会研究に普及していく。「文化」とは、自然環境や遺伝的特徴からは独立に存在しているそれぞれの社会の個別的な特性をひとまとまりのものとして表現する包括的な概念だ。「クラ交換」の研究や『文化の科学的理論』で有名なB・マリノフスキーを筆頭に、F・ボアズ、R・リントン、R・ベネディクト、あるいはM・ミードなどの人類学者の研究が、そうした文化概念の確立を支えた。

この二つの運動とも、「文化」には「差異」はあるけれども、必ずしも進化レベルやその他の「優劣」はないということを強調した。「文化多元主義 cultural pluralism」はこうした「差異」に関わっている。

文化多元主義が社会理論にとって明示的に解くべき課題として認められてくるのは、やはり一九六八年の転換点から後のことである。それを象徴するのはアメリカにおける人種差別問題の変容だ。それまでは、人種間での法的および社会的差別と所得や階層的地位の不平等が問題であった。黒人専用のバス、黒人お断りのレストラン、あるいは選挙権の否定のようなあからさまな差別がまかり通っていたし、学歴や職業機会に恵まれないので、貧困の問題も深刻だった。いわば、階層問題としての人種差別問題だったのである。

公民権運動などによってそれらはしだいに改善されてくるのだが、それとともに、差別問題は別の位相にシフトしていった。そのことを表す一つの例が、ブラック・ナショナリズムという言葉である。ナショナリズムといっても、国を創るということではなく、黒人社会が発展させてきた文化をアメリカ社会の中の正当な文化の一つとして認めさせようとする運動のことをいう。「ブラック・イズ・ビューティフル」というようなスローガンも唱えられた。一九六〇年代の初めまで、学術論文で一般的に用いられていた「Negro」という表現が差別語になって「Black」にとって代わられ、さらにそれも問題があるとして、「African-American」あるいは「Afro-American」という呼称が推奨されるようになった。

従来の「人種 race」という言葉に代わって「エスニシティ ethnicity」という言葉が使われるようになってきたのも、「文化」が問題の焦点になってきたからである。「人種」は、生物学的な血統によって規定された集団だというイメージが強いのに対して、「エスニシティ」は言語や宗教や生活様式などの文化的伝統によって形成された集団への帰属を意味する。それまで「多人種」国家であったアメリカは「多エスニック」集団（multi-ethnic groups）からなる社会として記述されるようになる。

人種問題がこのように変容しつつあった時期はまた、フェミニズムや同性愛者運動によって性に関する差別撤廃への訴えが盛んになった時期でもあり、そこからも文化の問題が提起されてきた。つまり、結婚しない生き方や同性愛という生き方などが、そうでない生き方と同等の価値を持っており同等の扱いを受けるべきだと主張されるようになったのである。生き方の選択は、個々の行為の選択と違って、一つの文化の選択であり、それぞれの文化は等しく尊重されなければならないと主張されたのだ。

リベラリズムの用語法では、これを「それぞれの生の善さ goodness of life」という。人種や民族やエスニシティのような形での少数派の文化だけでなく、もっと一般に、それぞれの生の善さを追求するという形での文化が、それぞれの市民権を主張しているのである。

多元主義の難しさ：神々の闘争か

いったい、多元主義にはどんな問題が含まれているというのだろうか。筆者の見るところでは、少なくとも次の三つの問題がある。

第一に、異なる文化間の平等の問題がある。一つの社会の中で、異なる文化は平等な扱いを受けているわけではない。これが最もはっきりしているのが言語である。あらためていうまでもないが、日本社会の国語は日本語だ。（ただし、成文法上の規定はない。）憲法をはじめとする公式文書は日本語で書かれており、学校では日本語で教育が行われ、国語の時間には日本語が教えられている。ある意味

郵便はがき

恐縮ですが
切手をお貼
り下さい

112-0005

東京都文京区
水道二丁目一番一号

勁草書房
愛読者カード係

（小社へのご意見・ご要望などお知らせください。）


本カードをお送りいただいた方に「総合図書目録」をお送りいたします。

HP を開いております。ご利用下さい。http://www.keisoshobo.co.jp
裏面の「書籍注文書」を小社刊行図書のご注文にご利用ください。

より早く、確実にご指定の書店でお求めいただけます。

近くに書店がない場合は宅配便で直送いたします。配達時に商品と引換えに、本代と送料をお支払い下さい。送料は、何冊でも１件につき210円です。（2003年４月現在）

愛読者カード

65316-4　C3036

本書名　リベラリズムとは何か

お名前《ふりがな》　　　　　　　　　　（　　　歳）

ご職業

ご住所　〒　　　　　　　電話（　　　）　　　－

メールアドレス

メールマガジン配信ご希望の方は、アドレスをご記入下さい。

本書を何でお知りになりましたか　書店店頭（　　　　書店）
http://www.keisoshobo.co.jp
目録、書評、チラシ、その他（　　　）新聞広告（　　　　新聞）

本書についてご意見・ご感想をお聞かせ下さい。(ご返事の一部はホームページにも掲載いたします。)

◇書籍注文書◇

最寄りご指定書店	(書名)	¥	（　　）部
市　町（区）	(書名)	¥	（　　）部
書店	(書名)	¥	（　　）部
	(書名)	¥	（　　）部

※ご記入いただいた個人情報につきましては、弊社からお客様へのご案内以外には使用致しません。

で当たり前のことだし、ふだん誰もそのことを問題にしたりはしない。しかし、異なる文化のあいだで平等であるべきだという観点からすれば完全に逸脱している。日本社会には、アイヌ語や沖縄の言語のほか各地に多様な方言がもともと存在していたし、韓国・朝鮮語や英語やポルトガル語などを母語とする人々も生活している。そうした言語は、標準的な日本語と同等の扱いを受けていないのである。

文化についての教育も同様である。一九八七年から一九九〇年代のはじめてかけて、アメリカのスタンフォード大学で、哲学史の授業内容が西洋哲学に偏っているという問題で深刻な対立が生じ、全米で「政治的な正しさ political correctness」をめぐる論争が繰り広げられた（Sacks and Thiel 1998参照）ことがあるが、教育を含めて、すべての文化伝承は文化的に偏っている。

第二に、文化的自由の問題がある。特殊ではあるが一つの文化と見なしうるような生活スタイルが、法的に禁止されたり制限されたりしていることが少なくない。日本社会では、一夫多妻や一妻多夫は禁止されているし、公教育の場で特定の宗教だけを教えることも認められていない。法によるものではない慣習的な規制や集団内のルールになると、はるかに多い。服装コード、食事のマナー、言葉づかいなど、すべて文化であるが、ある一定の行為様式を認めて他の行為様式を禁じているのである。

第三に、個別の集団における特殊な文化と普遍主義的規範との対立の問題がある。たとえば、相撲協会が土俵には女性をのぼらせないとか、トンネル工事現場に女性を入れないなどの差別がある。一般的なルールからいえば、こうした差別は禁止されなければならないだろう。しかし、相撲の文化や建設作業者たちの文化という観点を重視すれば、そうした文化も尊重されなければならなくなる。

「文化」の地位向上や権利を主張することは、個人のそれとはいろんな面で大きく異なる意味を持っている。たとえば、それまでの人種間の不平等問題は、高学歴比率や平均所得が人種間で差があることを問題にしてきたが、その際には暗黙のうちに、「同一の価値基準」が異なる人々に適用できると考えていた。学歴が高いことや所得が高いことは、すべての人にとって共通に価値あることだという前提である。したがって、人種間の不平等を解消するということは、階層的地位に関する人々の分布が、異なる人種のあいだで同一になることを意味している。第5章で紹介したレーマーの「環境タイプ」という考え方もこれに等しい。

それに対して、文化間の平等という概念を考えてみると、それは個人レベルでの平等のように同一の数量的な尺度を前提にするとは限らない。むしろ、時には同一尺度の設定とは対立する。なぜなら、同一尺度上での個人レベルの地位向上を図ることは、当の尺度を価値あるものと見なしている「多数派の文化」に同化することを意味するからだ。貧しい家庭に育ったアメリカの黒人の若者が努力して大企業の経営者や政府要人になることは大変すばらしいことではあるけれども、ある意味では多数派のアングロ－サクソン文化に同化することであって、必ずしも黒人文化の地位の向上にはならない。

文化多元主義が問題を突きつけているこうした問題の難しさは、個人のあいだで利害が異なるという「利害の多元主義」とはまったく様相を異にしている。利害が異なるというのは、ペルシャの市場で絨毯を買うときの商人と買い手との利害の対立のようなものだ。高い値段に利益を見出す人と安い値段の方が得になる人とがいる。正しい決着点を見つけるのは簡単ではないが、どこかの値段で折り合いを付けなければならないことはお互いに分かっている。取引することがそうでないよりもお互いにとって利益であれば、どこかに決着点を見つけることは不可能ではない。

文化の違いは、必ずしもこうはいかないことが多い。一番いい例が言語である。日本語だけを話す人と英語だけを話す人とで、「どの言語を共通に用いるか」について合意するのは困難だ。宗教の場合でも、Aという宗教がaという神を信じている一方で、Bという宗教が、aは本当は存在せず、存在するのはbという神だと信じているとき、Bの人がAを尊重するのは難しい。

かつて、資本主義か共産主義かというような対立のときにも似たような状況があった。二〇世紀の前半は、それらに加えて、さらに国家主義や帝国主義、キリスト教やニヒリズムや無政府主義など、さまざまな信条間での言論レベルにとどまらない政治的あるいは武装による敵対と対立が支配していた。これをM・ヴェーバーという社会学者は宗教戦争になぞらえて「神々の闘争」と呼んだ（第一次世界大戦に敗れたドイツで、学生に向けて学問に従事することの価値を説いた講演『職業としての学問』が著名）。多元主義には「神々の闘争」という面がある。

2　リベラリズムの基本諸テーゼ

今日のリベラリズムは、こうした文化多元主義という問題に対して何らかの「解答」を提示しようとしている思想運動である。これがきわめて野心的なプロジェクトであることは言うまでもない。知識人の多くがリベラリズムに惹かれるゆえんがここにある。

すでにわれわれはロールズの『正義論』とドゥオーキンらの責任―平等主義を取り上げて現代リベ

ラリズムの思想の特徴について紹介して考察してきたが、そうした議論の焦点にあったのは階層的不平等の問題だったので、文化多元主義に対するリベラリズムの理論戦略については、まだ十分に説明していない。本章と次章で、現代リベラリズムが文化多元主義の問題に対してどういう答えを用意しているかを示し、それについて考察を加えていきたいと思う。

そのための出発点として、これまで述べてきたのと若干重なるところはあるが、ここで現代リベラリズムを特徴づける「主要な諸テーゼ」をあげておこう。ただしこれらのテーゼをすべてかかげているリベラリズムの一流派が存在しているというわけでは必ずしもない。リベラリズムの内部にはさまざまなバリエーションがあり、以下のテーゼのうちどれを重視するかには違いがある。ただ、リベラリズムとはどういう主張をしている思想かと問われたときに、次のA～Eの主要テーゼをあげれば、一般的に「こういう思想だ」と答えることになるだろう。

（A）文化と善の構想に対する中立性　政治権力はすべての文化や人々の善の構想に対して中立的でなければならないという主張が、リベラリズムに（すべてではないが）広く共有されている。このテーゼは、ドゥオーキンの一九七八年の論文「リベラリズム」（Dworkin 1985 に所収されているが、邦訳はない）で最初に提示され、またたくまにリベラリズムを特徴づける最も中核的なテーゼとして広まっていったものである。ドゥオーキンの言葉では、「善き生の問題と呼ばれることがらについて、政府は中立でなければならない」と表現されており、これを彼は、「政府はその市民たちを平等なもの（equals）として扱わなければならない」というテーゼから導きだしているのである。つまり、平等主義の一つの柱をなすという位置づけであった。

続いて、アッカーマンという法哲学者が『リベラルな国家における社会正義』（一九八〇年）という書物で、やや異なる理由から「中立性」テーゼを主張した。彼の場合は、政治権力が正統（legitimate）であるためには、それは中立的な対話（neutral conversation）を通じて正当化されたものでなければならない、という考えに基礎をおいている。対話が中立的だというのは、そこにおいて、いかなる個人や集団（権力者も含めて）の主張も、彼らに何が善であるかについての特権的な道徳的権威があることに依拠してはいない、ということだ。言いかえれば、たまたま成立しているにすぎないかも知れない政治的な力や特殊な道徳的権威の働きによって支えられている政治権力は、人々の善の構想や理性の働きに対して中立的ではなく、したがって正当的なものではない、というものである。（この議論は、ハーバマスの討議倫理学を連想させるが、ハーバマスは狭い意味のリベラリズムの理論家とは見なされていないので、本書では検討の対象としていない。）

こうした議論はもともと萌芽的にはロールズの『正義論』にも見られるが、「中立性」という用語をもちいて定式化したのはドゥオーキンやアッカーマンである。彼らは、前章で述べた三つの自由のうち、とくに拘束からの自由を念頭において、その自由を平等に保証することを「中立性」と表現したのだ。当然のことながら、「人々の善」に対する中立性は、善の構想の基盤をなす「文化」に対する中立性をも含意している。こうした「中立性」という観念は、誰の目にも文化多元主義への解答としてきわめてストレートな説得力を持っているようにみえる。対立して異なっている諸文化の存在を前にして、政治権力は中立的な観点から諸文化を取り扱わなければならない。リベラリズムは、これが、社会が従うべき規範的原理の中核に位置づけられるべきだと主張するのである。

(B) 権利基底主義　誰にとっても否定しがたい「権利」というものがあって、社会の規範的構造はそれを基底において組み立てられなければならないとするのが「権利基底主義」である。これもまた拘束からの自由と深く関連している。こうした権利は当然のことながら普遍的な価値を持つものであって文化の差異を超えたものだと考えられている。最も代表的なのが「基本的人権」の観念である。ただし、実定法の分野では、権利とは、現実に存在する法によって規定された歴史的で文化的なものだと見なされる傾向があり、「普遍的な権利」の概念は実定法よりはむしろ法哲学や政治哲学の世界のものだといえる。たとえば、かのドゥオーキンは「平等な配慮と尊重を受ける基本的権利」を設定しているが、その際、「権利」とは実定的に国家や政府から与えられたものに限定されてはならないと考えられている。彼は、「われわれの立憲制度は、特定の道徳理論、すなわち、人は国家に対して道徳的諸権利を有するという理論に依拠している」(『権利論［増補版］』訳一九二頁）と言う。つまり、人々には国家の枠組みを超えた普遍的な権利があり、国家はそれを尊重する道徳的義務を負っているというのである。

(C) 善に対する正（正義）の優位　これは、ロールズの『正義論』の根幹をなしており、今日のリベラリズムで広く保持されている基本テーゼの一つである。このテーゼは、もともとは正義（justice）ではなくて正（right）という言葉が使われて、それが善に対して優位すると述べられている。ここでの right は、しばしば rightness という語が互換的に用いられていることから、「権利」の意味ではなくて「正しいこと」を意味しているのは間違いない。したがって、この「正」がしだいに「正義」にとって代わられてもおかしくはない。

もともと倫理学において善と正とは対比される二つの価値であり、「善」が個人内にとどまる価値であるのに対して、「正」で意味されているのは、行為選択において従うべき倫理における、個人を超えた何らかのより普遍的な原理のことである。いずれにしても個人が従うべき倫理に関わるものであった。それに対して、リベラリズムが問題にしているのは、個人の倫理ではなくて社会の道徳性である。第1章で述べたように、社会の道徳性を個人倫理から切り離して独立した主題に定立したのはロールズの『正義論』の功績である。そして、社会の道徳性を表す価値としての「正義」は、異なる個人や文化の「善」を超えるものだと想定される。したがって、「正義が善に優位する」というテーゼは、即、文化多元主義に「正義」という価値で答える、という構図に導かれる。なぜなら、第9章でみるように、「正義」とは異なる文化の対立を超えて「普遍的に妥当する規範的命令」の別名だからである。

（D）個人福祉に奉仕する社会　個人主義的社会理論を代表するリベラリズムは一般的に、「社会とは、第一義的に個人の福祉に奉仕するためにある」と考えている。ベンサムの功利主義思想においてすでに「社会の善さは、個人にとっての善さによってのみ概念化しうる」というテーゼが立てられているが、リベラリズムはこれをより強いテーゼに変換したのである。ここで「福祉」という言葉は、英語の welfare を念頭においているが、「善」とか「善の構想」と言いかえても構わない。

このテーゼは、社会の道徳性を定立しようとする理論であれば必ず主張するだろう、というものではない。なぜなら、社会の道徳性を、成員の福祉にとって社会がどう奉仕するかという観点からだけではなく、成員が社会に対してどう奉仕するかという観点や、あるいは何か超越的な社会それ自体の価値の観点から論じることも可能だからである。キリスト教の一部やイスラム教の観点からは、社会の道徳性はむしろ「神」との関連において論じられることになるだろう。

それに対して、「個人にとっての福祉」とか「個人の善の構想」とかの概念は、それぞれの「福祉」や「構想」の内容には文化による違いがあるものの、その内容がどうあれ、個人レベルの価値を尊重するという側面だけをみれば、文化の違いを超えた普遍的なものだと考えられる。その意味において、このテーゼも文化多元主義への一つの答えをなしているのである。

（Ｅ）コンパートメント化　すでに見たように、これは自己決定論やリバタリアニズムに代表されるテーゼである。この言葉は本書独自のもので、人々には社会や他人からの干渉を拒否すべき不可侵の領域が存在するというテーゼを表している。その場合、その不可侵領域をいわば「私的領域」と見なして、その内部に対しては誰も異議を申し立てることができないと考えるとすれば、次章で検討するようなフェミニズムなどからの「公私分離」という批判が寄せられることになる。一部のリベラリズムにとってコンパートメント化はきわめて魅力的なテーゼである。なぜなら、そこで想定される不可侵領域というものはやはり文化を超えて普遍的に設定されるので、文化多元主義に対処しうる強力な理論的基盤をなすと考えられるからである。

以上、リベラリズムの五つのテーゼは互いに重なっているところもあるが、それぞれが文化多元主義の問題に対して普遍主義的な解答を作り出すための基盤的主張をなしている。むろん、それぞれの妥当性は慎重に吟味されなければならないが、これだけ多くの主張がリベラリズムに含まれていることからして、多元主義という問題に対してリベラリズムがいかに強力な理論枠組みを用意しているかは明らかであろう。

3 コミュニタリアニズムに批判されるリベラリズム

リベラリズムは一般的には個人の生き方の問題や徳性の問題には介入しない、という態度を取りがちである。とくに拘束からの自由を重視するときにそうだ。ある特定の資質を涵養することへのいかなる社会的ないし政治的な介入も不当なものと見なす傾向がある。しかし、人々の生き方や徳性が社会の望ましさとまったく無関係だとは考えにくい。おそらく多くの人は、望ましい社会がどのように概念化されるにしても、当の望ましい社会を担う諸個人には、何らかの道徳的な資質がなければならないはずだと考えるだろう。こうした点が、コミュニタリアニズムからのリベラリズムに対する批判の一つの焦点になっている。ここで、この批判の論点を簡潔に考察しておこう。

サンデルによる「負荷なき自己」批判

厳密に言えば、リベラリズムが個人の道徳性を問題にすることがないというのは正確ではない。そういうリベラリズムもあるが、そうではなくて、むしろ望ましい社会にとっては諸個人が道徳的に自律した人格であるという前提を暗黙のうちにおいていることが多い。とくにロールズ『正義論』はそうである。しかし、この暗黙の前提がはたして論理的に斉合的なものかという点を問題にしたのがM・サンデルの『自由主義と正義の限界』(一九八二年)である。サンデルは、原初状態において無知のヴェールをかけられた当事者たちの設定のしかたははたして道徳的な人格たりうるかを問題にするのである。

サンデルによれば、無知のヴェールをかけられた当事者たちは「負荷なき自己 unencumbered self」として設定されることになる。負荷なき自己とは、歴史的および社会的な個別性を剥ぎ取られたいわば抽象的な自己のことだ。それに対して負荷なき自己の対立概念は「状況づけられた自己 situated self」で、それは、「自らの家族、共同体、国家、国民の成員として、自らの歴史の担い手として、過去の革命の子孫として、現在の共和国の市民として」（『自由主義と正義の限界』訳二九一頁）自分というものを考えているような自己である。

サンデルがとくに問題にするのは、原初状態における当事者の性格づけを行っているロールズの次のような文章である。

当事者は楽しさや苦しさに対する力量ではなく道徳的人格を自我の基本的側面とみなす。彼らは人々がどんな究極目的を持っているかを知らない。そこではすべての支配的目的概念が否定される（『正義論』訳四三九頁）。

この文章でロールズが言いたいのは、原初状態において無知のヴェールのもとで正義の原理を選択する当事者たちは、個別的な利害から独立しているのはもちろんのこと、それだけではなく、何か人々に共通にあると想定されるような究極的な生の目的のようなものによってさえも動かされてはいないということである。「支配的目的概念が否定される」とは、そういう意味のことだ。

ロールズの考えでは、当事者たちの仕事は、さまざまに異なる善の構想を超える正義の原理を見出すことなのだから、彼らは個別的な善の構想にとらわれてはいけないのである。その代わりに彼らは普遍的な道徳にしたがう人格だという点において自己のアイデンティティを構成する。ロールズの原初状態における当事者とは、カントが理念化したような自律的で普遍的な道徳的人格の具現者なのである。

この当事者たちはあくまで「仮想の」人々なのであるが、サンデルは、まさにその仮想的な設定の仕方を問題にする。すなわち、彼の批判の焦点は、この仮想の原初状態において、もしも当事者たちが負荷なき自己であるならば、たとえロールズがどんなに表面的に道徳的人格といってみても、彼らにはたして本当に道徳的判断をなしうる能力があるだろうかということである。

義務論的自己は、まったく性格を欠いているので、すべての道徳的に重大な意味において自己知識を持つことができない。自己に負荷がなく、本質的に自己が剥奪されている（dispossessed）ならば、いかなる人格にも、内省するための自己―内省（self-reflection）が残されていないのである（『自由主義と正義の限界』訳二九二頁。ただし訳文は一部変更した）。

「義務論的自己」というのは、何らかの目的のための手段として行為を選択するのではなく、カントが想定したような普遍的な規範的原理だけにしたがってのみ行為するような自己のことである。サンデルは、原初状態におけるそうした義務論的な自己をもった当事者は、実質的には自己－内省する道徳的な力がないのだという。

なお、個人の行為選択が何らかの目的の達成をめざして合理的になされることを基礎にする倫理学説を「目的論（teleology）」といい、そうではなくて、行為そのものに課せられた規範的義務に沿って行為が選ばれることを基礎におくものを「義務論 deontology」という。一般に、功利主義は目的論的であり、カントは義務論的だとされている。

要するに、サンデルが問題にしているのは、社会的・文化的な背景から切り離された「負荷なき自己」しかないような人々に、真に道徳的な判断を行う能力があるのだろうかということである。現実の社会ではむしろ「状況づけられた自己」の人々だからこそ道徳的な人格として社会を支えることができているのであって、リベラリズムはその点を間違えているというのである。

厳密に言えば、ロールズはリベラルな社会が負荷なき自己の諸個人からなるとは考えていないので、サンデルの批判は正しくなく、ただ、原初状態の構成のしかたの不備を突くという点でのみ妥当する。そして、ロールズにとって原初状態のロジックはすでに述べたように、二義的な役割しか占めていないので、ロールズはサンデルの批判が自分の理論に深刻な打撃を与えるものとは考えなかったようである。

テイラーによる「手続き的リベラリズム」批判

やはり個人の道徳性についてのリベラリズムの想定を問題にする理論家に、カナダの哲学者チャールズ・テイラーがいる。彼はさまざまな形でリベラリズムとは対立する独自の哲学を展開しているが、その一つに、次のような「手続き的 procedual リベラリズム」に対する批判がある。

「手続き的リベラリズム」とテイラーが呼ぶのは、「社会は諸個人のアソシエーションであって、各個人はそれぞれの善や価値ある生の構想すなわち生の計画を持っている。社会の機能は、これら［人々の］生の計画を最大限に、かつ何らかの平等の原理に従って、増進させることにあるのでなければならない」(Taylor 1995 : 186) とする立場である。言いかえれば、「リベラルな社会は、善い生についてのいかなる特定の観念の上にも構築されてはならない。リベラルな社会にとって中心的な倫理は、善ではなく、権利の倫理である」と考えるものである。

テイラーのいうこの手続き的リベラリズムは、現実のリベラリズム思想一般から見ると極端すぎる立場であるが、今日のリベラリズム的な思考の一方の極をかなり的確に言い表しているといえるだろう。これは、先に挙げたリベラリズムの特徴の中でも、Aの「善の構想に対する中立性」、Bの「権利基底主義」、およびDの「個人福祉に奉仕する社会」の三つの柱を中心にしていると見ることができる。

テイラーがこの手続き的リベラリズムを批判する最大のポイントは、社会的共同体の「存立見込み viability」問題である。テイラーからすれば、手続き的リベラリズムの考えは、古典ギリシャ以来、市民的人文主義者たち（テイラー自身を含む）が社会について考えてきたことと根本的に相容れない。テイラーたちは、「自由な社会が存続しうるためには［市民からの共同体への参加を引き出すための］強制にとって代わる何かが必要である。それは、市民の側からのポリスとの自発的同一化、すなわち、彼らが生活している政治的制度が彼ら自身を表現しているという感覚でなければならない」（*ibid.*: 187）と考えるのである。この感覚を、テイラーは「愛郷心 patriotism」と呼び、愛郷心を要請しない手続き的リベラリズムは当の社会を支える人々が存在しないので存立見込みがないと批判する。

愛郷心というような言葉を持ち出すことは、アカデミックな理論は本来的に普遍主義的でなければならないという前提に立つ人にとっては、考えられないことだろう。しかし、テイラーはあえてその言葉を用いて、手続き的リベラリズムに挑戦しようとする。愛郷心あるいは愛国心ほど、リベラリズムの思想伝統からは無縁な、あるいはそれに真正面から対立するものはない。先の「個人福祉に奉仕する社会」のテーゼにしたがえば、社会は諸個人の善のために奉仕すべきなのであって、諸個人が社会のために奉仕するのではない。社会は諸個人にとって手段として存在するのであって、目的ではない。

しかしテイラーからみれば、愛郷心を排除している手続き的リベラリズムは存立見込みがない。自由な社会というものは、それ自体として人々にとって「共通善 common good」なのであって、単なる道具的手段ではない。自由であるということそのものが共通善であるだけではなく、その社会を人々と分かち合っているという感覚、われわれ意識、連帯感、それに基づくアイデンティティなどが、共通に価値あるものとして存在している。そうした自由な社会が存立していくためには、その存立を維持発展させるための市民の側からの貢献や奉仕や犠牲が必要であり、それらを強制によってではなく自発的な動機づけで支えるのが、愛郷心という言葉で表される「当該の自由な社会との一体感」である。

実際、リベラリズムがもしも先のA~Eのテーゼだけからなるとしたら、そこでは諸個人の道徳的徳性としては何も想定されていないことが分かる。他人や社会のことを何も視野に入れていない人々だけからなる社会に対してでも、リベラリズムは「社会の望ましさ」を概念化しようとしているのだと言うこともできる。そのように純粋化された考えは、「**原子論的リベラリズム**」と呼ばれる。

そもそも社会理論における**原子論**（atomism）とは、「社会を構成する諸個人の側に他者に対する配慮や共同性のような道徳性を求めたり前提したりせずに、社会の秩序を構想する理論」のことを意味している。原子論の中の個人は、道徳的に**独我的**である。すなわち、「私は、他の人たちに対していかなる道徳的な責任も持たない」とか、「私の善の構想にとって、他人や社会がどういう状態にあるかは無関係だ」と考えるような人である。もっと極端に、「私以外の人が存在することを証明できない、したがって、存在しないに等しい」という存在論的に独我的な考え方もあるが、これまでの哲学においては一般に独我的な個人の想定に帰着する「独我論」は克服すべき議論だと考えられてきた。独我論がそうみられてきた最大の理由は、独我的な個人には道徳性を想定することができないからである。この点、原子論的リベラリズムは、従来の哲学的伝統からは一〇〇％逸脱しているといえる。（このことはあまり気づかれていない。）こうした原子論的リベラリズムが存立見込みを持たないと考えるのはやむをえないだろう。

なお、テイラーのいうような「愛郷心」を持った人々が、自ら積極的に自分たちの政治共同体における政治過程に参画し、発言とともに貢献や奉仕や犠牲を通じてそれを支えているような社会こそが望ましいのだと考える理論的立場を「**共和主義** republicanism」という。「共和主義」は、絶対主義王政のような政治形態とは明確に対立するので「王政」の対立概念と理解されることが多いが、今日の政治理論ではむしろ原子論的リベラリズムと対立して、コミュニタリアニズムの一類型と考えられるのが普通である。

以上のようなサンデルとテイラーの批判に共通しているのは、リベラリズムが想定している個人には「社会」がないという点である。そこでの個人にとっては、自らの人生の目標や価値やアイデンティティを構成するものの中に、自分の存在が社会的に状況づけられていることへの自覚、自分が属す集団へのコミットメントや連帯感、他人への配慮や責任感、そうしたものが含まれていない。個人の善の構想は社会とは無関係に形成され、その内容において、社会や他人は不在だというのが批判のポイントになっている。

サンデルやテイラーは、そもそも自己というものは社会的な存在であり、一人ひとりの善の構想には彼を取り巻く社会や他人が不可欠の要素として含まれているし、含まれているような善の構想をもった個人たちからこそ望ましい社会が支えられるのだと主張するのである。こうした「**善の社会性**」の指摘が、コミュニタリアンからのリベラリズム批判の核心にある。そして、この批判は原子論的リベラリズムにとって最もよく当てはまっている。*

＊　コミュニタリアニズムからのリベラリズム批判としては、ほかに、個人の徳性が理論的に無視されていることを批判するマッキンタイヤー『美徳なき時代』、現実のアメリカ社会での共和主義的な連帯の衰退を問題にするベラーほか『心の習慣』『善い社会』、コミュニティの活性化を主張するエツィオーニ（Etzioni 1988; 1995; 1996）、正義に基づく道徳的なコミュニティを説くセルズニック（Selznick 1992）、共同性に支

えられた共和主義的な市民社会を構想するウォルツァー『正義の領分』『グローバルな市民社会に向かって』などがある。

4　包括的リベラリズムと限定的リベラリズム

ロールズの政治的リベラリズム

以上のような批判があるものの、リベラリズムを標榜する論者のすべてが、必ずしも原子論的リベラリズムを主張しているのではない。とりわけ近年は、リベラリズムの陣営の内部でも、原子論的リベラリズムないしそれに類似した原理主義的なリベラリズムへの反省が少なくない。

実は、もともとリベラリズムが人格の道徳性について何も考えていないというのは間違っている。たとえばミルは、『自由論』で危害原理を提示するだけではなく、それを補うものとして次のように人々に公共的な道徳性を要請している。すなわち「人々を個人的ないしは家族的利己主義の狭い枠から連れ出して、彼らを共同の利害についての理解と共同の仕事の運営とに慣れさせること――すなわち、彼らに、公共的ないしは半公共的動機から行動し、お互いを孤立させる代わりに結びつけるような目的によって、自己の行動を導くような習慣をつけさせる」ことが、自由な民衆の政治教育として必要であり、「これらの習慣と能力がなければ、自由な政体の運営も維持も不可能である」(中公バックス『世界の名著　ベンサム　ミル』訳三四一～三四二頁)。リベラルな社会の存立のためには、人々には公共的な道徳性がなければならない。このように考えるリベラリズムに対しては、テイラーの批判はあたらない。

テイラーも、「共通善、したがって愛郷心が存在するしかるべき場所」があるようなタイプのリベラリズムが存在しうることを認めている。そのタイプのリベラリズムが想定する社会は、「権利に基づく支配、法に基づく支配」を共通善とみなし、そこにアイデンティティの基盤をおくような人々からなっている。そこでは、人々の権利を回復し平等な扱いを確保するという市民の道徳的で政治的な能力が社会を支えている。これをテイラーは「**愛郷的リベラリズム**」と呼ぶ。

テイラーに呼応するかのようにドゥオーキンは一九八九年に「リベラルな共同体」と題する論文（『平等とは何か』に所収）をあらわして、「リベラルな公民的共和主義」の構想を表明している。それは、コミュニタリアンのように共同体を擬人的に実体視するものでもなく、他方で原子論のように独我的な個人からなるのでもない、リベラルな個人が積極的に参加しているような政治共同体である。（コミュニタリアンが共同体を擬人的に捉えているというのはドゥオーキンの誤解で、ここには個人主義的理論家の実体的社会観恐怖症（phobia）が現れているように思われる。）そこでは、人々は自らの共同体がリベラルな正義を実現することに関心を持っており、それが正義の責任を果たさないときには自分自身の生の重大（critical）な価値が損なわれるのである。このようにして、自分の生の善さが共同体の正義に統合される。これがリベラルな共同体である。

これもまたテイラーのいう愛郷的リベラリズムであろう。これに対してもテイラーには彼なりの批判があるだろうが、存立見込みのなさによって批判することは難しい。

リベラルな社会を支えるのに人々のあいだでの公共的な道徳性が重要だという点は、ロールズの

『政治的リベラリズム』（一九九三年）にも明確に組み込まれている。

すでに述べたように、ロールズ理論は『正義論』の刊行の後、とくに一九九三年の『政治的リベラリズム』において、多くの論者の目から見て予想外とも言えるような新たな展開を示してきた。契約論的な構成が放棄されたことが驚きであったことはいうまでもない。それ以上に衝撃的だったのは、ロールズ自身が自らの理論を「包括的なドクトリン」ではなくて、「政治的な構想」だと位置づけたことだった。「**包括的な教義** comprehensive doctrine」とは、われわれを取り巻く世界についての解釈を与え、われわれの人生の意義と価値を定義し、われわれの日常生活を支えまた律しているような宗教的、哲学的および道徳的な理論的教説のことをいう。ロールズ自身の説明を用いれば、それは「市民社会の『背景文化』とでも呼びうるものに属している。それは、社会的なものの文化であって、政治的な文化ではない。それは日常生活の文化であり、またたとえば、教会や大学、学問的あるいは科学的諸学会、そしてクラブやチームのような多くのアソシエーションの文化である」（Rawls 1993：14）。彼が自らの理論を「政治的リベラリズム」と呼ぶのは、彼が提示するリベラリズム自体はそうした包括的教義ではなくて、異なる包括的教義からなる社会にとっての規範的原理を探求する**政治理論**だと考えるからである。このことは、包括的なリベラリズムの立場をとる井上達夫のような論者からは、「ロールズの堕落」というきついお咎めを招くことになった。

しかしロールズの軌道修正には、それなりにまっとうな理由が存在する。むろん一つには、『正義論』に対して出されたさまざまな批判のうち、とくにハーサニやアローやハートなどによるものを真摯に受けとめて、必要な修正を施さなければならなかったという事情もある。けれども、もっと重要な理由は、『政治的リベラリズム』という書物で答えようとしている課題が『正義論』のそれとは別の地平にシフトしてきたことである。むろん、「自由で平等な市民が社会的協働を営むための公正な条件」としての「正義の原理」を確立するという基本テーマは一貫しており、この点での変更はない。変更があるのは、このテーマに現れる「市民」の状況設定である。『政治的リベラリズム』の場合、社会的協働に参加する市民たちは資質や境遇において異なるだけではなく、包括的な諸教義においても異なるのだという前提が明確に設定されるのである。つまり文化多元主義が前提とされているのだ。

『正義論』ではこの点は明確ではなかったし、少なくとも表立つ主題ではなかった。本章第1節で述べたように、アメリカの社会運動は一九六〇年代末から七〇年にかけて、それまでの「地位向上運動」から、性やエスニシティあるいは障害者や同性愛者を含めた広範で多様なマイノリティの「文化的市民権」運動へと急激な変化を示してきた。(これは、アイデンティティ・ポリティックスと呼ばれる。)一九七一年に出版された『正義論』には、このような問題状況は反映されていない。『正義論』は明らかに一九六〇年代の公民権運動とそれ以前の労働運動などがめざした「法的、政治的、および社会的平等」の理念を理論化する意図をもって書かれたものであった。そこでの平等の要求とは、ある一定の階層的価値の体系を「前提」としており、マイノリティの「地位の向上」とはすなわち、マジョリティの文化への「同化」を意味していたのである。

このような課題設定は、一九七〇年以降に問題の深刻さが明らかになってきた多文化状況にとっては不適切だということに、ロールズは気づいた。とくに原初状態における合理的選択という装置は、異なる包括的諸教義を前提にしたばあいには、一定のコンセンサスをうるという目的にとって何の役にも立たない。異なる包括的諸教義のもとで人々は異なる生活様式と文化を生きており、異なるものを価値あることと考えている。敬虔な宗教人として生きることが価値あることだと考えている人と、ビジネスで成功することが価値あることだと考えている人とのあいだにおいて、どのような合理的選択が共通の正義の原理をもたらすと考えられるだろうか。

ただし、『政治的リベラリズム』の中では、具体的な正義の原理がどのように導き出されるかについての体系的な説明はほとんど示されていない。『正義論』にあったような分かり易い契約論的構図が取り払われてしまったためだが、同時に、それにもかかわらず原初状態と無知のヴェールという理論装置は維持されているので、導出のされ方についてのロールズの主張が非常に分かり難くなっているのである。筆者の見るところでは『政治的リベラリズム』の中でこの点についての最もまとまった、しかもほとんど唯一ともいえる説明は次の文章にある。実はこれは本文ではなく脚注なのだ。少し長いが引用しておこう。

> われわれは、政治的に自立していて、協働の公正な条件を特定する公共的に承認される正義の原理を自発的に受け容れるような、自由で平等な市民たちの間での公正な協働の体系とみなされる民主的社会にとっての**正義の政治的構想**を探求している。しかしながら、当の社会は多様な包括的な諸教義が併存している社会である。各教義は完全に**道理的**（reasonable）である。これは、たんなる多元主義とは区別される道理的な多元主義という事態である。さて、もしもすべての市民が自由に正義の政治的構想を是認するのだとすれば、その構想は、異なっていて対立しあうが

しかし道理的であるような包括的な諸教義を主張している市民たちによって支持されうるものでなければならない。そのような場合に、われわれは**道理的な諸教義のあいだの重なり合う合意**を有するのである。このことは、人々の包括的諸教義が、［そこで確立される］正義の政治的構想の内容とどのように結びついているか、そしてどのようにして、その内容が民主的社会の公共的政治文化から導かれるさまざまな基本的な諸観念から生じたものだと見なしているかについては、われわれは問題にしないということを意味している。われわれはこれを、人々の包括的諸教義を無知のヴェールの背後におくことだとモデル化するのである。これが、重なり合う合意の焦点でありうるような、したがってまた、道理的多元主義という事態で特徴づけられる社会における**正当化の公共的基盤**として機能することのできるような、正義の政治的構想を見出すことを可能にするのである（Rawls 1993 : 24-5note. ただし強調は引用者）。

つまりこういうことだ。社会にいる人びとはさまざまな異なる包括的な諸教義を信じて生きている。人々は自らが信じている包括的教義から何が価値あることか、いかなる人生が善い人生か、何が正しいことか、そしてなぜそうなのか、そうした問題についての指針と説明を受けとる。つまり、包括的な諸教義は、まさに「包括的である」ということにおいて、各人をとりまく世界についての包括的な解釈図式をそれぞれのしかたで与えるものだ。したがって、ある正義の政治的構想が受け入れるに値するものかどうか、そしてなぜ受け入れるに価するものであるかについて、それぞれの包括的教義のあいだで異なっているだろう。ここでロールズはある規範的原理が「正義の原理」であるためには、それがすべての「道理的な」包括的教義によって受け入れられるものでなければならないと考えるのである。しかし、その際それぞれが「どのような理由で受け入れているか」は問われない。どんな理由からであれ、ある共通の正義の原理すなわち政治的構想が承認されればいい。そうすれば、その政治的構想の下で、異なる包括的諸教義はともに一つの政治的社会に集まることができる。それが多元主義という問題の解決である。

この解決は、多元主義を解消して単一の包括的教義（文化）に帰着させることではまったくない。異なる包括的諸教義は基本的にそのままであり、人々はそれぞれの包括的教義（文化）を生きている。文化を異にする人々が、政治的構想においては共通の価値を見出し、それを承認し、そのもとで共に生きる。このことをロールズは「重なり合う合意」と呼ぶのである。

右の引用文から分かるように、ここでは、無知のヴェールという道具立ては、実質的なものではなく単に比喩的な意義しか担っていない。人々は無知のヴェールをかけられるから合意に達するのではない。上述のような機制を通じて合意が達せられることを、それぞれの包括的教義からの理由づけの差異が問われない（leave aside; 切り離してそのままにしておく）という意味において「無知のヴェールの背後におくことだ」と言うのである。それが「モデル化」するという曖昧な言葉で表現されていることだ。

公共的理性を持った道理的な人々からなる政治的構想

ところで、ロールズはどんな包括的教義があったとしても正義の政治的構想への重なり合う合意が必ず達成されるとは考えていない。それはありえない。彼の考える正義の政治的構想は、ある特定の条件を満たす包括的諸教義からなる社会においてのみ可能である。その条件を彼は「道理的 reasonable」という性質で呼ぶ。これは後期ロールズの理論において死活的な役割をはたす最も重要な概念で、彼の理論がさまざまな困難に直面するたびごとにそれを乗り越えることを可能にする不思議な魔力をもった、一種の「魔法の言葉 magic words＝呪文」のようなものだ。「道理的」と形容されたとたんに、正義の政治的構想にいたるどんな障害もたちどころに雲散霧消してしまう。

「道理的」とはどういうことかについて、ロールズは次のように説明している。

> 道理的な人々は、彼ら自身のものとは異なっているが非道理的ではないような包括的な見方を抑圧するために政治的権力を用いることは、非道理的だと考えるだろう。
> ……〔政治的に重大な問題が生じたとき、〕ある人々は、自らの信念が真であるという理由でもって、その信念を〔他の人々に、権力的に〕押しつける〔かもしれない。〕……しかし、これは、誰でもがなし得ることができて、しかも、誰が行なっても市民たち一般への善にはなりえないような主張である。よって、われわれがこうした主張をなすとき、自分自身が道理的であるような他者はわれわれを非道理的だと見なすに違いない。そして、実際に〔そうするとき〕われわれは非道理的なのだ（Rawls 1993 : 60-61）。

つまり、包括的教義ないし信念が「道理的」だということは、自ら以外の他の包括的教義もまた、

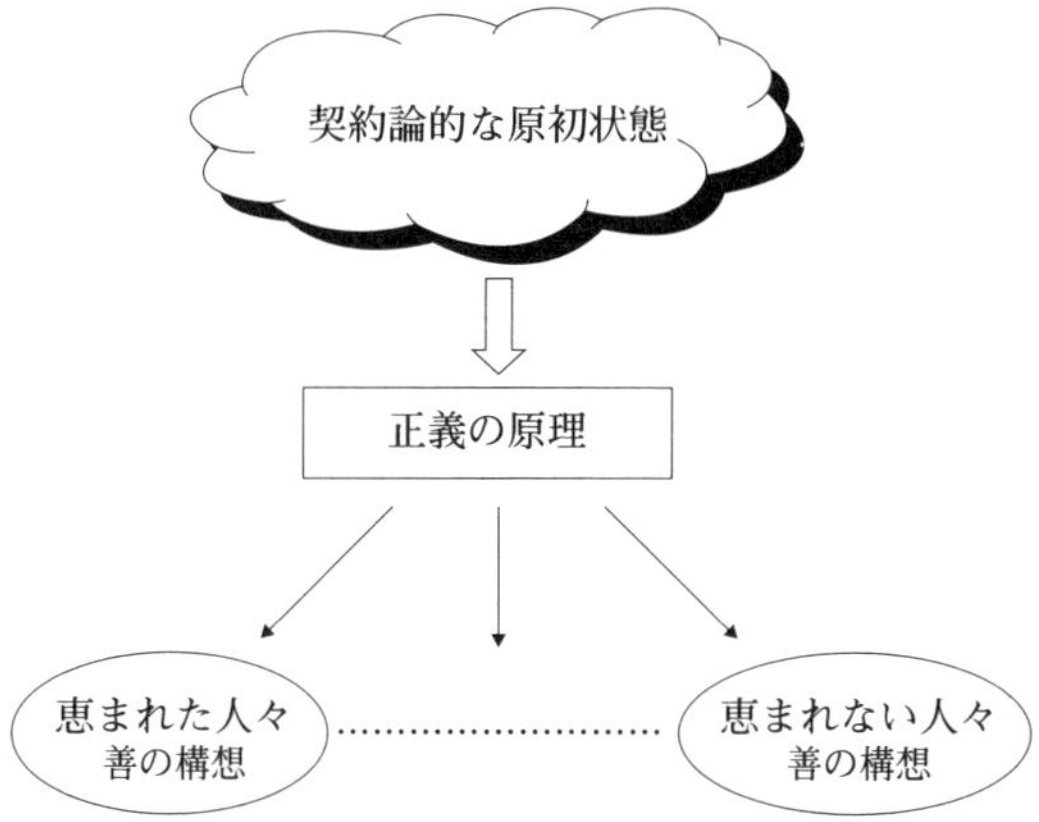

a　『正義論』における契約論的構図

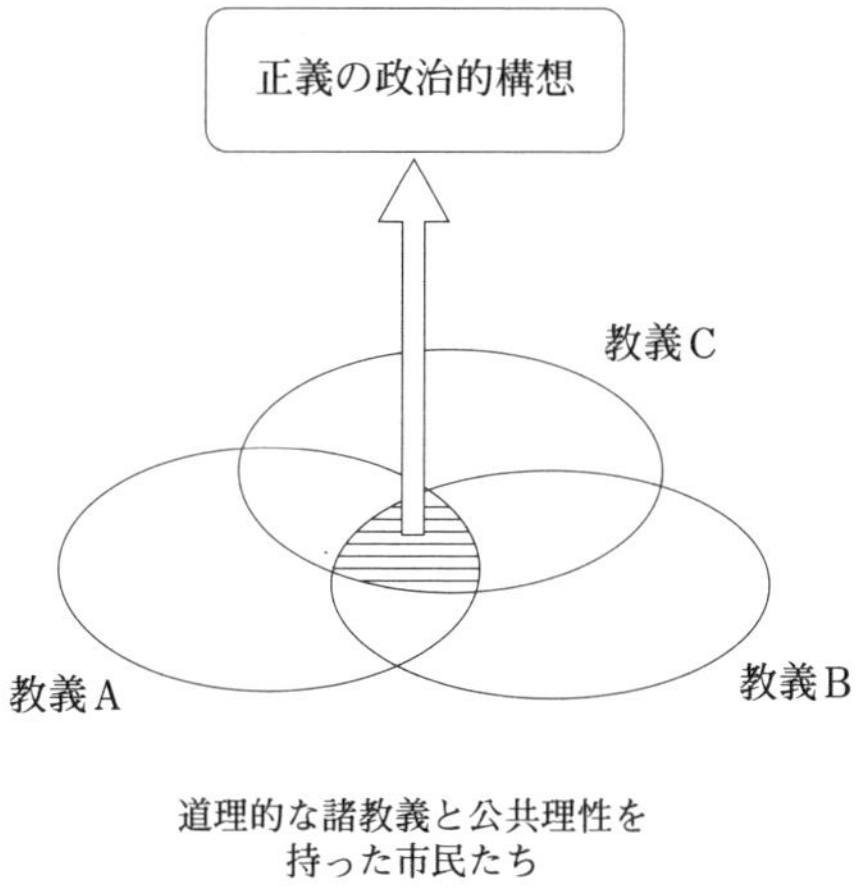

b　『政治的リベラリズム』における「重なり合う合意」

図7－1　『正義論』と『政治的リベラリズム』

自らと同じように道理的でありうると認めていて、自ら以外の道理的な包括的教義の宗教的あるいは思想上の自由を抑圧したり政治的に弾圧したりすることは、道理的ではないと考えていることである。むろん、包括的教義だから、自らの信念が真であって他は偽だと考えている。しかし、そのことを政治的な力によって他に強要することはしない。そうすることは「道理的ではない」と考えているような教義こそが「道理的」なのだ。

以上のような『政治的リベラリズム』の理論的構図の『正義論』との違いは、単純化した形で図7−1のように表すことができる。『政治的リベラリズム』は、人々はすでに規範的なものを含んだ文化である包括的諸教義を生きているということを『正義論』よりもはっきりと前提にして、「異なる文化」が共同の政治的社会を構成しうるための政治的原理だと、ある意味では再定義されるのである。それが「正義の政治的構想」と呼ばれるものであり、そこでは包括的諸教義のあいだでの「重なり合う合意」としての公共的な「政治的価値」が、それら異なる諸教義を一つの政治共同体に統合するのである。

ここでの個人は、決して原子論的な個人ではない。ロールズは諸個人が道理的であって、「公共的理性」を備えている道徳的人格であることを繰り返し強調している。「公共的理性 public reason」とは、すべての人にとっての共通な公共的価値は何かを考える道徳的な能力のことである。

さらに、ロールズは明示的に述べてはいないが、個人は文化によって包摂されており、前提によって、文化は道理的であり、したがって個人も道理的である。そして、正義の政治的構想は、それぞれの文化の視点からみて正当なものとみなされている。したがって、個人もまたそれぞれの視点から正義の政治的構想を理由づけている。正義の政治的構想は彼にとって政治的に価値あるものであり、彼はそれにコミットしている。このような個人は、文化を生きている道徳的人格である。したがって、原初状態の論理が重要でなくなっていることと合わせて考えると、前節で述べたように、サンデルの「負荷なき自己」の批判は『政治的リベラリズム』には当たらない。

それだけでなく、人々はこの正義の政治的構想によって成立する政治共同体に対して愛郷心がある。ロールズが『政治的リベラリズム』で提示した理論は、まさにテイラーのいう愛郷的リベラリズムになっているのだ。

包括的リベラリズムと限定的リベラリズム

もっとも、不思議なことに『政治的リベラリズム』は『正義論』ほどには広範で熱気を帯びた議論の的にはなってはいない。これをどう意義づけるかについて、専門家の側にとまどいとためらいがあるように思われる。

というのも、後期ロールズのリベラリズムは次のような特徴があるからだ。道理的な多元主義とは、相互の道理性を認めあっている包括的諸教義からなる多元主義であり、そのことを所与の事実として受け入れている包括的諸教義からなっている。その事実を前提としたときに、いかなる原理のもとに単一の政治共同体を構成しうるか、それが後期ロールズが答えようとした課題であった。したがって、彼にとって自らのリベラリズムはあくまで「**政治的構想**」であって、決して「包括的教義」ではない。なぜなら、彼の理論それ自体は、すべての道理的な包括的教義が受け入れうるはずのものでなければならないからである。よってそれはあくまで「政治的」という限定された領域にとどまるものでなければならず、決してそれ自体として包括的な教義であってはならない。もし後者であれば、ロールズは自ら、多元主義状況を否認することになってしまうのである。

ここには「リベラリズム」とは何かについてきわめて重大な争点が現れている。本章の第2節で、リベラリズムの特徴をA～Eの五つの基本テーゼにまとめておいたが、これはきわめて一般的なレベルでの特徴づけであって、具体的なリベラリズム思想はこれらのうちのどれを重視するかやそれぞれのテーゼの中身がどれだけ強いものかどうかによって、多様なものがありうる。たとえば、同じく「B　権利基底主義」を掲げている場合でも、その「権利」の中身として、「開かれた自由」に基づいて、ごく一般的な言論の自由、信仰の自由、政治的自由などの基本的自由を想定している場合（ロールズはこれにあたる）と、それ以上に、拘束からの自由に基づいて、たとえば生活の全領域にわたる男女の平等な処遇を求める権利や、国籍のいかんに関わりなく平等な処遇を求める権利などを想定する場合とでは、同じリベラリズムといっても非常に大きな違いがある。

こうしたリベラリズムの多様性を表すものの一つとして、後期ロールズにおける「包括的教義としてのリベラリズム」と「政治的構想としてのリベラリズム」の対比に沿って、「**包括的リベラリズム**」と「**限定的リベラリズム**」という対概念を立てることができる。同じ観点から渡辺幹雄は「リベラルな哲学」と「リベラルな生」を対比している（渡辺幹雄「リベラルな哲学に対するリベラルな生の優位」）。リベラルな哲学というのは、普遍的な真理請求を掲げることによって他の知を排除するような哲学としてのリベラリズムのことであり、自らの思想だけが真だと自認しているリベラリズムである。他方、リベラルな生はリベラルな「政治生活」とも言い換えられており、政治生活という限定された領域において妥当性を掲げるリベラリズムのことである。ただ、「哲学」か「政治」かという対比は、後期ロールズの理論を一つの「政治哲学」と考えるときには都合が悪いので、むしろ「包括的」か「限定的」かの用語で区別したい。(この対比はまた、終章でふれるローティの「哲学」と「民主主義」の対比とも関連している。)

包括的リベラリズムとは、基本的に自ら以外の包括的な教義(それぞれの宗教生活や文化生活の背景にある世界解釈としての包括的信念)を「真」ではないと考える。それらは世界についての解釈のしかたとして間違った信念なのであり、間違ったものであるがゆえに、社会のさまざまな領域において「リベラリズム」と対立するような場合には常に「リベラリズム」の主張に譲歩してそれに従属しなければならないと考えるものである。

それに対して「限定的リベラリズム」は、自分自身のことを「世界解釈としての包括的信念」を体現しているものだとは考えず、あくまで限定された役割をになう政治理論だとみなしている。すなわち、社会にさまざまな包括的な教義(宗教や文化)が存在しているという事実を認めた上で、それらを「間違った信念」だとして見下すのではなく、それらができる限り共存しうるような構想を理論化することを自らの課題と考えている。この限定的リベラリズムは政治的構想としては包括的諸教義の上位に位置している。政治的構想というレベルでは、包括的諸教義はこの限定的リベラリズムに従属すべきものとみなされる。しかしそれは、それらが間違ったものだからではなく、社会生活の中の限定された領域としての「政治」においては、異なる包括的諸教義とは異なる次元での理論が求められるからである。ロールズの『政治的リベラリズム』はそのような意味での限定的リベラリズムの理論だと考えられる。

この二つのリベラリズムは、文化多元主義の問題に対する答え方に大きな違いがある。それを理解する手段として、包括的リベラリズムの観点から見ると文化多元主義的な世界がどのように見えるかを描いてみよう。まず第一に言えることは、この観点からすると、世界に存在するさまざまな文化的伝統に属す宗教的あるいは超経験的な信念の体系は基本的に「根拠のない」「想像の産物」であって、人類の知識がまだ非科学的であった時代に育まれて歴史的な偶然によってたまたま発展したり生き残ったりしただけのものに過ぎない。したがって、そうした信念や文化的伝統だけに根ざした「規範」や「道徳的観念」などには、根拠がない。社会において、道徳的な命題として最終的に妥当するのは、唯一、文化的・歴史的な伝統の制約を超越した普遍的に正しいリベラリズムの考え方に沿って導出されたものだけだ。もしもリベラリズムに基づく道徳的主張が他の包括的な教義の教説と矛盾対立することがあれば、前者が優先されなければならない。

第二に、リベラリズムの観点からすれば、人の人生にとって最も大切なことは根拠のない文化的伝統に従って生きることや宗教的信念に忠実であることではなく、そういうものにとらわれずに自ら主体的に考えて選ぶことである。逆に言えば、リベラリズムにとっては、それぞれの人が熟慮の上に選んだ人生こそが、尊重されるべきことである。これは必ずしも原子論的リベラリズムを意味するものではないが、あくまで個人一人ひとりが人生の主体なのであって（自律としての自由）、彼が生まれ育った文化的伝統や共同体などはいわばいつでも脱ぎ捨てることのできる外衣にすぎない。

第三に、右の二つの観点からして、リベラリズムとは個人の生き方のレベルでの道徳性と社会の道徳性とを統一的に語ることのできる唯一の正しい思想である。すなわち、個人のレベルでのリベラルな生き方という道徳性を最大限に保証することこそが社会にとっての道徳性なのである。そして、世界に存在しさまざまに対立しあっている宗教や文化を生きる人々は、この人類に普遍的に妥当するリベラルな道徳性を通じてこそ正しい形での連帯をうることができる。リベラリズムという思想に基づけば、世界の異なる宗教や文化を生きる人々は本来的に対立する必要のないものであり、国境や民族や宗教の違いを超えて単一の平和で公正な秩序に統合されるはずのものである。

これが包括的リベラリズムに見えている世界であり、これによって文化多元主義の問題は克服されると考えるのである。

これに対して、限定的リベラリズムはまず第一に、さまざまな宗教や文化が間違ったものだとは考えない。少なくとも、それらが世界についての解釈として間違ったものだということに基づいて自らを主張するのではない。限定的リベラリズムは、多元的な社会における政治はいかなる規範的原理に従うべきかという限定された問題に関してのみ、自らの正しさを主張するのである。

第二に、限定的リベラリズムは、個人の生き方のレベルでの道徳性については、ほとんどの社会で共通に見られる普通の道徳規範のほかには、「多元的社会を共に担うにふさわしい公共的理性、すなわち自らとは異なる文化・宗教や生き方に対する寛容と、リベラルな政治を共に担う責任」だけを求める。それは、それぞれの宗教や文化が規定しているそれぞれの道徳性と対立するものだとは考えない。個々人にとって、人生の中核にあるのはあくまでそれぞれの宗教的あるいは文化的な諸信念であって、限定的リベラリズムは、そこに「多元的社会における公共理性」が追加的に組み込まれることだけを要請するのである。

したがって第三に、限定的リベラリズムは、個人のレベルでのリベラルな生き方を最大限に保証することこそが社会の道徳性だとは考えない。たとえ個人が「リベラル」な生き方ではなく、伝統的な文化的・宗教的生き方を選んでいる場合でも、それが「道理的」であるならば尊重されなければならないと考えるのである。

このように、包括的リベラリズムと限定的リベラリズムとは、多元的社会に存在する多様な文化に対する考え方において、きわめて大きな違いを持っている。もっとも、多くの人にとって、リベラリズムの思想はどちらかといえば包括的リベラリズムのイメージがあるだろう。次章では、リベラリズムが本当に多元主義社会に対する有効な解答を提示しているかどうかを検討するが、その際に問題となるリベラリズムはここでいう包括的リベラリズムの方なのである。

第8章　文化の差異とリベラルな価値

1　マルチカルチュラリズム（多文化主義）

ケベック問題

カナダにおけるケベック州の分離独立をめぐる一連の政治対立とその「解決のしかた」についての議論とは、文化多元主義の問題を考える際の格好の素材となってきた。ケベック州は、よく知られているように、住民の多くがフランス系で日常言語も英語ではなくフランス語が主流のところである。（レストランに入っても、だいたいフランス語のメニューしか出てこない。）もともとはフランスの植民地としてフランスから渡ってきた人々によって開拓されていった地域で、一七五六年からの英仏の植民地をめぐる七年戦争でフランスが負けたためにイギリスに割譲されたものだ。そして、アメリカ合衆国が独立したのちに、残りのイギリスの北米植民地がまとまって自治領を形成し、その後独立してカナダという連邦国家がつくられていく際に、連邦を構成する一つの州になったのである。カナダ全体としてはイギリス系の文化が支配的な中で、長い間フランス系の文化を維持・継承してきている。

このケベック州において、一九六〇年代のなかば頃から、フランス語系住民を中心にカナダからの分離独立を求める動きが盛んになった。むろん、カナダ政府としては独立を認めるわけにはいかない。一時は、武力闘争や一方的な独立宣言などの過激な行動が懸念されたほど、厳しい対立と緊張が起こった。

その後、連邦政府もいわゆる多文化主義（マルチカルチュラリズム）の政策を進めていき、ケベック州の経済的繁栄やフランス語文化圏の地位の向上がみられたため、分離独立運動は一時期ほどの勢いはなくなった。しかし、ケベック州の立場に大幅に譲歩した一九八二年の連邦憲法を、ケベック州は依然として批准しておらず、最終決着には至っていない。そのため今日（二〇〇六年）のカナダ社会の文化・言語については、連邦レベルでのマルチカルチュラルな政策とケベック州独自のフランス語系優先の政策とが並存するという、奇妙な政治的妥協が次のような形で維持されている。

(a)　カナダの公用語を英語とフランス語の二言語とし、カナダの全域で公的あるいは準公的な場での文字表記を英語とフランス語の併用表記とする。

(b)　ケベック州は文化にかかわる政治に関してかなりの自治権限を持ち、ケベック州における唯一の公用語はフランス語だと定められている。

このようなカナダにおける政治と文化の関係については、さまざまな理論的問題が含まれているが、主な論点を取り出すと、次のようになるだろう。

（1）どのようなマイノリティ文化がいかなる理由によってどんな特別の扱いを受けることができるか。連邦レベルでは、基本的に、カナダにおけるフランス語系文化を英語系のそれと同等に扱うことになった。それは、この二つの文化に関しては平等を意味する。しかし、カナダの中にはそのほかにもマイノリティ文化がたくさんある。アメリカ・インディアンや、イヌイットの諸部族のほか、中国系、韓国系など英仏以外からの移民たちである。彼らの文化は、カナダ社会全体としてはフランス語系と同等の扱いは受けていない。（イヌイット系やインディアン系の自治領などでは、固有の言語が尊重されてはいるが。）そうした差別的な扱いはいかにして正当化されうるか？

（2）マイノリティ文化を持つ集団は、その文化を成員たちに強制することができるか。ケベック州の子どもたちは原則としてフランス語による教育を受けることが義務づけられており、どの文化の教育を受けるかについての選択の自由は大幅に制限されている。このような個人的自由の制限はいかにして正当化できるだろうか？

（3）マイノリティ文化は、もしもその内容が何らかの観点から見て「不正」なものだと判断されるときでも、マイノリティ文化だからという理由でもって存続することが認められうるか？

この第三の論点は、ケベック問題に明示的に現れているものではないが、潜在的には含まれているし、世界中にはさまざまな形で現れている。第7章で触れた大相撲の土俵の例をはじめとして、性による差別を自明のものと見なしている文化は少なくない。思想・信条の自由を認めていないマイノリティ文化も多い。ケベックの場合でも、教育の選択の自由を認めていないという点では「不正なもの」と見なしうる可能性がある。

一般に、国内にさまざまな異なる民族的背景や文化的伝統を持ったマイノリティ集団が存在しているとき、それらの固有の文化をできるだけ尊重しようとする政策および考え方をマルチカルチュラリズム multiculturalism という。日本語では、「多文化主義」と訳されるが、この言葉は「文化多元主義 cultural pluralism」と紛らわしい。後者は単に異なる諸文化が並存しているという事実を指しているのに対して、前者はそれぞれの固有文化が「尊重されていなければならない」という規範的主張を意味しているので、大きな違いがある。

テイラーとキムリッカの対立

カナダにおけるマイノリティ文化であるフランス語系文化の擁護のために議論を展開している第一人者は、コミュニタリアンの一人と目されるテイラーである。テイラーの主張は、彼の名を筆頭に掲げた編著『マルチカルチュラリズム』（一九九四年）所収の「承認をめぐる政治」などに述べられているが、だいたい次のような論理構成になっている。

テイラーが最も重視している価値は、それぞれの個人にとっての自己のアイデンティティであり、そこにおける「ほんもの authenticity」という感覚である。自分自身が本物の自分であるという真正さの感覚は、人が他の人々や社会の中で道徳的な人格として生きるための基本的な条件をなしている。個人は単に自分だけに関わる欲望を持ってバラバラに生きるのではない。社会の中の一員あるいは社会を超えた世界の中の一員として生きるのである。

このような自己アイデンティティの形成にとって、文化共同体の役割は無視できない。そして、文化共同体の最も重要な構成要素は言語である。なぜなら、言語は単にコミュニケーションや知識蓄積の手段であるばかりではなく、世界を解釈し、世界とその中の自己についての思考の土台であり、しばしば思考そのものだからである。したがって、人々がある言語共同体を生きている場合、その言語共同体は尊重されなければならず、政治がそれを維持存続させるために作動することは妥当である。

多様な性格や気質を持つ多数の人間に、長時間にわたって意味の地平を与えてきた諸文化は――換言すれば、善なるもの、神聖なるもの、賞賛すべきものについての彼らの感覚に表現を与えてきた諸文化は――、たとえ我々が嫌悪し拒否すべきものを多く含む場合ですら、我々の賞賛と尊重に値するものをほとんど確実に含むと想定することが理にかなっている（『マルチカルチュラリズム』訳一〇〇～一〇一頁）。

このようにテイラーは、人々の共同性を歴史的に支えてきた文化には、政治的な承認が与えられるべき潜在的な価値があると論じるのである。これは、上の第三の論点に関しては、「十分には正義にかなってはいない」とみなされる文化であっても、一定の尊重を受けるべき理由があるということを意味している。

テイラーと同じくカナダの政治哲学者であるキムリッカは、ケベック問題に関して部分的にテイラーと共通するスタンスにたちながら、基本的にはリベラリズムの立場からテイラーには厳しい反論を投げかけている。批判の要点は、テイラーが歴史的に存続してきた共同体の保護を訴える一方で、個人の選択や個人間の平等に対して十分な配慮をしていないという点にある。

〔テイラーの議論には〕共同体それ自体に関わる平等な扱いへの権利主張が独立に存在している。〔中略〕もしそうだとすれば、それは筋が通っていないことだと私は思う。集団は、その成員から独立に考えられた福祉状態へのいかなる道徳的な請求権も持つものではない。集団は、たんてきに言って、道徳的な地位を有する存在としてふさわしいものではないのである。それは苦痛も快楽も感じない。苦悩を感じたり元気に活躍したりするのは、有情な存在としての諸個人であって、彼らの生がより良いものであったり、より悪いものであったりするのである。したがって、道徳性の主題になるのは、諸個人の福祉状態なのである（Kymlicka 1989 : 41-2）。

共同体それ自体は権利主張をなしうる道徳的な存在ではない。この命題は、リベラリズムの基本的テーゼの一つである「（D）個人福祉への奉仕」に沿ったものである。

キムリッカは、文化多元主義の社会においてマイノリティ文化や文化共同体をどう位置づけることが正義にかなったことになるのかについて、リベラリズムの立場から最も精力的に理論的考察を進めていっている論者であり、その理論は著書の一つ『多文化時代の市民権』（一九九五年）に詳しく展開されている。キムリッカは、リベラリズムがマイノリティ文化を尊重しなかったというのは必ずしも事実ではないが、基本的に個人主義の立場から理論を組み立てているために、これまでマイノリティ文化を尊重するしかたについての理論構築は十分ではなかったという。そこで彼はまず、「社会構成的文化」という概念を提示している。

社会構成的文化とは、公的領域と私的領域の双方を包含する人間の活動のすべての範囲――そこには、社会生活、教育、宗教、余暇、経済生活が含まれる――にわたって、諸々の有意味な生き方をその成員に提供する文化である。この文化は、それぞれが一定の地域にまとまって存在する傾向にあり、そして共有された言語に基づく傾向にある（『多文化時代の市民権』訳一一三頁）。

ここから明らかなように、キムリッカの考えは原子論的リベラリズムからは大きくかけ離れている。「諸々の有意味な生き方をその成員に提供する」ものとしての文化に注目することは、コミュニタリアンと呼ばれているテイラーやサンデルの主張と共通している。

その一方で、キムリッカは次の点でリベラリズムの基本テーゼを堅持する。すなわち、社会にとっての規範的原理は、究極的には諸個人にとっての諸権利が尊重されることにあるのであって、**マイノリティ文化の尊重はあくまでそれが諸個人にとって持つ価値に照らしてのみ正当化される**と考えるのである。この点を論じるために、キムリッカはいくつかの重要な概念の組を提示している。一つは、少数集団の「対外的防禦」と「対内的制約」であり、これは「マイノリティと多数派との集団間の平等」と「マイノリティ集団内部の自由」とも言いかえられている。「対外的防禦」というのは、集団を外部の決定（たとえば主流社会の経済的・政治的決定）による衝撃から保護することを意味しており、「対内的制約」というのは、集団を内部の異論（たとえば伝統的慣習や習慣に従わないという個々の成員の決断）のもたらす不安定化から保護することを意味している。キムリッカは、マイノリティ文化が対外的防禦をはかること、言い換えれば、マイノリティと多数派との集団レベルでの平等をめざすことは、それ自体としては、リベラリズムの原則に沿ったことであり、擁護されるべきだと主張する。しかし、対内的制約に関しては、たとえそれが対外的防禦のためであったとしても、普遍的な個人的権利や自由の尊重という大原則の下でのみ許容されると考える。

集合的権利と集団別権利

これと関連するもう一つの概念区分は、「集合的権利 collective rights」と「集団別権利 group-differentiated rights」である。「集合的権利」は、邦訳本では「集団的権利」と訳されており、日本語では混同されやすいだろう。しかしこの二つの概念の違いは、キムリッカにとってだけでなく、社会学的にもきわめて重要である。ただしキムリッカの説明は必ずしも十分に整理されたものとはいえないので、以下、筆者の解釈を交えて説明しよう。

集合的権利というのは、「collective」という語が使われていることから分かるように、「集合体が集合体として持つ権利」のことである。会社や国家のような明確に定義された集合的な法的主体が権利を持つことは珍しくない。しかし、マイノリティ文化やエスニシティというものは、「組織」ではありえないので（拙著『制度論の構図』参照）、それらが実定法上の意味で「権利」を持つことはありえない。（つまり、訴訟や裁判での主体になることはない。）ただ、あくまで理論的なレベルでは、たとえば「集合体としてのイヌイット文化の権利」とか「集合体としてのオーストラリア・アボリジニーの権利」というものを考えることができる。こうした集合体としての権利とは、個人的権利でなくて、個人を超えた集合体が有する権利である。たとえば、イヌイット文化にそれが保護されるべき集合的権利があるとするならば、それは、イヌイット文化に属する諸個人がどう考えるかということから原理的に独立しており、したがって、それら諸個人がどういう権利を持っているかということからも独立している。集合的権利というものは、もし存在するとすれば、集合体に属す諸個人から独立して、彼らに依存することなく存在することになるのである。

しかしキムリッカは、こうした意味での「集合的権利」というものが存在することを否定する。なぜなら、集合体というものは実体として存在するのではなくて、実在するのはあくまで諸個人であり、「道徳性の主題になるのは諸個人の福祉状態」だからである。集合的なものが諸個人を超えた権利を持つと想定することは、リベラリズムの個人主義的な「(D) 個人福祉への奉仕」という原則に反するのである。

その代わりに、キムリッカは**集合的権利**と区別して「**集団別権利**」が存在すると考える。集団別権利は、集団別市民権とも言い換えられていることから分かるように、個人が持つ市民権の一種であり、エスニック的あるいは文化的な差異を考慮に入れた市民権だとされる。

集団別権利は集団レベルのものではあるが、集合的権利とは違って、究極的には個人の平等と自由・自律というリベラリズムの重要価値に根拠をおいた権利である。つまり基本的に個人レベルの権利である。キムリッカは、こうした集団別権利という概念を設けることによって、これまでのリベラリズムが無視ないし軽視してきた文化的独自性や差異を尊重する理論枠組みをリベラリズムの中に位置づけようとするのである。

マイノリティ文化に優越するリベラルな価値

キムリッカは、マイノリティ文化とリベラリズムの諸原理とのあいだに起こりうる対立に関わる問題を次の二つに分ける。（１）いかなる類のマイノリティの主張ならば、リベラリズムの諸原理と一貫性を持っているか。（２）リベラリズムの諸原理の一部もしくは全部を受容しないマイノリティに対して、リベラリズムは自らの考えを押しつけるべきか。

第一の問いに対するキムリッカの答えは、「集団の成員の市民的権利を制約する集団別権利は、いかなる形態であれ、自由と平等に関するリベラリズムの諸原理とは両立しない」ということである（『多文化時代の市民権』訳二四六頁）。彼は、「反リベラリズム的な統治をおこなう民族的マイノリティは、正義に反する行為をしているのである」とまで断定している（訳二五一頁）。つまりもしも集団別権利が普遍的な個人的権利と軋轢を起こすような場合には、躊躇なく後者が優先すると考えているのである。

第二の問いは、リベラリズムにとっては厄介な問題であり、キムリッカも一義的な答えを提示できていない。自由と自律を尊重するリベラリズムにとっては、何かを他に押しつけるということを明示的に正当化する理論を組み立てることは、不得意なのである。とくに、権力的あるいは暴力的に強制することについてはそうである。したがって、この問いに対してキムリッカが明確に主張しているのは、せいぜい、リベラリズムの立場に立つものは不正義に対して反対の声を上げる権利と責任があり、集団の内部からのリベラリズム的な改革に対して精神的な支援をおこなったりさまざまな誘因を提供したりすることができる、というものにとどまる（訳二五一〜二五二頁）。

これはさておき、第一の問いに対するキムリッカの考えははっきりしている。マイノリティ文化といえども、リベラリズムの諸原理に反するものはすなわち「正義に反している」のだ。これには、リベラリズムという規範的原理は、異なる文化や時代を超えて、普遍的に妥当するものだという主張と、リベラリズムに反することはすなわち不正なことであり、批判されるべきことだという主張が含まれている。

そうすると、ここには次のような問題が生じることになる。それは、キムリッカは、マルチカルチュラリズムといっても、結局のところ、「マイノリティの多様な諸文化の多くはリベラリズムよりも劣ったものであって、最終的にはリベラリズムの文化に従属すべきだ」と言っていることになるのではないかということである。言い換えれば、諸文化はリベラリズム文化に反しない限りにおいて、その文化的独自性を主張したり享受したりすることが許されるのであって、その意味において、リベラリズムは強固な側面制約として諸文化を拘束している、ということである。

この問題は、リベラリズムは政治的構想なのかそれとも包括的教義なのかという後期ロールズをめぐる問題、つまり前章で述べた「限定的リベラリズム」と「包括的リベラリズム」との対立と密接に関係している。すでに見たように、後期ロールズは、一定の道理性を備えた多様な包括的教義が共存するという多文化状況に対して、重なり合う合意としての正義の原理によって統合された政治共同体の構想を政治的リベラリズムとして提示した。彼のリベラリズムの政治的構想のもとでは、包括的リベラリズムには反するような非リベラルな諸文化も「道理的」でありさえすれば容認されるのである。ここでの「正義の原理」は、包括的リベラリズムが主張する規範的原理よりも緩やかなものである。道理的かどうかが重要な区分点であって、そのことと包括的リベラリズムに合致しているかどうかとは異なる事態なのである。

この点についてキムリッカは包括的リベラリズムの側にあるといえるだろう。彼は、ロールズの議論は多文化状況に対する一つの意義ある試みではあるものの、リベラリズムとしては整合的なものになっていないと批判する。

ロールズにとって、人々は生の私的領域では共同体論者であり公的領域ではリベラルである。しかし、これは首尾一貫した立場であろうか。人々が、仮に一般的なレベルでは自律の理想を受け入れていないとしたら、それにもかかわらず、なぜ、それよりも限定的な政治の文脈ではこの理想を受け入れるのだろうか（『多文化時代の市民権』訳二三九頁）。

キムリッカの考えでは、公的領域である政治の文脈において自律というリベラルな理想を受け入れるのであれば、当然のこととして、集団内という私的領域においてもその理想を受け入れるはずであるし、**受け入れなければならない**。この点を論じるために、彼は、フッター派というカナダの宗教的マイノリティ集団とアメリカのアーミッシュとにおいて生じた二つの裁判事例を考察している。この二つの事例とも、争点は、集団内で育てられた人が集団を離脱して外の世界で生きる権利に関わっている。フッター派の事例では、実際に離脱することになった人（複数）が集団の財産のうち彼らの持ち分と考えられるものを持ち出すことができるかどうかが問題であり、アーミッシュの事例では、子供に外の世界を学ばせないために、集団が子供たちに学校をやめさせることができるかどうかが問題だった。むろんそれぞれの集団の側は、集団としての権利や文化の観点から、前者では「持ち出すことはできない」と主張し、後者では「やめさせることができる」と主張した。

キムリッカは、これらの事例から、集団内で反リベラルである人々（集団内の多数派）は、「ロールズの「［リベラルな］政治的構想」を明示的に拒絶せざるを得なかった」と指摘して、ロールズのように私的領域での共同体論と公的領域でのリベラルとが両立できると想定するのは間違いだと主張する。結局のところ、キムリッカの考えでは、多文化状況に対してリベラリズムはどう対応するかという問題は、ロールズのようにリベラリズムを政治的構想に限定するという戦略によってではなく、「集団別権利」というキムリッカの概念によってのみ整合的に答えることができるのである。

上の二つの事例について、ロールズのような限定的リベラリズムがどのように考えるかは必ずしも明らかではない。ただ、ここにおけるロールズとキムリッカとの対立は、次のように整理しうる。ロールズは、あるマイノリティ集団の文化はたとえそれが十分にはリベラルなものではなくても、基本的なレベルで正義の原理とそれに基づく政治的構想を受け入れているのであれば、その集団が含まれることになるより広い政治的共同体においてそのマイノリティ文化が否認されることはないという可能性を示唆している。それに対してキムリッカは、集団の文化はそれ自体がリベラルなものでなければ、その集団はより広い政治的共同体において共通に妥当すべきリベラルな価値を尊重しないだろうということを重視するのである。ロールズの議論はそれぞれの集団や教義の「文化的な個別性」がリベラルな政治的構想と両立しうる可能性に道をひらいている。それに対してキムリッカは、リベラルな政治共同体の中では、個別文化もまたリベラルであるべきことを強調する。

実際には、この二つの違いは微妙なものである。ロールズのリベラルな政治的構想では、重なり合う合意としての正義の原理はすべて集団や文化に対して適用されるべきものであるから、「共通にすべての下位文化に適用されるべきリベラルな原理が存在する」という点では、キムリッカの主張と何ら変わるところはない。したがって、ロールズもまた、伝統的な少数派社会集団といえども、そこに基本的な自由や平等の理念が貫徹されなければならないということについては、キムリッカと同じ立場をとるだろう。

しかし、重要な違いは、ロールズの議論がリベラリズムを包括的教義としてではなく政治的構想として限定的に概念化することによって、他の包括的教義や文化のそれぞれの独自性をできるだけ尊重しようとする志向を表しているのに対して、キムリッカの議論が「結局のところ、リベラルな文化を持った集団でなければリベラルな政治共同体の正当な一員となるのは無理だ」ということによって、リベラリズムそれ自体が一つの包括的文化であると実質的に主張していることにある。

以上われわれはマイノリティ文化に対するテイラー、キムリッカ、およびロールズの考えの違いを見てきた。この三人はいずれも原子論的リベラリズムのように個人の権利だけを尊重すればいいと考えるのではなく、伝統的なマイノリティ集団の文化が何らかの形で尊重されなければならないと考える点で一致しているが、どの程度、いかなる理由によって尊重されなければならないかについては異なっている。テイラーは、たとえ個人の権利がある程度制限されることになっても、それよりも優先されるべき集団としての文化というものが存在すると主張する。したがって、ケベック州において「各人のどの言語教育を受けるかの自由」を制限してフランス語教育を義務づけることは許されると考える。それに対してキムリッカは、マイノリティ文化への尊重はあくまで個人の権利と両立する範囲内でなされなければならないと主張する。したがって、(明示的には述べていないが) もしもどの言語教育を受けるかの自由が不可侵の権利だとするならば、ケベック州の文化政策は不正なものだということになる。他方ロールズは必ずしも具体的な争点について発言しているわけではないが、自律の価値がマイノリティ文化の隅々まで支配すべきだとは考えていない。彼の問題の焦点は一つの政治共同体の社会制度がしたがうべき正義の原理にある。したがって、フッター派やアーミッシュのような裁判事例は視野に入れていないと思われる。ケベック問題については、同州を一つの政治共同体とみなすとき、彼は、「基本的自由が各人に平等に保証されていること」を重視する点ではキムリッカと同じ立場に立つだろうが、ロールズの想定する「基本的自由」の範囲はおそらくキムリッカよりも狭いだろう。

しかし、ここでは、キムリッカとロールズとの違いがあまり明確でないという点に、むしろ注意すべきだろう。その違いは、言葉の上では、包括的リベラリズムか限定的リベラリズムか、あるいはより具体的には、「個人の自律と普遍的権利」というリベラルな価値を最上位におくかそれとも「平等な基本的自由」という政治的価値を重視するかである。しかし、言葉のうえでは異なっているものの、それぞれの中身のレベルでどう異なっているのか、あるいは結局は同じなのかは明らかではない。実は、この点に現代リベラリズムの最大の問題が存在している。それについては、次章で考察することにしよう。

2　フェミニズムからのリベラリズム批判

今日のリベラリズムが基本的には多くの側面でフェミニズムと共通の主張をしていることは言うまでもない。男女のあいだの平等の重要性に関しては、両者は同じ陣営にいる。

ところが、フェミニズムは、リベラリズムに対して批判の声をあげている有力な対抗勢力の一つなのだ。これは、一見すると奇妙なことに思えるかもしれない。しかし、フェミニズムというほとんど同盟国と考えられるような立場からするリベラリズム批判を通じて、リベラリズムの問題点がより浮き彫りになるのである。

ここでは、(1) 公私分離と (2) ケアの倫理とに関わるリベラリズム批判について考えてみよう。

公私分離

「公私分離」というのは、私的領域である家族を外の政治的ないし公的な領域からは区別して、家族の内部に対してはリベラルな正義原理が適用されなくてもよいと見なしているような理論的構図のことを意味している。フェミニズムは、リベラリズムがこうした公私分離を前提にしており、家族を公的な法や規範による規制が入り込めない聖域と設定することによって、家族内の不正義や権力関係の問題から目を背けていると批判するのである。

家族の内部にしばしば不当な差別や抑圧、ときには犯罪的行為すら存在しうるということについては、われわれは最近の児童虐待や家庭内暴力などのニュースによってよく知っているが、フェミニズムが問題にしているのはそうした個々の現象というよりはむしろ、それらの背後にあると考えられる構造的な不正である。つまり、「男」「女」という性の違いをもとにして組み立てられている社会構造が、家族の内部であれ外部であれ、共通のしかたで性による不当な差別的扱いを埋め込んでいるということである。その構造はしばしば「家父長制」という概念で語られるが、フェミニズムにとっての家父長制とは、家族内の権力的差別構造とそれに根ざした政治的支配構造のことである。

このように考えるとき、リベラリズムがその「正義」の対象領域からあらかじめ家族を除外して理論構築をおこなっていることは、たとえ経済領域や政治領域における平等を主張したとしても、とうてい認めることのできない重大な誤りであった。リベラリズムの公私分離に批判の焦点を当てたフェミニストの議論は、次のマッキノンに代表されるといえるだろう。

> 私的なものについてのリベラルな理想は、公的なものが干渉しない限り、私的領域では自律した諸個人が自由かつ平等に相互行為していると考えている。……私的領域は、親密で、自律的で、個別的で、個人的であって、自己の本来の源泉かつ最後の前哨基地であり、ジェンダー中立的な

ものだ［とみなされている］。……私的な領域での不平等への不満を公の場で述べることは、私的なものについてのリベラルな定義に矛盾する。リベラルな観点では、国家のいかなる行為も、私的なものの内部での取り決めを形成したり内的な勢力を配分することには関与しない。したがって、国家のいかなる行為もそれを変えることに介入しない。個人の権利として設定された私的領域に国家が侵入しえないということは、私的なものは国家の力の範囲にはないということを前提にしているのである（MacKinnon 1989 : 190）。

このようにリベラリズムの公私分離を描写したあと、次の有名な主張が述べられる。

女性にとって、親密さの尺度は抑圧の尺度であった。これが、なぜフェミニズムが個人的なもの（the personal）を政治的なものとみるかの理由である。私的なものは、個人的なものが政治的であるとみる者にとっては公的なものなのだ。この意味において、女性にとっては、規範的にも経験的にも、私的なものは存在しない。

「個人的なものは政治的である。」このスローガンは、あたかも「フェミニスト宣言」の基本テーゼのように世界中のフェミニズムに浸透し、彼女／彼らの理論に明確な方向性を与え、運動を奮いたたせたのである。このスローガンには、フェミニズム理論をリベラリズムやマルクス主義の亜流ないし一分派としてではなく、それらとは異なる独立した一つの社会理論として確立する力がそなわっていたといえるだろう。*

＊　ただし、現実に男性優位の現象がさまざまに存在するからといって、そこに一貫した家父長制やジェンダー間権力構造があるはずだというフェミニズム理論は、現実の階層的不平等の背後に首尾一貫した資本の支配を読み込もうとしたマルクス主義と同じく、正しくはないだろう。原純輔・盛山和夫『社会階層』（一九九九年）、盛山和夫『権力』（二〇〇〇年）、盛山和夫「ジェンダーと階層の歴史と論理」（二〇〇〇年）を参照。

厳密に言えば、すべてのリベラルな理論家が公私分離を唱えたり前提にしたわけではない。マッキノンも右のリベラリズム批判において、ロールズを含めて具体的な理論家や議論を明示しているのではない。とはいえ、マッキノンがまったく勝手にリベラリズムの公私分離をでっち上げたというものでも毛頭ない。リベラリズムの公私分離には一定の証拠がある。とくに、オーキンが『正義、ジェンダー、および家族』（一九八九年）で指摘するように、ロールズには大きな嫌疑がかけられるにふさわしい十分な証拠が存在している。

ロールズはたとえば、その原初状態の記述において、当事者たちを「家長（head of family）とみなしていいだろう」という書き方をしている。あらかじめ注意しなければならないが、この記述が現れるのは世代間での公正さの問題にとっても原初状態の設定がうまく働くことを説明している部分であって、家長が家族内の全成員の福祉を考慮に入れて判断するのと同じように、原初状態の当事者たちは将来の世代の人々の福祉を考慮に入れて正義の諸原理を選択するだろうと述べているところである。決して、当事者たちという市民たちの代理人が女性ではなく男性の家長に限られるとか、あたかも男性たちだけですべての市民の利害が代表されるとかいうような議論をしているのではない。しかし、ロールズが、日常的な社会生活において家長（男性であれ女性であれ）が家族成員の福祉を代表しうる者だと想定しており、したがって、その正義論の構築において、家族内の成員間の利害対立や不平等を視野から除いていることは、疑うべくもない。

もう一か所、証拠らしきものをあげてみよう。『正義論』の終わりのほうで、ロールズは人々の道徳性が世代間で継承されることが正義に沿った社会にとっての条件の一つをなすと述べて、次のように書いている。

さて私は、秩序ある社会の基本構造はある形態の家族を含み、それゆえ子供はまず両親という合法的権威に従う、と仮定する。もちろん、より広く探索すれば、家族制度は疑問視されるかもしれないし、他の取り決めが好ましいとされるかもしれない。

［中略］

両親は子供を愛し、子供もやがて両親を愛し、信頼するようになると想定する。……両親への子供の愛は、子供が自分に対する両親のはっきりそれと分かる愛を認識し、両親の愛がそこに表現されている行為から便益を受けることによってよび覚まされる新しい願望なのである（『正義論』訳三六一頁）。

ここに描かれている家族像は、「疑問視されるかもしれない」と断り書きはあるものの、愛の共同体であり、かつ権威の源泉である。このようにロールズは、家族をリベラルな社会を支える基本的制度だと想定した上で、家族の外に関して公正な社会のための原理を構想したのである。したがって、フェミニズムが問題にしている家族それ自体に巣くっているかもしれない不正義に目を向けていない。

ただし、リベラリズムが必ず公私分離の主張を伴うものだと考えるのは正しくない。とくに、ロールズの後に展開されていった現代リベラリズムは、ロールズよりもはるかに個人主義的に構成されてきている。たとえばヌスバウムは、リベラリズムに基づきながら公私分離を解消したフェミニズム理論を構築しようとしている（一例として、Nussbaum 1999)。先ほどのオーキンも、家族の現状は不正であるが、ロールズの原初状態の設定を結婚や家族にあてはめて考察することによって、正義にかなった制度としての家族を構想しうると考えている。つまり、家族内部もまた原初状態のモデルによって選択された正義の原理が貫徹するような制度を確立すべきだというのである。

実は公私分離の問題は、前節でみたマイノリティ文化の問題と同じ構図になっている。いわば家族をマイノリティ集団と考えたときに、その内部においてリベラルな価値はどの程度尊重されるべきかという問題である。リベラル・フェミニズムは、家族の内部もまたリベラルな価値で秩序づけられることができるし、それでいいと考えている。それに対してマッキノンは、（家族はともかく）結婚とは本来的に非リベラルで不正なものだと考えている。その延長上に、ヤングのように、家族という不正な制度は消え去るべきだという主張さえ現れてくる（Young 1997)。

いずれにしても、この問題は結局のところ、家族という制度をどう位置づけるかということに帰着するだろう。ある社会のしくみが世代間で継承されることにあまり関心を持たず、とりあえず、すでに独立している成人たちだけからなるものに限定した社会にとっての「正義」を考察することに焦点を当てようとする立場からすれば、家族を特別扱いする理由は何もない。すべては個人に還元されるべきなのである。したがって、たとえば同一の姓（family name）を強制したり、同性婚を法的に承認しないというようなことは、個人の自由を奪う不正義だということになるだろう。それに対して、子供というものの特殊な性質、すなわち、保護と教育と愛を必要としている存在に目を向けるならば、外部からは一定の障壁によって分けられた何らかの特別の社会空間を設定することに、それなりの道理があると考えられるだろう。ただし、本書はこの問題に立ち入るつもりはない。

ケアの倫理

一九八二年にアメリカの心理学者であるC・ギリガンが『もう一つの声』（一九八二年）を著したとき、彼女は自分の著作がリベラリズムに異議を申し立てる「もう一つの声」になろうとは、決して予想していなかったに違いない。彼女の著作が批判の矛先を向けていたのは、道徳心理学者L・コールバーグの道徳発達理論であり、そこにはリベラリズムの「リ」の字もなかったのである。しかし、ギリガンのこの著作は、リベラリズムにおける男性中心主義的な道徳観を批判して、一人ひとりが弱者への配慮や援助に献身することを重視する「ケアの倫理」を主張したものとして、大きな脚光を浴びることになった。

コールバーグの理論は、それまでのフロイトやピアジェその他を踏まえながら自らの実証研究に基づいて、子供の道徳的発達が六つの段階からなるというものである。その最後の、最高次の段階が

「正義（公正さ、権利、黄金律）の道徳性」であり、第五の段階が「自律性」であった。ギリガンにとって見過ごすことができなかったのは、このように段階づけられた道徳的発達において、男性と比べて女性が劣っており、女性は伝統的に男性の活動領域に参加することによって男性のような高次の段階へと進歩することができる、とコールバーグが述べていたことである。（コールバーグ『道徳性の発達段階』（一九八四年）にまとめられている。）

ギリガンからすれば、コールバーグは男性の被験者から集めたデータによって男性中心主義的な理論を作り出したにすぎず、次のような女性における道徳的発達を正しく理解しそこなっている。

> 競い合う諸権利からではなく、葛藤しあう責任から「男性にとってとは異なる女性にとっての」道徳的問題が生じるのである。……ケアの活動に関わるこうした道徳の観念は、責任と関係性をどう理解するかをめぐる道徳的発達を中心にしているが、それは、公正としての道徳の観念が道徳的発達を権利とルールの理解に結びつけているのと同様なのである（Gilligan 1982 : 19）。

このようにして、ギリガンは男性にとっての「権利の倫理」に対応するような成熟した道徳性として、女性にとっての「ケアの倫理」を対比させるのである。

率直に言って、ギリガンの議論は女性と男性との差異を強調するものであって、その点他の多くのフェミニストのものとは大きく異なっている。

私の研究は、男性と女性が異なる言語を話していることを示唆している。彼らは、自己と社会関係についての異質な体験を語るのに似たような言葉を用いているので、同じ言語を話しているのだと思っているのだが（*ibid*：173）。

これに対しては、先のマッキノンなどからは、ケアの倫理などというものは単に女性が男性との権力的な関係性の中で作り出したものを追随して承認しているだけだという批難も寄せられている。フェミニズムからすれば異端に近いのは確かだ。しかしそれはともかくとして、ギリガンの発見した「ケアの倫理」は、多くの論者によってリベラリズムへの批判ないし対抗的な議論の一つを形成すると見なされた。ケアの倫理はリベラリズムが見落としている重要なものをあらわしていると考えられたのである。

たとえば最近の著作『経済と倫理』（二〇〇二年）の中で塩野谷祐一は、「『平等と差異』をめぐる論争は、道徳哲学のレベルにおいては『正義』の倫理学とは異なる『ケア』の倫理学を生み出した」（二九八頁）として、ケアの倫理を、社会保障の倫理にとって不可欠の「徳」を構成し、正義の原理に必ずしも含まれていない世代間の正義という動態的視野を開くものだと評価している（三〇一頁）。

ケアの倫理についてのこのような位置づけのしかたは、人々がうすうすとリベラリズムに何か重大なものが欠落していると感じていたことを、ケアの倫理が思い出させてくれたのだという風に理解することができる。ケアの倫理とは、身近に存在している子どもや老人や障害者などの弱者に対して、一人ひとりが親密な関係と責任を持つことの道徳性を主張するものだが、それは、リベラルな観点から見て正義にかなった社会にとって、**個人レベルの道徳性**はどのように位置づけられるかという問題を提起したと理解されたのである。

もっとも、ギリガンによって「ケアの倫理」と対置された「権利の倫理」は、多くの論者によってリベラリズムの倫理だと見なされているが、これは本当はおかしい。コールバーグの道徳発達理論において最高次の段階に位置づけられた「権利の倫理」というのは、諸個人が他人の権利や社会のルールを尊重するという倫理だから、個人レベルの倫理である。しかし、前章で述べたように、リベラリズムはその最も極端な形態である原子論的リベラリズムを典型として、一般的にも、社会が正義にかなっているための条件として諸個人の側に何らかの道徳的な力能を前提にしたり要求したりすることに主眼はない。そこでは、リベラリズムの倫理など主張されていないのである。たしかに、後期ロールズにおいて公共的な人格が想定されたり、ドゥオーキンの「リベラルな共同体」のように、人々の権利を尊重する個人がやはり権利を尊重する共同体の正義を支えるという議論もあるが、これらはギリガンの本が出版されたあとの話だ。何よりも、リベラリズムにとってのテーマは「社会の道徳性」であって、人々が具体的な行為のレベルで倫理的にふるまうことに焦点があるわけではない。「リベラリズムの倫理」なるものがリベラルな論者から提示されたことはないのである。

これはむしろ次のように解釈できる。すなわち、リベラリズムはいかなる状態が「正義」かを語るだけで、その「正義」を実践するための主体については曖昧なままなのだが、多くの人は、リベラリズムがいやしくも一つの道徳理論であるならば、そこには何らかの個人道徳の理論が含まれているはずだというふうに、無意識のうちに推定し、権利の倫理がまさにそれに対応すると考えたということだ。これは次のようにも言うことができる。それは、「ケアの倫理」が人々のあいだでの責任や関係性の道徳を強調したことによって、リベラリズムにまさにそうした「責任」や「コミットメント」の倫理が欠落していることを思い起こさせ、ケアの倫理の欠如態としてのリベラリズムを、ケアの倫理の対立項としての権利の倫理に同定させたのであると。

いずれにしても、このケアの倫理の問題は、ある意味では家族に代表される親密な人々のあいだでの個別主義的な文化・倫理と、普遍主義的なリベラルな価値との対立を表してもいる。公的領域において「権利」が重要な価値だとしても、私的領域においては、「ケア」のような別の価値が重要なのではないか、と主張していることに等しい。これは、フェミニズムの多数派とは対立する主張であるが、一つの論点であることは間違いないだろう。*

＊　フェミニズムとリベラリズムのあいだには、ほかにも多様な論点がある。それらについては、江原由美子編『生殖技術とジェンダー』（一九九六年）、永田えり子『道徳派フェミニスト宣言』（一九九七年）、江原由美子編『フェミニズムとリベラリズム』（二〇〇一年）、野崎綾子『正義・家族・法の構造変換』（二〇〇三年）、山根純佳『産む産まないは女の権利か』（二〇〇四年）などを参照。

3　文化的中立性の問題

普遍的な視点

リベラリズムの原点にあるのは、望ましい社会を構成する規範的原理の探求において、理論がよって立つ視点の位置をできる限り普遍的なものにしたいという願望である。むろん、リベラリズム以外にも、社会契約説、社会進化論、マルクス主義等々もそれぞれの仕方で普遍的な視点に立とうとしてきた。あるいは、立っているつもりでいた。しかし、リベラリズムはそれらとは次の点で決定的に異なると自らを考えている。というのは、それらは社会についての非常に強い（成立しそうもない）仮説を前提にして成立している。原初的自然状態、社会進化という不可逆的メカニズム、歴史の真理としての史的唯物論などである。これらは、経験的なものではなく信仰の領域に入る。そうした仮説が信憑性を失うと同時に、理論そのものが没落してしまう。

そのような虚構の仮説の上には立脚しない、という前提の上で普遍的な視点を追求していったものがリベラリズムだといえる。ミルの危害原理の構成にそのことはよく現れている。もともとは、この意味では功利主義がリベラリズムの代表であった。諸個人の善の構想だけに立脚して望ましい社会を考えるという個人主義の立場を明確に打ち出したのが功利主義である。そこでは、すべての個人の善の構想を等しく扱うという点において視点の普遍性が企図されている。

ただし、ロールズの観点からすると、これはまだ個別的な視点にとどまっている。なぜなら、快楽や効用としての人々の善の構想は、人々が偶然によって授けられた才能や資源に制約されているからである。

ロールズの「正義」の概念は、功利主義を超える形で新たな普遍的な視点を表現しようとしたものであり、そのためのモデルが原初状態の設定であった。普遍的な視点にとって重要なことは、個別的な視点から自らを引き離し、それらを超越することである。正義が善に優先するのはそのためだ。そして、『政治的リベラリズム』はさらに人々の個別的な利害関心だけでなく、人々の生を包摂しそれの基盤となる包括的諸教義を「個別的な視点」と捉えて、それらを超えるものとして「正義の政治的構想」を打ち立てようとしたのである。

このような方法上の戦略をとるリベラリズムにとって、文化的中立性は当然のテーゼであるように思われた。さもなければ、リベラリズム自体が乗り越えられるべき個別的な文化の一ケースに堕ちてしまうように考えられるからである。

宗教の自由の意味

リベラリズムの「中立性」のテーゼは、いわゆる「政教分離」や「宗教の自由」と似ているところもあるが、決して同じではない。その違いに注意することは、きわめて重要だ。

もともと宗教的寛容の思想は、一七世紀前半の宗教戦争や清教徒革命などを経て、それまで激しい死闘を繰り返してきたカトリックとプロテスタント諸派とに関して、一方を背景にした政治権力が他方を迫害することの非を説いたものである。ロックの『寛容についての四つの書簡』がこれを代表している。ただ、これには「政教分離」という発想は含まれていない。その証拠に、ロックの思想的支援を受けた名誉革命以降のイギリスでも、今日に至るまでイギリス国教会が国教であり続けている。

政教分離という思想は、英語では「separation of state and church」といい、アメリカ独立革命時の思想家にして政治家であったジェファーソンに帰せられる。religion ではなく、church といわれていることから分かるように、キリスト教内のとくにプロテスタント系の異なる諸宗派について、国家がどれか特定の宗派と特別な結びつきを持つことを禁じたものである。これにより、アメリカは一七九一年の「憲法修正条項」において、「国教の樹立」を禁止し、「宗教の自由」を明確に規定することになった。

その後、近代国家と成文憲法のほとんどは「信教の自由」を掲げるようになったが、「政教分離」の方は多くはない。「政教分離」にはいくつかの異なるレベルがあり、ふつう次の四タイプに分けられる。

（a）国家が特定の宗教への信仰を強制することの禁止
（b）国教を樹立することの禁止
（c）国家が特定の宗教を優遇することの禁止
（d）国家自身が宗教活動を行うことの禁止

通常、民主国家と呼ばれているものの中でも、どのタイプの政教分離を採用しているかには大きな違いがある。すべての「自由な国家」に共通しているのは、（a）の「強制の禁止」であり、国教を持つイギリスの例で分かるように、（b）や（c）や（d）については国によって異なる。アメリカ憲法が明示的に掲げているのは、（a）と（b）である。（d）を含めて完全な政教分離を謳っているのがフランスで、憲法第二条で「フランスは非宗教国家」だと宣言している。日本も、憲法で（d）を謳っているのでフランスに近いが、何が「国の宗教活動」に該当するかをめぐって深刻な意見対立があることは、周知の通りである。

リベラリズムのいう「中立性」が、上の（a）から（c）までを含んでいることは間違いない。（d）に関しては、もしも国家の宗教活動がすべての宗教に関して平等であるならば、中立性テーゼには反しないことになるだろう。

政教分離という思想は、中立性テーゼの一つの適用例だと見えるかもしれない。しかし、実際に行われている政教分離の多くは、中立性テーゼが主張していることよりも緩やかなものである。イギリスだけでなく、ドイツの基本法も「神」の存在を前提にしているし、アメリカの大統領が公式の演説の中でしばしば「神の恵みあらんことを」と語っていることも、よく知られている。（ただし最近はアメリカでも、大統領が公的な場では「メリー・クリスマス」とは発言しないというふうに、宗教色を薄めようとする動きがある。）リベラルな理論家は、はたしてこうした社会を見て「正義にもとっている」と判断するのだろうか。

不思議なことに、現実に存在しているそうした政治と宗教との結びつきについて、リベラリズムの理論が言及したり検討したりすることはまずない。彼らが具体的なことに言及しているとすれば、それは、中立的であるべきことがすでに社会的合意として確立されているか、あるいは一般にリベラルと見られる立場の人にとっては、中立的であった方がいいだろうと思われているような事例だけである。

たとえば、ドゥオーキンが気に入っている話題は「同性愛者への差別」あるいは「性的な好みの違いによる差別」である。彼は、リベラリズムの中立性テーゼによって、こうした差別が不当なものと判断されるという。しかし、これは議論のしかたとして適切でないのは明らかだ。「AならばBである」「Bは正しい」「よって、Aは正しい」という論理は成り立たないのである。たとえばAに「すべての政治家は男性である」を、Bに「現在の首相は男性である」を代入してみれば分かる。同性愛や人の性的な好みによって、その人を罰したり、就職や資格で差別したりすることが不当であることを、日本人の多くやリベラルなアメリカ人は当たり前のこととして受け入れている。（ただし、同性の「結婚」も異性のそれと同等に扱うべきだとまで考えているかどうかは、分からないが。）そうした差別が不当だという判断は、リベラリズムの中立性テーゼと両立しているし、それから論理的に導きだすこともできる。しかし、だからといって、逆に中立性テーゼの正しさが立証されるわけではない。

宗教に話を戻せば、異なる宗教への寛容や宗教に基づく政治的迫害の禁止は、古典的なリベラリズムの偉大な功績である。そのことはいくら強調しても強調しすぎることはない。現代リベラリズムはあたかもその発展形態であるかのように中立性テーゼを主張している。しかし、宗教的な自由を説く古典的リベラリズムと「文化的中立性」とのあいだには、単に程度の問題ではない質的な違いが存在しているのである。それは「宗教」や「文化」というものの根本的な性質に関わっている。

宗教（religion）という言葉は元来、キリスト教を中心に、あとはせいぜいユダヤ教とイスラム教（そしてたまには仏教）をさすだけであった。仏教をのぞく三つは、もとの起源は同一であり、同一のテキストである旧約聖書と「神」を共有している。ヨーロッパ社会にとって「宗教」とはもともとそういうものだ。そのため、日本にreligionという概念が導入されたとき、はたして日本の神道や民間信仰などは「宗教」なのかどうかという問題が起こっている。もしも「宗教」という言葉で、世界の四大宗教あたりだけが意味されているのであれば、政教分離や文化の一つとしての宗教に関する中立性テーゼも問題が明確になったことだろう。しかし、明らかに宗教をそれらに限定する理由はない。

政治と文化は分離できるか

宗教を最も広い意味に取ると、それはありとあらゆる「信仰」とそれを基盤にした諸行為や諸現象が含まれることになる。「信仰」の概念そのものがきわめて広い。たとえば、リベラリズムという思想そのものが一つの信仰だともいえる。なぜなら、「自由」や「平等」、あるいは「正義」や「公正」といった観念は、われわれが思念において作り出している「理念」であって、決してモノのように存在しているわけではないからである。しかも、「信仰 belief」を「信じられていること what is believed」の意味にとれば、われわれの「科学的知識」ですら「信仰」になる。そうだとすれば、「地球が回っている」という知識と「太陽が回っている」という知識とは、ともに「信仰」であって、中立性テーゼからいえば同等に扱わなければならなくなる。（学校で、地動説だけを教えるのは不当だということだ。）むろん、何人かの人は、科学と信仰とを区別しようとするだろう。ただ、本書では詳論する余裕はないが、現代の科学哲学では両者が明確に区別できるとは考えない議論が少なからず存在していることにも注意しなければならない。

いずれにしてもはっきりしていることは、われわれの非常に多くの知識が「信仰」であり、それゆえきわめて多くの社会現象が「宗教的」なものであって、宗教とそうでないものとの境界ははっきりしていない、ということである。（実際、日本の政教分離裁判では、地鎮祭などの神道祭祀が「宗教活動」か否かが問題となる。「信仰を含むもの」と考えれば、立派に宗教活動であるが、同じ理由で学校教育や文化活動への補助金支出も宗教活動になる。ただこれまで最高裁は現実的に「宗教法人」に関わる活動に限定して解釈しようとしてきているように思われる。）

「文化」という概念は、むろん「宗教」と違って、そもそものはじめから包括的である。科学も宗教も習俗も何もかもが「文化」である。このような「何でも含まれている文化」に関して政治が中立的だという状態は、想像することすら難しい。なぜなら、民主政治も代議制も、さらには一つの国境で政治空間を区切ることも、それ自体が文化だからである。

「文化」ではなくて、「個人の善き生の構想」についても、基本的に同じことがいえる。「善き生の構想」というものもまたおそろしく包括的である。「バイリンガルな能力をもって国際的に活躍したい」というのも一つの生の構想であるし、「父と同じようによき農夫でありたい」というのもそうである。このようなとき、政治権力が人々の善き生の構想に対して中立的であることは不可能だ。たとえば、語学教育を推進する政策は前者のタイプの生の構想を優遇することになるし、農業振興政策は後者のタイプの生の構想を優遇することになる。

われわれはすみずみまで文化によって色づけられた世界を生きており、多様な文化がさまざまに共存している。けれども、決してすべての文化が等しい権利や重みを持って生きられているのではない。そうだとすると、リベラリズムの構想とは一体何だったのか。そのことは次章で改めて考えてみることになる。

中立性テーゼは何をもたらすか

リベラリズムの中立性テーゼは、しばしば次のようなコミュニタリアン的な議論によって批判される。すなわち、「現実のわれわれは個別的な文化や共同体の中で生きているのであり、それらの中でのみわれわれの人生の意味を見出している。われわれはどんなにしても中立的であることはできない」という批判だ。しかしこれではリベラリズムにはダメージを与えられない。なぜならそれらは単に「経験的な」事実を主張しているだけだからだ。それに対して、リベラリズムは、そうした経験的事実の先に、それを超えた「規範的理念」を語っているのである。どんな事実を積み重ねても規範的理念の批判にはならないのである。

ところで、純粋な原子論的リベラリズムは、市民たちの道徳性に何の要求もしない。彼らは、他人のことや社会全体のことをまったく考えない人々であって構わない。そうした人々からなる社会であっても、何らかの意味で「望ましい社会」であるような構造的制度を考えようとするのが原子論的リベラリズムである。市場メカニズムでもって望ましい結果が得られるはずだという市場原理主義も、この中に含められる。リバタリアニズムも基本的にそうだ。

このような原子論的リベラリズムこそ、中立性テーゼと最も両立させやすいといえるだろう。何らかの中立的に考えられた「権利」や「自由領域」をもとにして、政府の仕事をそれが遵守されることに限定しさえすればよい。むろん、何が「中立的な権利か」についての曖昧さは残るけれども、きわめて中立性に近似していることは間違いない。

しかしこの原子論的リベラリズムについては、本書はすでに、テイラーの言う「存立可能性」の問題と、コンパートメント化の思想の問題とを指摘した。そもそも文化的規範から独立に「客観的に普遍的な権利や自己決定領域」というようなものを確立することはできないのである。

さらに、万が一、そのようなものを確立できたとしても、まだ次の二つの問題が存在する。第一にそれは、社会的協働の範囲を大幅に縮小させることによって、社会的協働によって生み出されるはずの多くの価値を失うことになるだろうということである。たとえば、自己決定領域からはみでた領域で人々の利害が衝突するばあい、原子論的リベラリズムは「自分には関係ありません」と言ってすませる可能性が高い。なぜなら、そこには利害対立をどう調停すべきかの指針が存在しないからである。もしそれが面倒であれば人々を孤立した島々に住まわせて相互作用をなくしてしまえばいいが、いずれにしても人々の利益や価値が大きく減少することは明らかだ。われわれは同一の社会において協働しあうことによって、もっといい社会を構築できるはずである。

第二に、かりに「中立性」が実際に行われた場合、それは異なる文化に対して実質的な不平等と差別を意味することになるだろう。たとえば、ケベック州において中立性のテーゼに基づいてフランス語優遇政策が廃止されたとすれば、おそらくフランス語を学習する子弟は減少していき、長期的にはフランス語系文化の消滅をもたらす可能性が高い。もっと弱小なマイノリティ文化はなおさらである。つまり、「中立性」が「政府の不介入」を意味するのであれば、その結果はある種の文化的市場競争メカニズムを通じて、「強い」文化が勝ち残って「弱い」文化が衰退し消え去ることになる。これは、かつてマルクスが資本主義の自由放任的市場についてその表面的な「自由」の影で生じる不正義を（正しく）批判したことが、そのままあてはまると言うことだ。リベラリズムの論者には、ドゥオーキンのように、「市場」は基本的に公正なものだと暗黙のうちに想定する傾向が見られるが、公正な条件の下での競争が必ず望ましい結果をもたらすとは限らないのである。

このように、原子論的リベラリズムは中立性テーゼに最もよく合致するのであるが、それはまず不可能な構想でもあるし、万が一可能だとしても、望ましい社会からは程遠い結果をもたらすものだ。

中立ではありえないリベラリズム

次に、テイラーのいう愛郷的リベラリズム、より正確に言えば、市民たちがある一定の道徳的な人格的性質を持っていることを理論の構成要素としているようなリベラリズムの場合には、自らが中立性テーゼと対立してしまう。なぜなら、このような道徳性に支えられたリベラリズムは、ミルの『自由論』がそうであるように、「社会が市民たちを道徳的に教育すること」を容認するだけでなく、積極的に理論の中に組み入れることになるからである。道徳とは人の生き方を規定する文化であり、各人にとっていかなる生が善き生かを指示するものだ。しかし、このような他者や社会に関わる道徳性に支えられたリベラリズムは、もはや純粋な意味では文化的に中立であることはできないだろう。

前章で見たように、後期ロールズの理論は厳密な意味では文化的中立性から逸脱している。彼が前提にしている多元的社会は、「道理的な」包括的諸教義からなるものだ。道理的でない文化と個人とはあらかじめ排除されている。しかも、市民たちは十分な公共的理性を備えた道徳的な人格なのである。このような設定はいかにして可能なのだろうか。リベラルな社会では、非道理的な教義はどのようにしてそこから姿を消し、人々はどのようにして公共的理性を備えることになるのだろうか。明らかに、道理的でない教義を無視ないし排除したり、人々に公共的理性を養うよう導く政治権力の働きが暗黙のうちに想定されているのでなければならないはずだ。

さらに、包括的リベラリズムになると、もっとはっきりと中立性テーゼと抵触する。包括的リベラリズムは、社会のすみずみにまでリベラリズムの原理が浸透すべきだと考えて、個々の人々がリベラルな理念に沿った生き方をとることを要求する。それは、少なくとも他の信念や教義の視点からすれば、決して「中立的」などと言えるものではない。

フェミニズムの場合も、リベラリズムに沿ったものであれ、反リベラリズムのものであれ、中立性テーゼとは根本的に相容れない主張を含んでいる。それは、ほとんどのフェミニズムが「家族と性」というきわめて伝統的な文化にねざした現象に対して、「中立的」でなく「批判的」な理論を提示しているからである。とりわけ、「個人的なものは政治的なものだ」というテーゼは、はじめから「中立性」を放棄したものだ。なぜなら、このテーゼによれば、限定的リベラリズムが考えるように、個々の生を規定している包括的諸教義から「政治的構想」だけを「分離」することは不可能であり、不当なことだからである。「公私分離」に対する批判は、要するに「文化に対して政治的に中立である」というような立場が存在しえないという批判なのである。

ギリガンの「ケアの倫理」にしても、それが個人にとってのあるべき倫理を主張していることからすれば、リベラリズムが想定しているような「中立性」など、完全に無視していることが分かる。

これらに対して、限定的リベラリズムの場合には、「道理性」を要求すること以上には包括的教義に介入しないので、比較的「中立的だ」といえるかもしれない。しかし、そうだとしても単に「中立的」であるだけでは、現実にわれわれが直面している多元主義の問題に対してほとんど有効性を持たない理論になってしまうだろう。

たとえば現代社会には、イスラム原理主義やキリスト教原理主義のような宗教的なものだけでなく、市場原理主義や原理主義的リベラリズムやリバタリアニズムのような哲学的なものも含めて、原理主義的で他に対して非寛容な諸教義が数多く存在している。この現実にどう対処すべきかという問題を考えたら、リベラルな政治権力といえども、非寛容な原理主義的教義に対しては、（禁止とまではしなくても）ある程度非中立的にふるまうことを容認しなければならないだろう。

さらに、限定的リベラリズムからは、何が公共的かを巡る具体的なさまざまな争点に対してわれわれがどう判断すべきかについての指針がほとんど与えられない。たとえば後期ロールズの理論を考えても、それは、アメリカで深刻な対立に見舞われている中絶問題を筆頭として、ポルノ、売春、臓器移植、生殖技術など、どれをとっても何か明確な「解決」への手がかりらしきものを提示しているとはいえないのである。中絶問題について『政治的リベラリズム』の脚注で軽く触れている箇所があるけれども、そこでは単に、「道理的に考える人ならば、妊娠初期の中絶は禁止すべきではないという合意に至るだろう」と述べられているだけだ。ここでは、原理主義的なプロ・チョイス派も原理主義的なプロ胎児派も、議論の視野からあらかじめ排除されている。

中絶をめぐるこのような深刻な対立状況をドゥオーキンは「宗教戦争」だとみているが、それはある意味で正しいだろう。これについてドゥオーキンは、対立が「宗教対立」だというところから、「政教分離」と「宗教の自由」の原理を持ち出して、それぞれの信仰はともに尊重されなければならないと結論づけている（『ライフズ・ドミニオン』一九九八年）。まさに、彼の「中立性テーゼ」に沿った明解な裁定であるように見える。

ただしこの裁定は、あたかも脳死からの臓器移植の問題に対して、「各人の信仰の問題だから各人の自由に任せるべきだ」というようなものだ。もしも政府や裁判所がこのような理由に基づいて行動し、ある人々が中絶や臓器移植を行うことに対する他の人々からの攻撃的介入を禁止するだけに止まるとしたら、対立の深刻さは決して和らぎはしないだろう。

実は、最近のリベラリズムの議論の中からも、中立性テーゼを疑問視するものが増えてきている。ドゥオーキンは直接的にはそう言っていないが、明らかに「リベラルな共同体」や「人格の真正性」を述べる議論において、中立性テーゼから乖離してきている。アッカーマンもその主張を大幅に修正している（Ackerman 1990）。さらに、ブライアン・バリーというリベラリズム論者は、リベラリズムそのものにとって、中立性テーゼを主張するよりも、リベラルな価値の優位を主張すべきだと言っている（Barry 1990）。

「中立性」とは、もともと「普遍的な視点」を実現するためのアイディアであった。それは少なくとも表面的な言葉の上だけでは、妥当な理念のように見える。しかし、「平等」がそうであるように、いざ現実の世界に適用しようとすると、その観念論的な性格があらわになってしまうのである。

第9章　リベラリズムの誤算

1　普遍の帝国

普遍的な価値

ロックやミルの古典的リベラリズムにはもともと自由と寛容の思想という側面が強く、自分とは異なる文化や生き方を容認することに価値をおくものであった。ミルの危害原理も、原子論的リベラリズムを主張するのが目的だったのではなくて、異なるものへの寛容のための原理だった。ところが、一九七〇年代後半からの現代リベラリズムは「正義の思想」という側面を強化していく。ちょうど同じ頃、ベトナム戦争に敗れて軍事的威信を失ったアメリカは、カーター政権からレーガン政権にかけて、国際政治上の外交戦略として「人権外交」を推進していった。(ベトナムのボート・ピープル、カンボジアの大量虐殺など、あまりにも明白な人権侵害が起こっていたのも事実だが。)

アメリカの戦略や工作とどのように結びついたのかは国際政治史家の分析を待たなければならないが、ともかく、一九八〇年代は国連を中心とする国際機関や国際的フォーラムの主要テーマが「人権 Human Rights」であった。

こうした国際的な運動や政治を中心的に支えたのが現代リベラリズムである。「人権」という概念は、普遍的な規範原理を表す言葉の中核に位置づけられた。それは、地域や文化や宗教、ましてや性別や年齢や階層を超えて、すべての人々にとって尊重されるべき人類共通の権利が存在するという思想を体現している。

抽象的なレベルで考えている限りでは、この思想に何も問題はない。世界中のどんな人にもあてはまる共通の価値が存在するという想定は、そういうものは何ら存在しないと考える相対主義や懐疑主義よりは、まちがいなくよい想定である。本書の基本的な立場は、そうした普遍的な価値を探求するのは尊いことだと考えるものだ。

しかし、ここに落とし穴が潜んでいることにも気づく必要がある。「普遍的な規範原理が存在すると想定すること」は、実際にそうした原理が「存在すること」を保証しないし、ましてや「何が普遍的な規範原理であるか」を直接答えるものではない。どうしたら普遍的な原理を具体的に明示することができるか、そして、一体どういう原理が真に普遍的であるかは、また別に探求されなければならない。したがって、「人権」という理念を掲げることが普遍的な視点から見て正しいと思われるとしても、それでは「何が人権か」について普遍的に正しい答えが直ちにえられるとは限らないのである。

不幸なことに、「人権」の概念はもとから「自分たちは何が普遍的な価値であるかを知っている」

と思いこんだ人々によって推進されてきた。フランス革命の際に、「人の譲渡不能かつ神聖な自然権を展示」したものとして『人権宣言』が布告されたとき、それを採択した人たちは、「自分たちは神聖な自然権を知っている」と信じていたのである。むろん、その内容は格調高いものであるし、（細かな但し書きをつければ）だいたいにおいて今日にもそのまま通用するものである。しかし、そのことはそこに「自然権が展示」されていることを意味しない。ある意味では、単にその当時の啓蒙主義的な知識層が構想した社会像の大部分を、今日のわれわれが継承しているというだけのことにすぎないのである。

さて、話を現代に戻すと、現代リベラリズムの「権利基底主義」や「正義の善に対する優位」などのテーゼは、一つの社会や国を超えて、世界のすべての人々に普遍的に妥当すべき基本的な人間の権利が擁護されるべきだという主張を導くことになる。しかし、それが多元主義という問題と衝突しがちなことは、すでにマイノリティ文化との関係で見たところである。また、フェミニズムとの関係で生じている争点は、ある意味で、家族という文化をめぐる問題だと見ることができる。家族や男女間の規範的関係は、世界各地でさまざまな文化的伝統として発展し存続してきた。それぞれの社会が近代化していく中で、多くの伝統的慣習やしきたりが消えていったけれども、政治制度や経済制度と比べて固有の文化の色合いが強く残っているのが家族に関わる制度である。とくに家族は、自立していない子どもが養育される場であるため、リベラリズムが想定している「独立した大人からなる社会」という前提だけでは成立しない。そのため、リベラリズムの普遍主義を直接に適用することが困難な領域になっている。すでに見たように、ロールズは家族の内部に直接その正義の原理が適用されることを考えていなかったが、この点はフェミニズムから、リベラリズムが十分には普遍主義的ではなく公私分離を温存しているという批判を受けることになった。他方、別のタイプのフェミニズムからは、リベラリズムが家族や親密な関係性の文化を十分には尊重していないという批判が提起され、ケアの倫理が強調されたのである。

ここには、リベラリズムが「普遍的だ」として提示しているものと個別的な文化との対立とともに、リベラリズムが「普遍的だ」と思っているものがはたしていかなる根拠において真に「普遍的」かという問題とが存在している。

普遍主義と文化の相剋

当然のことであるが、リベラリズムの普遍主義は、しばしば帝国主義的あるいは植民地主義的なものとして非難される。イスラム原理主義の観点からすれば、信仰の自由やジェンダーの平等や政治的民主主義を説くリベラリズムは、キリスト教の宗教的覇権主義やアメリカ帝国主義の一翼を担うものである。そこまで極端に考えないまでも、普遍主義的なリベラリズムが、世界の各地に存在している伝統的な個別文化を脅かす側面を持っていることは、決して否定することができない。この点から、最近では「正義」への疑いも提起されるようになっている。

むろん、リベラリズムの普遍主義には、たとえ「帝国主義的」であっても、直観的に首肯しうるものも少なくない。たとえば家族や性のうち、フェミニズムやリベラリズムの観点から西欧の論者が「人権にもとる」としてよく話題にするのが、（かつての）インドのサティ（寡婦殉死）や（今もある）アフリカ諸国の女性器切除のような、誰が考えてもあまりにも残酷で目を背けたくなるような風習である。これらが「普遍的人権」の名において批判されるのは当然のことだろう。それも帝国主義かもしれないが、仮に帝国主義だとしても、われわれの多くは帝国主義の方を支持するだろう。

しかし、すべての問題がこのように、容易に判断を下しうるようなものだとは限らない。日本の例で言えば、大相撲の土俵やトンネル工事の現場などから女性が排除されているという慣習は、はたして不正なものとして糾弾されなければならないものなのかどうか。あるいは、夫婦別姓や同性婚を法律的には認めないということは、個人の自由を抑圧する悪しき制度だと考えるべきかどうか、答えは簡単ではないと思われる。文化に深く根ざした慣習や制度に対して、リベラリズムの諸原理をどのようにそしてどの程度適用することができるかは簡単な問いではない。

たとえば、カトリック教会において司祭はなぜ男性だけしか認められていないのかという問題を考えてみよう。職業選択の自由や両性間の平等というリベラルな観点からすれば、司祭職からの女性の排除は不当な差別以外の何ものでもないはずだ。実際、フェミニズム神学の側からは、この制度に厳しい批判が寄せられている。

それに対して、オーソドックスな立場からは基本的に次のような弁論がなされている。「司祭の職は、イエス・キリストの代役として、ミサを執り行い、神に仕えるものであり、キリスト自身男性であったし、彼の十二使徒も男性であった。そこには、人知を越えた神およびキリストの深い配慮があったに違いない。そして、この点で男女の役割文化は、決して不平等を意味するものではない。今日、世論調査などでは、女性の任職に賛成する者が多いというような結果が示されているが、教会とは

「真理」すなわち神の教えを探求するところであって世論に従うところではない。」

この弁論では、すべては最終的にキリストと神の思慮に帰せられていることが分かる。このような弁論は、カトリック信仰を持たない者にとっては何の説得力も有しないかもしれない。しかし逆に、カトリック信仰の内側にいる人々にとっては、十分に意義ある議論であるだろう。聖書を前提にすれば、キリストと十二使徒が男性であったことは事実であり、歴史的にカトリックの司祭たちが男性に限られていたことも事実である。そこに何らかの深慮があったはずだという推定に反論することは難しい。

ここで、世俗社会の法システムを活用して、「カトリック教会が女性司祭を禁止していることは、両性の平等に反する」として違憲訴訟を提起することも考えられる。そのとき、裁判所はどう裁定するだろうか。

ここにおいて、リベラリズムは二つの陣営に分かれることになるだろう。一方の陣営では相手がカトリック教会であろうと他のいかなる伝統文化であろうと、社会のどの領域においても原則的にリベラルな規範原理が貫徹しなければならないと考える。したがって、カトリックの女性司祭の排除は「違憲」だと判断することになるだろう。

他方で、穏健なリベラリズムの陣営があるだろう。ここでは、それぞれの集団や文化には一定の範囲で自律性が認められ、原理主義的な平等や個人的自由が強制される必要はないと考える。むろん、その自律性には制約がある。殺人や窃盗のような通常の犯罪はもちろん、虐待やいちじるしく不当な差別や抑圧は禁止される。しかし、そうした明白な「通文化的規範」への抵触を除けば、それぞれの文化的伝統はその信仰や教義とともに、世俗の法・政治システムにおいて「尊重」されるべきだと考える。

後者は、限定的リベラリズムの立場である。第7章で述べたように、限定的リベラリズムは、政治社会においてリベラルな価値だけを信奉するのではないような包括的な諸教義が共存することを容認する。カトリック信仰はもとより、プロテスタント系の諸宗派、イスラム教、ユダヤ教、等の諸宗教のほか、ナショナリズム、コスモポリタニズム、マルクス主義、フェミニズムなどがそうした諸教義である。政治的リベラリズムあるいは限定的リベラリズムは、これらの諸教義が「道理的である」ことを条件に、それらにとって共通に妥当する規範的原理としての正義の原理を定立しようとする。その正義の原理の中身はかなり穏やかなものになるだろう。

それに対して包括的リベラリズムは、自らを政治社会における唯一の「真」なる包括的教義であって、他の諸教義はそれに従属すべきだと考えている。したがって他のさまざまな諸教義にも最終的にはリベラルな価値を尊重することを要求する。ただし、包括的リベラリズムの中にも、必ずしもリベラルな価値が完全に実現されることまでも要求するのではないものもある。たとえば、社会構成的文化の意義を認めようとするキムリッカは、マイノリティ文化がある程度までリベラルな価値から逸脱することは容認するだろう。（司祭任職からの女性の排除をどう考えるかは不明だが。）その一方で、包括的リベラリズムの立場に立つ多くの論者は、やはりカトリックといえども、すべての集団や文化はリベラルな価値に従わなければならない、政治社会を究極的に統御するのは、リベラルな価値だと考えるだろう。このような「いついかなる場合にもリベラルな価値が貫徹されなければならない」と考える包括的リベラリズムを「原理主義的リベラリズム」と呼ぶことができる。

何が普遍的か

原理主義的であるか穏和であるかにかかわらず、両方のリベラリズムとも、政治社会においてリベラルな価値が尊重されるべきだという点では一致している。両者の違いは、具体的に何が共通に貫徹されるべきだと考えるかにおいて異なっている。それは、何が「普遍的に妥当すべきか」に関する考えの違いである。

ところで、カトリックの司祭の問題の場合、一体本当にはわれわれはどう考えるべきなのだろうか。原理主義的リベラリズムが主張するように、カトリックのような伝統ある宗教文化においても、やはり両性の平等というリベラルな価値が遵守されなければならないと考えるべきなのか。それとも、自分はカトリックの信者ではないとしても、カトリックの信仰が女性は司祭につくべきではないと考えるのであればその信仰は尊重されなければならず、公的な政治や司法においてもそう判断されるべきだと考えるべきなのか。

この問いに対する答えは、リベラリズムの内部でも分かれているが、争点は結局のところ、「いかなるリベラルな価値が、いついかなる所でも普遍的かつ絶対的に妥当していると考えるか」にかかっている。無条件の両性の平等がそういう普遍的かつ絶対的に妥当する価値だと考えるならば、カトリック教会は不正義を行っていることになる。そうではなくて、政治的自由や信仰の自由は絶対的な価値だけれども、「無条件の」両性の平等は必ずしも絶対的だとは考えないのであれば、カトリック教会の慣行はむしろ信仰の自由の理由によって容認されることになる。

それでは、結局のところ一体何が「普遍的に妥当すべき価値」なのだろうか。確かにわれわれはサティや女性器切除の慣習を禁止することは普遍的な価値にかなっていると思っている。われわれが「普遍的に正しい」と思っている限りにおいて、それをわれわれ以外の人々に要求することは、たとえ帝国主義的ではあっても正義にかなったことだと考える。しかし、もしかしたらこれは、ただ単に「われわれが普遍的に正しいと思っている」というだけに過ぎないのではないか。一体、何が普遍的な価値なのかについて、単にわれわれがそう思っているということを超えて、真に正しい判断や基準というものは存在するのだろうか。

実は、現代リベラリズムとは、そうした「客観的に正しい基準が存在するはずだ」という前提で構想されてきたものだ。それは、「誰からみても疑いえない正しい価値や基準というものが存在しており、われわれはそれを発見できるはずで、それに基づいて普遍的に妥当な規範的原理を導きだすことができる」と考えている。こうした考え方を「基礎づけ主義」というが、現代リベラリズムは根本的なところで基礎づけ主義のプロジェクトなのである。しかし、これが成功することはきわめて疑わしい。

2　正当化可能性の基礎づけ主義

正当化という問題

リベラリズムは普遍的に妥当する規範的原理を確立し、それによって政治社会を秩序づけることをめざしている。このときリベラリズムは、普遍的に妥当する規範的原理は「正当化できる justifiable」はずのものだと考える。たとえばロールズは、原初状態のロジックを使うのをやめたあとの論文で、正義の構想が普遍的に妥当するはずのものである理由として、正義の構想が「十分に理由があると公共的に承認される事柄を引証することによって」「すべての市民に対して正当化できる」からだということを強調している（Rawls 1999：305）。ロールズは、ある正義の構想や規範的原理が「正当化できる」ということをもって、それが妥当なものであることを確立できると考えているのである。ある規範が「正当化できる」ということは、その規範の客観的な正しさを根拠づけると見なされている。それは必ずしも現代リベラリズムだけに見られる思考パターンではないが、とりわけ現代リベラリズムの議論では「正当化可能性 Justifiability」の概念が重要な役割を果たしている。それは、現代リベラリズムの基礎づけ主義と不可分のものだ。

次節であらためて説明するが、現代リベラリズムはいわばまっさらな白紙の社会に最高位の規範的原理として「正義」の原理を打ち立てようとする。それはすでに存在する何らかの（文化的に拘束されて歴史的に形成された）別の規範から導きだすことはできない。にもかかわらず根拠づけは必要だ。

『正義論』における原初状態の契約論的ロジックには、そうした根拠づけを与えることへの期待があった。それは、正義の二原理の正当化に役立つと思われたのである。原初状態のロジックに依拠しなくなっても、やはり正当化は必要である。ロールズは、「すべての市民に正当化できる」ということが、正義の原理を根拠づける理由になると考えたのである。

ここで、「正当化できる」という言葉に二重の意味が込められていることに注意しよう。まず一つの意味は、具体的に存在する個々の人々にとって「正当なもの」とみなして受け入れられることができる、というものだ。このときは、「正当だ」というのは、あくまで「正当なもの」と見なして受け入れている人々の判断に属す。いわば人々の主観的な判断だ。要するに、「正当なものだと思っている」ということにほかならない。

もう一つの意味は、人々の判断を超えて、「客観的な観点からみて正当であることが確立できる」というものだ。これは人々が正当だと思っているかどうかとは関係がない。前者の意味で正当化できなくても、後者の意味で正当なものはありうるだろうし、またその逆もあるだろう。

前者を**経験的な正当性**、後者を**理念的な正当性**と呼ぶことができる。経験的に正当化できるかどうか、正当化できたかどうかは、実際に確かめることができる。たとえば、日本人の多くは、現在の日本の政治体制を基本的なところで正当なものと見なしているし、「盗んではいけない」「人を殺してはいけない」などの規範も正当なものだと受け入れている。現存の多くの制度や規範は、多くの人々に「正当なものと見なされ」ているのである。しかし、それらが「理念的に正当化できているか」と問われれば、それは別問題だ。（これについては、拙稿「規範はいかにして語られうるか」（二〇〇一年）で論じたことがある。）

では、理念的に正当化できるかどうか、あるいは正当化できているかどうかは、どうやったら確かめることができるだろうか。ここでわれわれははたと立ち止まらざるをえない。どんな経験的な事実を持ってきても、あることが理念的に正当化できているかどうかを確かめることはできない。たとえ、すべての市民に対して「経験的に」正当化できたとしてもそうである。この二つの問いには、絶対的なへだたりがある。

この点、ロールズの「すべての市民に対して正当化できる」という言い方は曖昧だ。もしそれが「実際に存在するすべての市民に対して経験的に正当化できる」ということを意味しているのなら、それは実際にそうやってみせる必要があるだろう。そして、たとえそれに成功したとしても、それは単に「今いるすべての市民において正当なものだと合意された」ということを意味するだけだ。「合意」というのは、後で述べるように重要な契機ではあるが、現代リベラリズムの普通の立場からは「単なる合意」として低く見られる傾向がある。なぜなら一時のナショナリスティックな熱狂がそうであるように、人々の合意の内容はしばしば正しくないことがあるからであり、現代リベラリズムはそういう不確かなものを基盤にするわけにはいかないと考えているからである。

ロールズが自分の提出した正義の構想の正当性を実際に市民たちに問うというようなもくろみを少しも示唆していないことからすれば、ここの「すべての市民たちに対して正当化できる」というのは、やはり理念的な正当化を意味していると理解すべきだろう。だがそうすると、それは結局確かめようがないことになる。正義の原理は「正当化できる」ものでなければならないのだが、正当化は永遠に不可能なのだ。

ちなみに、英語では「正当化できる（can be justified）（be justifiable）」という言葉は「正義 justice」と近接している。実際、日本語の「正当性」にあたる英語は、まさに justice なのである。つまり、英語の文脈では、正義（justice）とは「正当性」をもつものであり、したがって「正当化できる」ものなのだ。しかし、正義を根拠づける方法として「正当化できる」ことを当てにしてもよいことにはならない。どうすれば「正当化できた」ことになるのかが一向に明らかではないのである。

ただし、「正当化できること」の意味をさらに別の言葉を用いて確立しようとする試みもさまざまにある。その代表例として、ロールズの弟子筋にあたるスキャンロンという哲学者の「契約主義」がある。彼は原初状態のようなフィクションに依拠することなく、より直接的に正義を契約論的に構築することをめざすのだが、そこで最も中核的な役割を果たすのが、「ある人のある行為は、誰も道理的に拒否することのできない原理によって要請されているかもしくは容認されるならば、正当化される」という論理である（Scanlon 1982 : 151）。これは「正当化できる」ことの中身を説明する理論になっている。だが、よく見ると、問題はただ先送りされているだけであることが分かる。なぜなら、「道理的に拒否することができない」ということそのものが、やはり理念的な概念であって、決して経験的に確かめることはできないものだからである。実際、どんな権利要求に対しても、本当は誰でもそれを拒否する何らかの「理由」を思いついて提示することができる。むろん、スキャンロンの理論は、それが「道理的」なものでないならば、「真の理由」にはならないというだろう。しかし、それを認めたとしても、一体「何が道理的な理由か」を誰がどのようにして確かめることができるだろうか。

基礎づけ主義

何らかの規範的命題を正当化する論理を探求するというプロジェクトは、リベラリズムに始まったことではない。ホッブズ以降の近代社会理論の多くが――ヒュームのような懐疑論者を除いて――このプロジェクトに携わっていた。念頭にあったのは、数学や自然科学の成功である。時代と文化を超えて、誰にとっても有無を言わさぬ説得力をもって提示される「真理」こそは、道徳哲学者たちもまた探求してやまないものであった。科学的「真理」が正当化可能であるように、規範的命題ももしそれが正しいものであるならば正当化可能なはずであった。カントを筆頭とする哲学者たちは、ひたすら正当化可能性を満たす論理と、その結果としてえられる「普遍的に妥当する規範命題」とを探求してきたのである。リベラリズムは「正義」を探求目標に掲げることによって、その傾向を加速しただけにすぎない。

ここで見落としてはならないのは、ここには自然科学の成功についての根本的な誤解が介在していることである。つまり、自然科学における正しい命題は、真であるはずの「法則」と、真であると観測された事実とから、「論理的」に導きだされたものだ、という誤解である。これは自然科学の「公理主義」的な理解であるが、この背景には、ニュートン力学の華々しい成功についての誤った解釈と、正しい知的探求の（今日でも魅了してやまない）モデルとしてのユークリッド幾何学とがある。

詳しい説明は省かざるをえないが、自然科学の公理主義的イメージでは、図9-1のような構図で

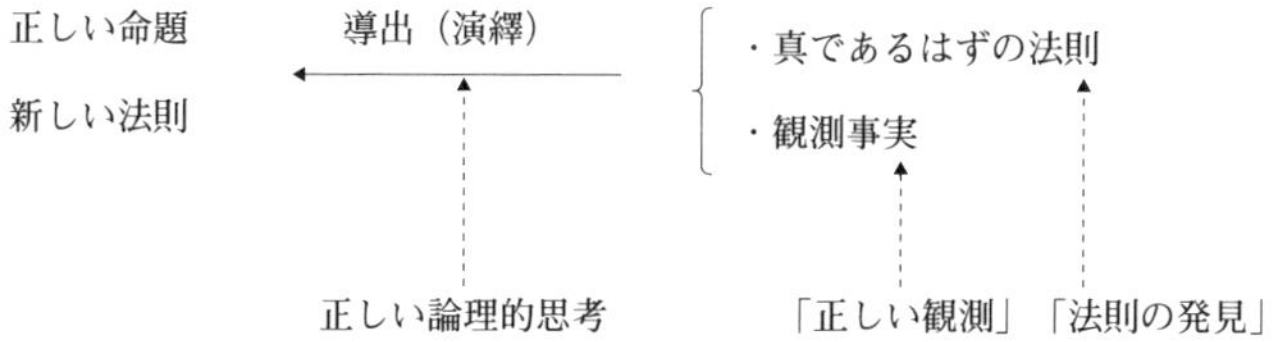

図9－1　自然科学についての（誤った）公理主義的イメージ

「正しい命題」が導き出せると考えられている。われわれや科学の探究者たちは、世界を正しく観測し、正しい法則を発見し、それらを組み合わせて正しく論理的に推論していけば、正しい命題にたどりつけるはずなのである。このうち、「真なる法則を発見すること」が探求にとって最も重要な仕事だと考えられている。それは、ニュートン力学の三法則に代表されるように、自然界を支配している客観的に真なる根本的な原理なのである。

しかし実際には、科学的探求は、正しい観測や正しい法則からではなく、間違っているかもしれない「仮説」から出発すると考えるべきであり、したがってこの構図は誤っているのだが、スピノザやホッブズ以降の近代の思想家たちは、社会の規範的秩序にとっても何らかの「客観的に真なる根本的な原理」が存在するはずだと考えてきた。カントがそうした原理として「道徳法則」の存在を想定していたことはよく知られている。すでに述べたベンサムの「存在するのは個人のみであり、社会の望ましさにとってカウントすべきなのは人々の快楽や幸福だけだ」という功利主義の原理も、あるいはミルの危害原理も、そうした「根本原理」に対応するものとして考え出されてきたものだ。

現代リベラリズムはこの伝統を忠実に、あるいはこれまで以上に強く継承している。第7章で述べた基本テーゼ、(A) 文化と善の構想に対する中立性、(B) 権利基底主義、(C) 善に対する正（正義）の優位、(D) 個人福祉に奉仕する社会、はそうした根本原理そのものもしくはその基盤をなすものであるし、(E) コンパートメント化は原子論的に作られた自然科学の成功をイメージした理論構築の戦略を表している。いうまでもなく、ロールズ『正義論』の「原初状態」のモデルも「正しい規範」を導きだすための「公正な基盤」をなすものとして設定されたものだ。少なくとも、そのように理解された。そして、この契約論的な構図こそが、人々の大きな関心を惹きつけて、現代リベラリズムの興隆をもたらしたのである。

とりわけ重要なのが、ここで探求されている「規範的な原理」の次のような特殊な性質あるいは意味である。すなわち、現代リベラリズムは、今日の文化多元主義を構成している個々の文化や包括的教義に対して、それらを超えた高次の規範的原理を確立することをめざしている。このことは、確立されるべき規範的原理はどんな個別の伝統的文化や道徳思想からも独立なものであって、その一部のものから導きだされるようなものであってはならないことを意味している。その規範的原理は、いかなる既存の道徳理論にも頼ることなくいわば白紙の上にまったく新しく確立されなければならないのである。そのためには、基礎づけ主義的な正当化という方法が最もふさわしいように思われたとしても不思議ではない。いかなる個別的な利害や文化からも独立な規範的原理を探求しようとするとき、どの視点にとっても正しい法則を発見することができれば、それを基礎にして、普遍的に妥当する規範的原理と規範的秩序の体系を導きだすことができるように思われる。それは「正当化できる」はずのものだ。真に普遍的なものは、当然のこととして理念的に正当なものであるはずだと考えられたのである。

これが、現代リベラリズムにおいて「正当化できる」という基礎づけ主義的な観念が重視された理由である。この構図を最もよく代表するのが「中立性テーゼ」である。「中立」という観念は、それ自体として普遍的な性質を備えているはずだからである。あるいは、責任－平等主義における「責任／環境」の二分法も、普遍的な基盤に立ったものだと見なされたがゆえに平等を理由づける根拠として用いられたものだ。

しかし、「正当化できる」というのは幻想であるし、「中立性テーゼ」は、異なる文化や善の構想が並存している状況において、実際にいかなる法をたてていかなる政策をとることが「中立的」であるかを具体的に述べることができない。どんな法や政策も、必ずやどれかの文化や善の構想にとっては有利になって、他のものには不利になるような結果を招かざるをえない。たとえ（リバタリアンのように）政府が何も介入しないという立場をとったとしても、そこには市場的競争のもとでの優劣が結果するだけだ。「すべては政治的なものだ」「すべては文化拘束的だ」というフェミニズムやポストモダニズムの政治理論が、少なくともこの点においては正しい。そして、こうしたわずらわしさを避けるために、異なる文化や善の構想をコンパートメント化することで対立を解消しようとすれば、それは実質的に社会的協働ないし社会そのものを解体するだけだ。

「責任／環境」の二分法も、一見すると誰からも疑いえない客観的な「責任」にのみ基づかせようとするものではあるが、実際には、「責任」の観念は決して客観的ではなく、文化拘束的なものなのであった。

「中立性」にしても「責任／環境」にしても、言葉の上だけでは普遍的であるかのように見える。

言葉のレベルだけで考えている限り、こうしたテーゼは普遍的なものだと正当化できるかもしれない。しかし、ここで「正当化できる」と受けとっているのは、当の論者だけだ。彼にとって「正当化できる」ことが、「真に」正当化できることを保証するものではない。そして、「正当化できる」と思われたテーゼを詳細に検討していけば、正当化できない側面がさまざまに明らかになってくる。これは少なくとも「経験的に正当化できていない」ということだ。理念的に正当化できないことが証明されたわけではないが、「正当化できる」ことが確立されないことに変わりはない。

3　超越としての正義とその不可能性

正義の中身の欠如

現代リベラリズムは、疑いえない真理としての「正義」を定立しようとしているのだが、その典型例として、井上達夫『他者への自由』（一九九九年）をあげることができるだろう。

井上は「正義」とは「多様な善き生の構想に対する共通の制約として妥当する価値」（『他者への自由』一〇二頁）であって、政治社会にとって基底的な規範的原理だと考え、これを「正義の基底性」と呼んでいる。そして、この観念は次の三つの命題からなるという（九八頁）。

（1）正義は政治社会の構成原理であり、政治社会における公私の力の行使を規制するとともに、公権力によって強行されうるものである。（正義の公共性）

（2）正義の原理は「善き生」の特殊構想に依存することなく正当化可能でなければならない。（正義の独立性）

（3）「善き生」の特殊構想が正義の要求と抵触する場合、後者が優先する。（正義の制約性）

これは、正義の理論を井上独自のやり方で簡潔に定式化したものとして、きわめて注目に値するものだが、次のような特徴を指摘できる。まず第一に、正義とは「公私の力の行使を規制する」原理だという主張は、公的領域であれ私的領域であれ、力の行使は正義という規範的原理に従わなければならないというものだ。ここで井上は、前章で述べた公私分離批判を念頭に置いて、私的領域も含めている。しかし「私的な力」というのはあらゆる相互作用に関わるものだから（拙著『権力』参照）、井上は結果的に正義が社会的世界の全域を制御する原理だと主張していることになる。

第二に、社会における政治権力とは、正義にのっとって、正義を履行するために存在する、という主張がなされている。正義は基底的であるだけでなく、遍在的（ユビキタス）なのだ。「正義にかなっていなければ、政治権力を行使してはならない」という主張はおそろしく強烈であることに注意してほしい。

第三に、（2）の「正義の独立性」は、ドゥオーキンやアッカーマンの「中立性」を踏まえながら、それよりも洗練された主張になっている。正義は、多様な善き生の構想に対して中立的である必要はないが、それらから独立したものでなければならない。

第四に、（2）にはもう一つ重要な点として「正義は、正当化可能でなければならない」という、前節でみた「正義の正当化可能性」が主張されていることが分かる。

第五に、そして最後に、以上を結びつけて考えると、「政治権力とその行使はそれが正義にかなっていることが、いかなる善の構想からも独立に、正当化されていなければならない」という主張を含意することになる。これは、当然、「文化からの、政治の独立性」あるいは「文化に対する政治の不偏性（必ずしも中立性ではないが）」を意味している。

井上のリベラリズムは、正義をきわめて強い意味で概念化するとともに、それを通じて、実質的に政治に対してもきわめて強い条件を課している。このような強い概念化が、リベラリズムをして、多元的な価値が分立する社会を政治的に秩序づける最上位の規範的原理たらしめようとする意図を反映していることは言うまでもない。リベラリズムが説く政治社会のあり方は、すべての時代と文化を超えて普遍的に妥当すべきものであり、その中核的価値概念である「正義」にはそうした性能が備えられていなければならない。こうした意図が、強い概念化をもたらしたのである。

しかし、ここで注意してほしい重大なことがある。それは肝心の「正義の原理の中身」が井上からは提示されていないということである。彼のその後の著作でも、依然としてそうだ。これは、奇妙なことではあるが、理解できない事態ではない。というのは、井上は正義にあまりにも強い条件を課しているので、その条件を満たすような具体的な正義の原理はもしかすると存在しえないかもしれないのである。そして、たとえ存在したとしても、何が実際にそうであるかを絶対的なものとして提示することはできないだろうと思われるのである。

このように「中身」が欠如しているという傾向は、実は、井上のものに限らず、（正義の二原理を具体的に提示した）ロールズを除く現代リベラリズムの諸理論一般に通ずることなのだ。（ロールズの正義の二原理も、中身はかなり抽象的なものにとどまっている。）その場合には、通俗的に言えば、いわば「お題目」を唱えているだけに等しくなってしまう。たとえば、ドゥオーキンの資源の平等論をふり返ってみよう。彼は、責任－平等主義に基づきながら、当初の平等な資源配分、オークション、そして仮設的保険市場などの理論装置を駆使して資源の基本的な平等を主張していた。しかし、具体的に、どのような資源をどのようにして平等化するかについては、何も論じていない。センも同様である。第5章ですでに触れたように、彼の潜在的能力の平等論が、どのような潜在的能力を具体的に平等化すべきかについては述べていないのである。「権利基底主義」を主張する人も、いかなる権利が普遍的に認められるべきかについて具体的に論じることはない。この点では、集合的権利を否定して個人権利の優先を説くキムリッカも同じである。

正義の中身や平等化の中身を具体的に提示することができない理由は、そもそもそれが何であるかを論者自身が知らないからだが、知るための努力を傾けるのを抑制する心理的機制も働いている。具体的な中身を提示すると、必ずや誰か他の論者からあるいは政治的発言に熱心な集団からクレームが立てられるのは分かっている。よくて、完全に無視されるだけだ。具体的な「普遍的な権利」の提示でさえそうだろう。女性器切除の慣習を批判する西欧の議論に対しては、西欧中心主義的すぎるという逆の批判が当該社会のリベラルな専門家から示される。ましてや「中絶は女性の権利だ」などと言えば、全米のプロ・チャイルド派の団体から抗議が殺到する。

つまりは、リベラリズムが「正当化できる」と考えて提示する具体的な正義の中身は、提示された途端に熾烈な批判の的になる。とても「正当化できる」というような状況ではない。そのことを、多くの理論家はよく知っている。

むろん実際にリベラリズムの立場から具体的な「正義」や「普遍的権利」を提示する人がいないわけではないし、なかには多くの人の賛同をうることもある。しかし、まさに異なる文化や信念が鋭く対立しているホットな争点に関しては、リベラルな主張は一般にただ単に「一方の陣営からのもの」とみなされるだけに終わっている。経験的なレベルでは「正当化できる」ことからはほど遠い。それだけではなく、むしろ対立を激しくさせ人々を分裂させる傾向さえある。アメリカにおける中絶や結婚の問題がそうだし、日本における靖国神社やジェンダー・フリーの問題などがそうだ。フランスにおけるスカーフ事件も、「政教分離」というリベラリズムが引き起こした宗教対立とみることができる。

ここにはきわめて皮肉な状況が生じている。現代リベラリズムは、対立する異なる文化を超越して普遍的に妥当するような規範的原理を確立することをめざしていた。しかし、実際には、そのような規範的原理の中身を具体的に提示することは回避されるか、もしくは、提示したとするとむしろ対立を煽ってしまうのである。多くの論者は、リベラリズムが既存文化を超えた包括的な教義であることを願っているが、現実には、リベラリズムは今日の対立しあう諸教義の中の一つにすぎない。

ここには、現代リベラリズムの誤算がある。

超越としての正義

「正義」は現代リベラリズムが最高位におく価値である。それは、異なる文化や宗教の神々の闘争を超えて、社会（一つの国民社会だけでなく、世界全体）を秩序づけるべき普遍的な規範的原理を意味している。それは、個別の文化や状況を超えて「絶対的」に妥当する。そういうものとして「正義」という価値が想定されるのである。

ここにおいて、「正義」が、実はある種の「超越者」と同じ位格に設定されていることが分かるだろう。現代リベラリズムにおいて、「正義」とは、すべての文化や宗教や人々の善の構想がその下に服すべき超越者なのである。「神」と言ってもいい――むろん、リベラリズムがそう呼ぶことはないが。現代リベラリズムとは、このような「超越としての正義」を理念として奉戴する思想にほかならない。

しかし、「正義」という言葉にもとからこのような超越的な意味があったのではない。第2章でも短く触れたように、それはロールズ以降の現代リベラリズムによって発展されたものである。「正義」とは本来何を意味するかというような問いに、あまり意義はない。ただ、「正義」という言葉を用いて人々が何かを探求したり価値づけたりしているとき、その言葉を用いて何が語られたり求められたりしているかを正確に知ることは必要だ。

道徳哲学や倫理学の分野で「正義」が中心的な価値と見られるようになったのは最近のことだが、それ以前でもまったく無視されていたわけではない。伝統的に「正義」の概念は、アリストテレスが『ニコマコス倫理学』で示した整理のしかたが標準的に援用されてきた。そこでは大きく三つの正義が区分されている。一つは「配分的正義」で、集団にとって必要な負担や集団において生産された利益を、人々の間でどう配分することが正しいことかを規定するものである。第二は「匡正《きょうせい》的正義」で、AによってBに損害が生じた場合にその損害をAが修復しなければならないという規範を表している。「矯正的」という訳語も用いられるが、漢字の意味は「匡正」の方が正しい。第三は「交換的正義」と訳されているが、英語では「Commutative Justice」で、取引における交換条件の公平さを表現している。

これらの三つの正義は、いずれも日常生活の社会関係につきまとう利害の潜在的な対立において、誰にどんな利害や負担を帰属させるかに関する社会的決定が規範的に正しくあるべきことを言い表したものだ。共同作業で生じた利益をどう配分することが規範的に正しいことかを規定するのが配分的正義であり、不法行為によって生じた損害をどう償うことが規範的に正しいことかを規定するのが匡正的正義であり、いかなる交換条件が規範的に正しいかを規定するのが交換的正義である。

日常生活ではこれ以外にもさまざまな場面で「正義」が語られるが、ここでは学術用語としての「正義」に限定しよう。アリストテレスの三類型を中心にして考えると、その「正義」は、社会的裁定あるいは社会的決定の一つの属性であって、それらが「規範的に正しい」という性質を意味する概念だといえるだろう。

法学の分野では、よく「法の目的は正義である」ということが言われる。つまり、法が究極的につかえる価値は「正義」だというのである。その内容はやはり曖昧であるとはいえ、いくつかの特徴をあげることができる。第一に、法にとっての正義は一般的な道徳と必ずしも同じではない。たとえば、恩義のある人をかばって法廷で偽証することは道徳的には容認されるかもしれないが、法的に正しいことではない。第二に、法の目的が正義だとしても、すべての現実の法が正義にかなったものとは限らないことを、われわれはよく知っている。法が正義の実現に失敗することがあることからすれば、正義は法を超えたところに想定されている。第三に、にもかかわらず、正義は法によって、あるいは法において実現されることがめざされている価値である。

アリストテレスの三つの正義は、いずれも法の目的になりうるような正義である。配分的正義に関しては、所得税法やさまざまな社会政策ないし社会保障に関する法が、匡正的正義に関しては刑法や不法行為法が、そして交換的正義に関しては商法がある。

このように見てくると、「法の目的は正義だ」という言い方は、法と「正義」との密接な関係をうまく表現したものだと考えることができる。そして、このことは逆に、このときの「正義」はきわめて強く「法」に引き寄せられたものであることを意味している。これは、英語やフランス語の Justice の語源がラテン語の jus（法・正義）に由来することからもいえる。そして、日本の法務省に対応するアメリカの司法省が The Department of Justice と名づけられている所以は、法が正義を司ることを目的とするという理念を表しているのである。

以上が、現代リベラリズムによって超越的な意味が賦与される前の「正義」の使われかただった。それはいわば「法が従うべき最上位の規範的原理」を意味していると言えるだろう。この場合重要なことは、第一に、「正義」は他の多くの価値に対して、必ずしも優位に立つものではないということである。たとえば、個人の人格的な道徳性のすべてが法や合法性に還元されるものだとは考えられない。それは「法の正義」と対立することがありうるし、その際、後者が優先すべしという規範的原理があるわけではない。あるいは、「寛容」という価値も、「法の正義」とは独立している。個人道徳について「正 right」と「善」とが対比して論じられるときの「正」には、法的な正義だけでなく道徳的な義務に従うことが含まれているが、これは必ずしも法の「正義」と同じものではない。

第二に、現代リベラリズムが現れる前は、「法の正義」に関して、法の公正かつ平等な適用というような一般的な原理は存在したけれども、「正義の原理の確立」というような課題はほとんど探求されてこなかった。たとえば、法によって配分的正義がもたらされるべきだと考えるときでも、「真の平等とは何か」が問われることはない。配分的正義を一般的に規定するような原理が求められたわけではない。要するに具体的な争点について「何が正義か」が問われることはあったけれども、一般的に「正義とは何か」という探究課題は主題化されていなかったのである。

第三に「たとえ世界が亡びようとも、正義が行われるべし」というように、従来でも「法の正義」を超えて、より根源的な意味で「正義」が語られることはしばしばみられるが、その場合、その「正義」は中身が特定化されない何か超越的な視点からの「裁定」を意味していた。それはいわば人知を越えた究極的な「社会としての道徳的な正しさ」を表象したものである。そのような「正義」の内容は、思い思いに（それぞれの信条において）想定されるのだが、その内容の妥当性を世俗的な理論作業で確定しようとすることはなかった。

しかし、ロールズ以降の現代リベラリズムは、「正義」にまったく新しい意味を込めて法哲学あるいは道徳哲学における中心的な探求テーマに設定した。ロールズが「正義」に「社会制度の第一の徳」

という意味を与えたときから「正義」は世俗的な理論レベルで社会が従うべき最上位の道徳的価値を表すものになったのである。そういうテーマを設定したからこそ、現代リベラリズムの隆盛があったのではあるが、それはほとんど必然的に基礎づけ主義的な探求に向かわせるものであった。「正義」とは、そもそもの出発点において社会が定立すべき根本的な規範的原理であり、それは既存のさまざまな信仰に依拠することなく白紙の状態にあるものの上に書き込まれなければならないのである。その「普遍的な妥当性」が何らかの普遍的な視点の論理によって根拠づけられなければならない。しかもそれは、多くの論者にとって、いわば「神」のように、しかし「世俗的」に、いかなる既存の文化や個別的な利害からも独立したものでなければならないと思われたのである。

このような「超越的な正義」の探求が、一九七〇年以降の多元主義的な現代社会に生じてきているさまざまな問題を背景にしており、それらの「解決のための道徳的指針」を提示することをめざしたものであることは、すでに何度も強調したとおりである。この探求は、決して単なる論理遊びではなく、現実の諸問題への道徳的関心に導かれたものだ。

しかし、白紙の上に普遍的に妥当する正義の原理を確立するというプロジェクトは必然的に基礎づけ主義的にならざるをえず、そして基礎づけ主義は決して成功しないのである。多元主義を乗り越えようとした戦略は、おのずから多元主義の中に埋没していくことになる。

終章　仮説としての規範的原理

構築されたものとしての正義

一九七〇年までの長い停滞を打ち破って、社会の道徳性を真正面から主題にする探求を打ち立て、道徳哲学や規範理論に新風を吹き込んで新しい活路を切り開いたのは、リベラリズムの大いなる功績である。われわれは華麗な知的饗宴をそこに見ることができるし、それは今でも続いている。その第一義的な課題は、文化的な多元主義状況の現代社会において、異なる文化を超えて妥当すべき政治社会の規範的原理を確立することであった。この規範的原理を、現代リベラリズムは「正義」と名づけた。正義は、時代と文化を超えていかなる政治社会もがしたがうべき価値だと表象された。この表象そのものは、きわめて説得的であり、拒否することは難しい。しかし、このように表象された「正義」にこそ、現代リベラリズムの困難が存在する。

現代リベラリズムが確立しようとする「正義」は、すべての文化や宗教を超えて超越的に君臨するものでなければならない。したがって、このような超越的な「正義」は、いかなる文化や宗教にも依存することなく定立されなければならない。しかし、これは単純に言えば、規範的なものが何も前提できない白紙の上に、規範的なものを浮かび上がらせようとすることだ。そんな無から有を生むような芸当は、いったいどのようにして可能なのだろうか。これがどんなに困難な課題であるかに、多くの人は気がついていなかった。

論者たちは暗黙のうちに、基礎づけ主義という戦略をとらざるをえなかった。すなわち、いかなる宗教や文化にも依存することなく誰にとっても疑いえない公理的命題から出発すること、あるいはそうした公理的命題を定立することがめざされたのである。

このようにして、たとえば「中立性テーゼ」が提唱された。このテーゼは確かに、いかなる文化や善き生の構想からも独立している。しかし、考えてみればすぐ分かることだが、このテーゼは「政治の不可能性」を意味している。すべての文化に対して中立的な政治などというものはありえない。「中立性テーゼ」は不可能なテーゼである。いわば、何をも導出することのできない「トートロジカルな公理」のようなものだ。あるいは「権利基底主義」がある。これも確かに、「普遍的に妥当する権利」があるとすれば、それは異なる文化・宗教を超えた共通の基礎になる。そういうものを想定するレベルに止まっている限り、われわれは超越した視点にいることができる。しかし、いざ具体的にそうした権利を特定化しようとすると、とたんに現実の神々の闘争に巻き込まれざるをえない。

現代リベラリズムを特徴づけるほかのテーゼ、「正の善に対する優位」「個人福祉に奉仕する社会」「コンパートメント化」なども超越的な「公理」であることをもくろんだものだ。とくに「コンパートメント化」は、社会空間を個人の自由裁量域に区画分けすることによって、個人レベルの善き生の構想のあいだの対立を超えることができると思いこんでいる。

しかしいずれにしても、「超越的な正義」とそれを導きだす基礎づけ主義の理論戦略は不可能だ。その根本的な理由は、われわれは文化的に意味づけられた世界を生きているということにある。たとえば、普遍的に妥当する個人的権利を設定することを基盤にして普遍的な正義を確立しようとする理論戦略は、そうした「普遍的な権利」が存在することをあてにしている。しかし、「権利」は責任―平等主義の「責任」と同じく、文化的・歴史的に構築されたものだ。何が権利であるかについては、日々検討が加えられ、新しい権利が取り入れられる一方で、あるものは廃棄されていく。たとえば「プライバシー権」は新しく取り入れられていった権利であり、「日照権」はある時に導入されてその後重視されなくなってきた権利である。

司法的な思考においては、事件に対して判決を下すために、その根拠としての法規範を前提しなければならない。その中心になるのが「権利」である。権利は成文法にもうたわれるものが多いが、プライバシー権や日照権のように立法に依らずに司法過程で創造されたものもある。いずれにしても、判決を正当化するためにその論理的な根拠として**想定された**ものだ。その想定はさらに成文化されている憲法や成文化されていない「自然権」のようなものによって正当化されることがあるけれども、十分な意味で正当化できているわけではない。憲法解釈や自然権解釈はいろいろにありうるので、裁判官はただ、その時点において自らの責任において最も適切と考えられる論理を構築しているにすぎない。その論理は、裁判官を含む法律家集団の法文化とさらに彼らが属しているより広い社会文化を基盤として組み立てられる。

「普遍的人権」の概念もそうしたものだ。その概念とその中身とは、それを想定する人が所属している文化によって拘束されているのである。はやりの言葉を使えば、「社会的に構築されたもの」なのである。「責任」がそうだし、センの「基本的潜在能力」もそうである。

何が権利であるかの法的判断や実定法は、実際には文化的に拘束されているにもかかわらず、論理的にはあたかも普遍的に妥当なものであるかのように提示される。法は当該の社会や時代のさまざまな偶有性を超えた価値につかえるものだと表象され、そのように法を究極的に根拠づけるものとして「正義」という普遍的な価値が設定されるのである。ときとして、現存の法が「正義」に反するものとして批判されることもあるが、その場合でも、というよりはそうであればますます、法の背後にある最終根拠としての「正義」の権威は高められる。これによって逆に、具体的な権利の主張は、「正義」の観念に訴えかけることで、実定法レベルを超えた正当化が試みられる。

このようにして「正義」は、法的思考において、個々の実定法やそれと結びついた個々の社会の権力構造や文化的拘束性を超えて、あるべき法的判断を根拠づける普遍的な価値理念として表象されてきた。

現代リベラリズムが、社会を秩序づける基本的な規範的原理として「正義」を設定したとき、法的思考におけるこの構図が、法的世界を超えた社会全体に拡大適用されることになった。こうした「正義」の観念は、多文化状況という問題に対して個別の文化を超えた普遍的な規範的原理をさすものとしてまさにうってつけだったのである。

この点、かの脱構築の哲学者J・デリダが、『法の力』のなかで「正義」と「法」とを対比させて、法は脱構築しうるしそうすべきものだけれども、「正義」は脱構築不可能だ、と述べているのは示唆的だ（訳三三～三四頁）。ここではデリダもまた、普遍的で超越的な根拠規範としての「正義」という観念を信じようとしていることを自ら暴露してしまっているのだが、それほど現代リベラリズムが構築した超越的な「正義」への信仰は広くて篤いのである。ただ、ここで重要なことは、デリダのこの信仰は、正義の中身が具体的には語られないことで支えられているということである。つまり、実際に正義を基礎づけるという作業から免れていることで、「究極的な根拠」でありえているのである。

しかし、現代リベラリズムのプロジェクトは脱構築とは大きく異なる。それは、具体的に正義の中身を提示するという課題を引き受けてしまった。そのためには普遍的に妥当する原理を具体的に発見しなければならない。その成果が、文化拘束性を超えうる原理だと考えられた「文化的中立性」や「権利基底主義」のようなリベラリズムの諸テーゼである。しかしこれらの「普遍性」は表面的なものにすぎない。いざ具体的に正義の中身を語ろうとすれば、われわれは深く文化に状況づけられているという事実に直面せざるをえないのである。

ローティのリベラル・ユートピア

現代リベラリズムの基礎づけ主義を批判する本書とよく似た議論を展開している論者に、プラグマティズムを標榜するアメリカの哲学者リチャード・ローティがいる。彼は、一方でフランスの脱構築の哲学者デリダなどを援用しながら哲学の脱構築を説きつつ、他方で、現代リベラリズムの基礎づけ主義を批判して、歴史的偶然として出現したものとしての（ドゥオーキンとは異なる意味での）「リベラルな共同体」を擁護する議論を展開している論者である。彼はリベラリズムから基礎づけ主義的な要素を取り去る形でプラグマティズム的なリベラリズムを独自に展開している。ローティからみれば、「真理」が正当化不可能であって、なしですませることのできる概念であるのと同じように、「正義」もまた正当化不可能であり、それを何らかの形で根拠づけようという現代リベラリズムは、近代の哲学的探求の多くがそうであったように、形而上学的な企てであって、失敗を運命づけられているのである。「真理」がなしですませることができるとは私は思わないが、「正義」への批判はその通りだと思う。ローティは「正義」をかかげない自らの構想を「リベラル・ユートピア」と呼ぶのだが（『リベラル・ユートピアという希望』）、それは、はたして現代リベラリズムを乗り越えるにふさわしいものになっているだろうか。

ローティについてまず特筆すべきことは、彼が非常に早い段階でロールズの『正義論』についてまったく異端的な読み方、すなわち、それを基礎づけ主義的な契約論を提示したものとしてではなく、のちに『政治的リベラリズム』で明らかとなるような「寛容」を中心とする政治理論を打ち出したものだという（本書が提示しているのと同じ）読み方を表していることである。具体的には、一九八四年に書かれ、一九八八年に活字化された「哲学に対する民主主義の優位」という論文がそうである（『連帯と自由の哲学』に邦訳がおさめられている）。この中でローティは、ロールズの『正義論』が「歴史主義的、反普遍主義的」であり、「権利を基盤とする」ものではなく、ドゥオーキンよりも（代表的コミュニタリアンの理論家である）ウォルツァーに近いという解釈を示す。もともとはローティも、ロールズの『正義論』を「われわれの道徳的直観を人間本性に関わるある考えに基づけようとする、啓蒙主義の試みとして」読んだのだが、『正義論』に続くロールズの諸論文によって、誤って解釈していたことに気づいたという（『連帯と自由の哲学』訳一七九〜一八〇頁）。後続した論文としてとくにあげられているのは、一九八〇年の「道徳理論におけるカント的構成主義」という論文で、のちに『政治的リベラリズム』に結実するいくつかの基本アイディアが述べられているものだ。

ローティは、それよりも前に、一九八三年の「ポストモダニストのブルジョア・リベラリズム」と題する短い論文で、カントとヘーゲル、あるいはドゥオーキンとウォルツァーを対比して、ヘーゲル的ないしウォルツァー的なやり方で「リベラリズム」を擁護する議論を発表しているが、すでにそこに彼のいうリベラル・ユートピアの理論の骨子が述べられている。基本にあるのは、道徳的確信にとって超越的な「根拠」なるものは存在しないということである。その上にたって、「ある集団の制度や慣行の道徳的正当化は、哲学的なメタ物語ではなくて、主として歴史的な物語が関わる事柄だ」(Rorty 1991 : 200) とされる。つまり、哲学的な議論によって理論的に正当化できるものではなくて、ある集団や共同体の歴史に埋め込まれている集団的アイデンティティについての自己意識によってのみ正当化されるものだというのである。しかし、そうだとすれば、それは「相対主義」に陥るのではないかという懸念や疑念が生じるだろう。相対主義は自己論駁的だ。それを認めたうえで、ローティは「すべての共同体が同じ程度によいものだということと、われわれは今現在アイデンティティを抱いている共同体から出発して問題にあたらなければならないということには違いがある」(*ibid* : 202) として、自分自身の属す共同体の歴史に準拠することを擁護するのである。

別の論文でローティはこれを次のように定式化している。

私たちの実践についての循環論的な正当化が、つまり、私たちの文化が持つ特徴の一つを、その文化のもう一つの特徴を引き合いに出すことにより、あるいは他の文化との比較で自分自身の基準を参照するという、自らが有利になる仕方で説明することによって、よりすばらしいものに見せるという正当化こそ、私たちが手に入れようとする唯一の種類の正当化だ（「リベラルな共同体の偶然性」『偶然性・アイロニー・連帯』訳一二二頁）。

つまり、自らの文化に属しつつ、その内部からよりよい特徴を取り出して発展させることで、制度や慣行をよりよいものにしていくというやり方だ。ローティは、基礎づけ主義を導く啓蒙の合理主義は否認するが「啓蒙のリベラリズム」は擁護する。彼は一八世紀末ないし一九世紀西欧に出現したリベラルな民主主義の社会構想は、現代のアメリカにとってのリベラルなユートピアという社会的希望を指し示していると考える。それは彼のみるところでは、二〇世紀前半にプラグマティズム哲学を代表するジョン・デューイが構想したリベラル民主主義でもあり、そうした文化的および歴史的な伝統の上に、より開かれた、想像力と好奇心に富んだ進歩への希望を語ることが、ローティの考えるリベラリズムなのである。

このローティのリベラリズムは、しばしば「自文化中心主義的だ」という批判もあるが、そうだとしてもきわめて魅力的なもので、傾聴すべきところが非常に多い。しかし、一点だけ大きな問題が残されている。それは、端的に言えば、「で、非西欧文化の者はどうすればいいの？」という問いに、ローティは答えようとはしていないということだ。ローティからすればそれは「自分で考えろ」ということかもしれない。

しかし、この問いへの無関心さには、冗談以上の問題が潜んでいる。第一に、ローティのリベラリズムは「開かれた自由」と「寛容」を中心とする古典的なリベラリズムから実質的にはあまり変わってはいない。それはむろん尊重すべき思想なのだが、今われわれが必要としているのは、それをもう少し先に進めたものであるはずだ。それはつまり、これが第二の問題なのだが、文化の多元状況が提起している、単に寛容を説くだけではすまされないようなさまざまな難問に対して、少しでも解決らしいものへ向けた指針が示されているわけではないということだ。

たしかに、ローティが言うように、われわれはまったくの白紙から出発するのではなく、今現在われわれが受け入れている文化――それは歴史的に偶然に形成され、決して普遍的なものとはいえない――から出発する以外にはないだろうが、そうだとしても、その際、「ともに出発すべき『われわれ』とはどの範囲を含むべきか」、「その文化とは何か」などといった根本的な問題が残されたままだ。「われわれ」の範囲を広げれば広げるほど、われわれが受け入れる文化は多様で、内部に対立をはらんだものになっている。これに対して、ローティがうまく答えられるようには思えない。

ここには、多くのコミュニタリアンと共通する「われわれ」や「共同体」の自明視がみてとれる。人々が、理論家も含めて、そうした自明視にとらわれているのは事実だし、完全に払拭できるものではないが、少なくともそれを反省の回路に入れることなしには、今日の多文化状況に対応する理論をめざしたことにならないだろう。

暫定協定しかないのか：グレイのミニマム・リベラリズム

ローティとは別の方向で、「超越としての正義」というようなものに依拠することなくリベラリズムを再構築しようとしている論者に、イギリスの政治哲学者ジョン・グレイがいる。彼は、文化多元主義状況に対する政治社会の応答としてありうるのは「暫定協定 modus vivendi」でしかないと主張するのだ（Gray 2000）。暫定協定とは、それぞれの包括的教義が他とのやむをえない共存を政治的妥協によって維持しながら、棲み分けをはかるという秩序のあり方である。かつて、一九世紀後半から二〇世紀前半にかけての主権国家からなる国際秩序が典型的な例だといえる。そこでは、各国家はそれぞれ覇権主義的な野望を抱きながら、力の均衡の危ういバランスによって何とか共存をはかっていた。（むろん、周知のように、第一次世界大戦と第二次世界大戦によって、この暫定協定という方式の失敗は立証されたということもできる。）

暫定協定の最大の特徴は、異なる包括的教義にとって共通に妥当する価値として、「共存」だけを設定するということである。それぞれの包括的教義は他の点においてどんなに激しい対立があっても、とりあえずお互いの共存を認め、そのための最低限の政治的妥協について合意する。信教の自由や言論の自由は、こうした妥協の表れだと考える。そうした最低限の合意の部分を除いて、お互いは他に干渉しない。リベラルな観点から見てひどい男女差別を行っている文化やマイノリティ集団も、逆に伝統的文化から見てとんでもない自由放任型の生活様式も、それぞれの包括的教義を生きているものとして容認される。

グレイはこうした暫定協定こそが、唯一可能なリベラリズムのあり方だと考えている。これはこれまで検討してきたリベラリズムとはおそろしく異なったものだ。現代リベラリズムはむしろ包括的リベラリズムであるのに対して、グレイのそれは限定的リベラリズムの中でも極端に小さなミニマム・リベラリズムといえるだろう。

しかし、暫定協定という秩序のあり方はきわめて不安定なものである。たとえば、現時点でのケベック州とカナダ連邦との関係はそうした暫定協定だと見ることができる。ケベック州は連邦の一九八二年憲法を承認しないまま独自のフランス文化優先政策をとっており、潜在的な分離独立の動きはいっこうに衰えていない。連邦はケベック州のやり方を承認しておらず、ケベック州は連邦のやり方を認めていないのであるが、何とか決定的な対立だけは回避している。

このような場合、暫定協定は現実的にやむをえない方式ではあるけれども、望ましい状態であるとはいえない。規範的社会理論が、異なって対立する包括的教義のあいだでは暫定協定だけが唯一の秩序のあり方だと主張するとすれば、それは規範的社会理論としての役割を果たしていないことになるだろう。なぜなら、規範的社会理論の仕事は、社会をより良く秩序づける規範的原理を探求することであり、暫定協定は決して社会を「より良く」秩序づけているとはいえないからである。

共通の価値を求めて

それでは、超越的な「正義」を打ち立てようとする現代の包括的リベラリズムも、ローティのような自文化中心主義的なリベラル・ユートピアも、暫定協定でやむをえないとするミニマム・リベラリズムも満足すべきものでないとすれば、いったいわれわれにはいかなる規範的社会理論が可能なのだろうか。そもそも、はたして規範的社会理論なるものは可能なのだろうか。

ここでまず確認しておきたいことは、文化多元主義の社会状況のもとで、異なる文化や信念にとって共通に受け入れ可能であるような公正な政治的秩序の構造を規定する規範的な原理を探求することは、やはり重要な課題であって、このテーマを明示的に提起した現代リベラリズムの功績は決して否定できない、ということである。

この規範的原理への探求は、「共通に妥当する普遍的な規範的原理」というものが**存在するはずだ**というわれわれの「信念」ないし「信仰」に支えられる。その存在は確証されてもいないし、自明の理でもないが、ちょうど、経験的な科学的知識の探求が「真理」の存在への信念に支えられているように、あるいはトロイ遺跡の発見がシュリーマンの信念に支えられていたように、見いだすものの存在への信念こそが探究を可能にするのである。こうした「共通に妥当する普遍的な規範的原理の存在への信念」をあてにすることの重要性は、ローティのリベラル・ユートピアにもグレイの暫定協定にも欠落しているものだ。

その一方で、現代リベラリズムの戦略の間違いの一つは、そうした規範的原理として普遍的に妥当するものの存在への信念から、ただちにそれを自明視して、真にそうであるものを提示しなければならないし、実際に提示することができると考えたことにある。しかし、われわれはどんなふうにしても、何が本当に普遍的に妥当するかを証明することはできないのだから、それは不可能なことなのである。（この間違いは、今ある科学的知識を絶対的真理とみなして、他の知識を非合理だとか形而上学だとか無意味だとかと見下した科学主義の誤りに似ている。）この誤りを避けるためには、われわれが提示しうる規範的原理は常に「**仮説**」でしかないと考えるべきなのだ。それは論者がその時点でもっとも道理的だと考える結論であるだろうが、基本的に批判可能であって、誤りであると判明したり、別の仮説によって置き換えられうるものだと考えなければならない。

提示される規範的原理は仮説であるから、決して無前提に「正当化できる」ものではない。それはよくてせいぜい、その時点での厳しい批判的検討を生き延びることができるだけである。「仮説」だと考えることは、もしかすると誤っているかも知れないこと、もっと正しい考え方があるかも知れないことを認めることである。これは包括的リベラリズムではなくて限定的リベラリズムに近く、自らと異なる文化や価値や教義に対してより寛容であることを意味する。

現代リベラリズムのもう一つの間違いは、**政治の役割**を軽視ないし無視したことである。この点は、かねてからハーバマスやムフのような政治理論家たちから批判されてきているが、[*]少し考察を加えておこう。政治が重視されないのは、やはり基礎づけ主義のしからしめるところである。基礎づけ主義的に導きだされる（はずの）普遍的な規範的原理は、（1）決して「単なる」政治的討議や利害調整によってではなく、理論的に「正当化」されるはずであり、（2）しかもいったん確立されたならばその後の政治的な討議において批判の対象になるはずもなければ、ましてや変更されるはずのないものである。すなわち、普遍的な規範的原理（正義）は「正当化できる」という理論的事実だけに依存するのであって、その導出においても維持においても政治という不確実で不完全なプロセスに依存するはずがない。現代リベラリズムはそのように考えている。しかし、もしも基礎づけ主義が正しい方法ならばこう考えても構わないが、それは正しくない。われわれが実際に導出しうる規範的原理は常に仮説でしかない。だとすればそこには政治が関与しなければならないのだ。

＊　ハーバマスは一九九五年の論文でロールズの『政治的リベラリズム』を論評し、ロールズが「理性の公共的な使用」の場である意見の討議過程を理論的に位置づけていない点を批判している。またC・ムフは、ロールズ理論を「政治なき政治哲学だ」としている。

政治とは、異なる利害や意見や信念をもった人々が一定の議論の空間において討議を闘わすことを通じて、暫定的にともに受け入れうる**集合的な決定**を作り出すプロセスである。実際にえられた集合的な決定が「理念的な観点から見て正しい」決定だという保証はないが、結局のところ、それ以外に実際に集合的決定をえる方法は存在しない。（理論は集合的決定に影響を及ぼすことはあるけれども、それに取って代わることはできない。）政治には、さまざまな利害や偏見など、理論的観点からは雑音としか思えないものが介入してくるけれども、理論のレベルだけで実効性のある集合的な決定を導きだすことが不可能である以上、それはある程度我慢せざるをえないことなのだ。

ただし、このような政治に危険が潜むのも事実だ。基礎づけ主義的な理論がしばしば好まれる大きな理由が、現実の政治が常に不完全なものであって誤謬をおかしやすいということである。理論家は、どうしても純粋さを尊ぶものだ。それはともかくとして、政治の誤謬はできるだけ最小限におさえられなければならない。そのためのすでにある工夫が、立憲政治という制度だ。これは、ある種の普遍的に妥当すると見なしうる規範的原理が書き込まれた法である憲法によって政治を制約するという工夫である。しかし、これ自体も常によりよいものに変更されるべきものである（今はこれ以上立ち入らないが）。規範的理論は当然のことながら、政治を統御すべき規範的原理や制度についても論じる必要がある。

もっとも、政治を重視する理論の方でも、ハーバマスに代表されるように政治そのものを純粋化することによって「正しい決定」を保証しようとする傾向がある。近年では熟慮民主主義やラディカル・デモクラシーなどの名称で盛んに議論が展開されている。しかし、これにもある種の基礎づけ主義的な志向が見られることが多く、その点注意しなければいけないということをつけ加えておこう。

政治が重要である理由がもう一つある。それは、異なる利害や意見や信念をもつ人々のあいだで、実際に暫定的な合意を生み出すことができる、ということだ。このことのもつ意義は、現代リベラリズムの中でおそろしく無視されている。というのも、現代リベラリズムの多数の論者にとって、集合的な決定が導きだされるプロセスの理念的なイメージは「司法過程」だからだ。すでに述べたように、超越的な正義の理念を想定して、それを確立しさえすれば社会はよく秩序づけられるはずだという考えは、理念的な法規範から論理的な手続きを経て具体的な判決を下す司法過程をモデルにしている。裁判所の判決は一つの集合的決定であり、有無をいわさぬ形で人々を拘束する。法実務に携わった経歴のある法学者であるドゥオーキンのような人が、こうした思考のしかたを最もよく代表しているといえる。しかし、**司法モデル**には、基礎づけ主義の問題のほかにもう一つの問題が存在している。それはウォルドロンという政治哲学者が『立法の復権』（一九九九年）で提起していることだが、**法創造**

のプロセスに関わる問題だ。

アメリカでは、新たな法創造の権限が司法に大幅に認められており、連邦最高裁判所が憲法をかなり自由に解釈することによって新しい法規範を作り出してそれによって判決を下すことが多い。しかし、その法創造のプロセスには国民もその代表である政治家たちも参画していないため、当の法規範に対する社会的合意が調達できていない可能性が少なくないのである。実際、アメリカの中絶をめぐる深刻な対立の最大の要因は一九七三年に連邦最高裁が下したロウ判決にあるといえるだろう。これは中絶を禁止した州法を違憲だと判定することによって、リベラルな陣営からは絶大な喝采を博したものだ。しかし、プロ・チャイルド派からすれば、民主的な政治的討議を抜きにした、一部のリベラルな法律家たちが勝手に下した判決だとしか思えない。彼らに、この判決を尊重しなければならないという気持ちが生じるのは難しいのだ。

この点、たとえ不完全でいかにも暫定的な合意であっても、日本の脳死問題が、十年近い議論を経て、具体的に臓器移植法という形で立法府において合意されたやり方は、集合的決定をうる方法としてははるかに優れたものだと思われる。

ここから明らかなように、政治の場において調達される「合意」は、現代リベラリズムが考えるように、不完全で偏りを含むものだとしてただ貶められるべきものではない。合意は、理念的にも経験的にも、暫定的なものにすぎないが、少なくともその時点で多くの異なる利害や意見や信念をもつ人々が合意したという事実は歴然として残る。それは、経験的には「正当化」されているのである。そのプロセスには当然のことながら、理論家たちのさまざまな規範的理論も参画しているはずだ。個々の理論家から見ればあまりにも不完全なものでしかないかもしれないけれども、何度も強調するように、客観的なレベルでは、彼の理論の方が正しくて合意が間違っているという保証はどこにもないのである。一つの合意は、歴史的・社会的事実として、社会に新たな共通の準拠点を作り、よりすぐれたものへの探求のための共同の出発点をなすはずなのだ。

＊

以上は、現代リベラリズムのとった戦略とは異なる形で規範的原理を探求していくための道筋のきわめて粗いラフ・スケッチにすぎない。ここで想定している規範的な原理は、主に次の点においてローティの構想やグレイの暫定協定とは異なる。すなわち、それらとは違ってここでは、ありうべき規範的原理は、「われわれ」の文化の観点だけから意義づけられるのでもないし、異なる文化の単なる共存にとどまるのでもないような、多くの人々や文化にとっての**共通の利益**をめざすものだ。何らかの共通の利益というものが存在すると想定し、それをもたらすような規範的原理を探求することをめざすものである。利益という言葉が打算的に響くとすれば、共通の価値ということもできる。つまり、異なる利害や文化を持つ人々が共通に奉戴しうる価値を規範的原理として提示することをめざすのである。

こうした規範的原理として提示されるものは、議論を通じて修正されたり廃棄されたりしうるものだという意味で「仮説」であるだけではなく、ある時点で多くの文化にとって共通に奉戴しうるとして受け入れられたものが、後にそうでないことが判明したり、別のものに置き換えられうるという意味でも「仮説」である。

にもかかわらず、このような規範的原理は、ロールズが定式化したように、自由で平等な市民たちが自発的に社会的協働に参加するための公正な条件をなすものだ、と想定することができるだろう。この規範的原理のもとで、社会的協働は（原則的に）すべての市民たち、すなわちさまざまな利害や文化をもつ人々にとって価値あるものになる。そして、ロールズもまた、その「内省的均衡」の概念に照らして考えると、彼自身の理論を一つの「仮説」として提示したつもりだったに違いないのである。ロールズによって切り開かれたこうした仮説としての規範的原理の探求は、現代リベラリズムを超えて、社会理論が取り組むべき課題であることに疑いはない。

この点が了解されるならば、この規範的原理を「正義」と呼ぶかどうかは、問題ではない。ただ、「正義」という言葉は、法の目的を表す理念的価値を意味しながら、同時に、文化多元主義を超越するような社会の最上位の価値を表すものにまつりあげられてしまっている。「正義」をめざす探求は、どうしても司法モデルで社会理論を構築しようとする。この点を避けようとするならば、むしろこの規範的原理を「正義」とは呼ばない方がいいかもしれない。それに代わる言葉の候補として、日本語には「公共性」がある。とすれば、現代リベラリズムの限界が確認されたことを踏まえて、「公共性」を探求する新たな規範的社会理論が立ち上げられなければならないだろう。それについては、稿を改めて試みたいと思う。

あとがき

本書は今日の「リベラリズム」という思想の論理構造について、単なる解説としてではなく、私なりの分析と論評を提示することをめざしたものである。序章に述べたように、リベラリズムは現代の社会理論や公共哲学におけるさまざまな潮流の中で、最も盛んに論じられている思想である。それに加えて、現実の社会問題や政策をめぐる議論において、明示的ないし暗黙のうちに、リベラリズムに沿っていたりそれに近い形での考察や主張が述べられることが多い。社会について少しでも規範的な観点から考えていこうとするならば、リベラリズムの理論を正しく見定めることは避けて通れない課題だと思われる。

これが、社会学を専門とする私が、『リベラリズムとは何か』といういささか領分を逸脱したとみられかねないタイトルの書物を著そうとする理由である。

私がロールズの名前を知ったのは、かなり遅くになってからだ。一九八〇年代の半ば頃から、秩序問題、社会的ジレンマ、あるいは合理的選択理論というような問題に取り組んでいるうちに、ロールズの『正義論』という書物が「原初状態」における「無知のヴェール」という「契約論」的な論理によって「正義の原理」を導出しているらしいという知識をえたように思う。それは、かつて大学院生時代にアローの不可能性定理の存在を知って、その小さな原著を、今は関西学院大学にいる安藤文四郎氏と二人で興奮しながら読みすすんでいったことを想い出させた。社会についてのそうした論理があるのなら、ぜひとも正確に理解しないでおくわけにはいかない。そういう思いがいつともなしに生じていたのである。

実際に『正義論』を読んだのは、一九九〇年にも近くなってから大学院のゼミのテキストとして取りあげたときで、装丁の悪いペーパーバック版を苦労しながら当時の院生たちと読み進めていった。「苦労」というのは、率直に言って、『正義論』の構成がきわめて分かりにくかったからである。それはいうまでもなく、『正義論』は公理主義的に組み立てられた書物だろうという先入観ないし期待が強かったからだ。その前提で読もうとすると、あまりにも論理性の欠如が目立つ。とてもアローの本のように、数学的な定理を自ら解いていくことで分かっていく、というわけにはいかない。この疑問は、長い間消えなかった。

それから数年後、今度は、世代の入れ替わった院生たちと『政治的リベラリズム』を読むことにした。これには通常のゼミのほか、夏に乗鞍でゼミ合宿を行って、集中的に取り組んだ。しかしこの書物には、「原初状態」や「無知のヴェール」のような特徴的な理論装置がほとんど登場せず、その代わりに「reasonable」な何とかや、「public」な何とかといういささか曖昧な表現が繰り返し現れてくるだけのようにしか読めないところがある。参加してくれた院生たちには申し訳ないことに、一緒に読み進めながら私自身はこの書物をとうてい「分かった」気にはなれなかった。（天気はあまり良くなかったものの）夏の高原の爽やかさと露天風呂を楽しめたのが、せめてもの慰めであった。

こうしたスッキリしない気分を抱きながらも、かねてから秩序問題と階層問題とをそれなりに専門のテーマとしてきた私にとって、リベラリズムと「格差原理」を中心とする平等主義の諸理論は、避けて通ることの出来ないものだった。一九九五年のSSM調査研究を手がけながら、さまざまな機会にドゥオーキンの資源の平等主義やセンの議論などの検討を進めていた。むろん、単に義務感からだけではなく、少なくともある種の論理性への志向に支えられた彼らの論考を読むことがそれ自体として楽しかったからではある。

そうこうしているうちに、ロールズが自分なりに「分かった」と思えるようになってきたのだが、それには二つの契機があった。一つは契機というよりはむしろ糸口というべきだが、「格差原理」の意味を考えたり検討したりしているプロセスの中で、次第に、マキシミン的解釈を中心とする既存の解釈が間違っていることに気づいたことである。つまり、それぞれの社会状態において最低の利益しか享受できない人のその利益に注目して、それが最大であるような社会状態を選ぶべし、というようなことを格差原理が意味しているわけではないということである。このことは、ロールズの『正義論』が、アローを出発点とする社会的選択理論や厚生経済学的な「社会的最適性」の探究の構図に当てはまるものではないことを意味していた。それだけでなく、もっと重要なことに、すでに広く流通しているロールズ解釈がさまざまに間違っている可能性が高いことにも気づかせてくれたのである。

もう一つの契機は、二〇〇一年に早稲田大学の非常勤として大学院の演習を担当したとき、あらためて『政治的リベラリズム』を取りあげたことだった。きわめて少ない院生で、その分逆に、準備に気合いを入れなければいけないこともあったのか、このときはこの書物の論理構造が明晰に頭の中に入っていったのである。それはむろん、「契約論的」という先入観を取り払った上でである。（このとき辛抱強く付き合ってくれた院生には、深く感謝している。）社会的選択理論や契約論というような観点をまったく消し去って、『政治的リベラリズム』の論理構造を手がかりにして逆に『正義論』を読み返してみると、世の中に出回っているロールズ像とは違う姿が明瞭に浮かび上がってくる。その確信は、私の中で揺るがないものになっていった。それとともに、ロールズを筆頭とする現代リベラリズムの諸理論について、それらがどういう研究戦略で推進されているものか、何が自明視されて、どういう前提のもとで何を明らかにしようとしているものかというようなことが、全体として明確になってきたのである。

本書の基本構想は二〇〇二年頃には出来ていて、最初の粗い草稿はかなり早く書き上げていたのだが、その後、統計学と社会調査法の教科書を執筆するかたわらで、構成や焦点の置き方を試行錯誤的に変更しながら、何度か書き改めていったものである。とくに最終章のあたりは、現代リベラリズムの限界を見定めた上で、私としての規範的な社会理論の構想をどこまで打ち出すことができるかについて、迷いとためらいがいつまでも残りつづけたが、今回は、とりあえず最小限、確かに言えることだけを主張するという形で決着をつけることにした。

本書がこのような形で完成するに当たっては、実に多くの方にお世話になっている。まず第一に感謝したいのは、これまで私のこの研究関心にさまざまな形で付き合ってくれたその時々の大学院生や学部生たちである。とくに大学院では「社会学演習」と名のりながら、公共哲学や倫理学や、時には数理経済学の論文や書物ばかりを取りあげていたにもかかわらず、熱心な参加者に恵まれて、授業の場で私が自問自答のように投げかける言葉に実直にかつ鋭い感性でもって応答してくれたことが、どんなに励みになったことか計りしれない。とくに一九九〇年代の終わりから数年にわたって学部ゼミと院ゼミに参加してくれた井上彰君は、いつも公共哲学に関する広範な研究動向と文献情報を指導教官でもない私に惜しみなく教示してくれた。感謝にたえない。

授業とは別に、この数年間、リベラリズムを含む規範的社会理論を少子高齢化に直面している現代社会の公共性問題に照らして検証することをめざして、科学研究費補助金の助成を受けたある研究プロジェクト（基盤研究A　課題番号 14201020）を推進してきた。これには、池周一郎、土場学、米村千代、伊藤賢一、数土直紀、樽本英樹、赤川学、杉野勇の諸氏のほか、神山英紀、常松淳、飯島祐介、瀧川裕貴、瀬田宏治郎、内藤準、三谷武司、山根純佳、明戸隆浩、齊藤康則の院生諸君が参加して、現代の公共哲学や規範的社会理論をめぐる広範な諸問題をさまざまな角度から詳細に検討することができた。本書を執筆する上で、ここでの議論は大変貴重なものであった。また、本年三月に終了したこの研究プロジェクトの最終報告書には、本書の第9章の一部と終章を抜粋して（多少、字句の変更を加えて）再掲したことをことわっておきたい。

さらに、本書に関わる私の研究にとって、国立社会保障・人口問題研究所をベースに、厚生経済学を軸とする日本の公共哲学的研究を代表する塩野谷祐一、鈴村興太郎、そして後藤玲子のお三方を中心として運営された研究会に参加できたことがきわめて有益であった。この研究会では、山脇直司、嶋津格、森村進、渡辺幹雄、今田高俊、小林正弥、などの諸氏はいつも歯に衣きせぬ熱い議論を展開して、私の思考に多大な刺激を与えてくれた。

また、これとは別に、短い期間ではあったが「国家と倫理」をテーマとするサントリー文化財団の研究会においても、規範的社会理論のあり方について自分の考察を発表させていただいたりして密度の濃い議論を交わす機会に恵まれた。この研究会に誘ってくれた故坂本多加雄氏に深く感謝したい。

こうした方々以外にも、さまざまな形での研究交流を通じて大きな知的刺激や温かい励ましをいただいた先生・先輩・友人は数知れない。お一人ずつお名前はあげないけれども、心からお礼を申し上げる。

なお本書の原稿の作成に当たっては、松本恭子さんに入力から校閲まで、また最初の読者として多大な助力をいただいた。深く感謝申し上げたい。

最後に、本書の執筆は当初、勁草書房の徳田慎一郎氏の熱心なお勧めによって着手したもので、この間、同氏からは構成や文章表現などについて貴重な助言をいただいた。その後、新たに土井美智子さんに担当していただくことになったが、原稿の完成を辛抱強くお待ちいただいて、本書をこのような形で世に現すことにご尽力いただいたお二人に、篤くお礼申し上げる次第である。

二〇〇六年四月

盛山和夫

人名索引

ア 行

アーヌソン　Arneson, Richard　160
アッカーマン　Ackerman, Bruce　231, 297, 317
アリストテレス　Aristotle　112, 208
アロー　Arrow, Kenneth J.　53-56, 103, 120, 124, 134
アンダーソン　Anderson, Elizabeth S.　171
伊藤恭彦　98
井上彰　182
井上達夫　3, 9, 122, 125, 134, 212, 246, 316-317
ヴェーバー　Weber, Max　229
ウォルツァー　Walzer, Michael　243, 332
ウォルドロン　Waldron, Jeremy　341
エツィオーニ　Etzioni, Amitai　242
江原由美子　284
エルスター　Elster, Jon　167
オーキン　Okin, Susan Moller　277, 279
荻野美穂　187
尾高朝雄　36-37

カ 行

桂木隆夫　4
カント　Kant, Immanuel　83, 145, 209, 313
北田暁大　181
キムリッカ　Kymlicka, Will　6, 263-273, 305, 319
ギリガン　Gilligan, Carol　280-284, 295
クーン　Kuhn, Thomas　46, 48
グレイ　Gray, John　6, 8, 29, 336-337
コーヘン　Cohen, Gerald A.　161, 167
コールバーグ　Kohlberg, Lawrence　280-281
コールマン　Coleman, James S.　121, 125, 134
後藤玲子　4, 56, 123, 154
小松美彦　19

サ 行

佐伯胖　123
サンデル　Sandel, Michael J.　235-238, 253
塩野谷祐一　4, 282
清水幾太郎　49, 53
スキャンロン　Scanlon, T. M.　311
鈴村興太郎　56, 154
スピノザ　Spinoza, Baruch de　145, 313
スペンサー　Spencer, Herbert　52, 224
スミス，アダム　Smith, Adam　7, 96, 143
盛山和夫　277
セルズニック　Selznick, Philip　242

ヤ 行

ラ 行

ワ 行

事項索引

タ　行

文献一覧

安彦一恵・谷本光男(編), 2004,『公共性の哲学を学ぶ人のために』世界思想社.

Ackerman, Bruce, 1980, *Social Justice in the Liberal State,* Yale University Press.

——, 1990, "Neutralities," pp.29-43, in R. Bruce Douglass, Gerald M. Mara, and Henry S. Richardson (eds.), *Liberalism and the Good,* Routledge.

Anderson, E. S., 1999, "What is the Point of Equality?" *Ethics,* 109(2): 287-337.

Arendt, Hannah, 1958, *The Human Condition,* The University of Chicago Press. (志水速雄訳, 1994,『人間の条件』ちくま学芸文庫.)

有賀誠・伊藤恭彦・松井暁(編), 2000,『ポスト・リベラリズム：社会的規範理論への招待』ナカニシヤ出版.

——, 2004,『現代規範理論入門：ポスト・リベラリズムの新展開』ナカニシヤ出版.

Arneson, Richard, 1989, "Equality and Equal Opportunity for Welfare," *Philosophical Studies,* 56(1): 77-93.

——, 1990, "Liberalism, Distributive Subjectivism, and Equal Opportunity for Welfare," *Philosophy and Public Affairs,* 19(2): 159-194.

——, 2000, "Luck Egalitarianism and Prioritarianism," *Ethics,* 110(2): 339-349.

Arrow, Kenneth J., 1951, *Social Choice and Individual Values,* Yale University Press. (長名寛明訳, 1977,『社会的選択と個人的評価』日本経済新聞社.)

——, 1973, "Some Ordinalist-Utilitarian Notes on Rawls's Theory of Justice," *The Journal of Philosophy,* 70(9): 245-263.

Barry, Brian, 1990, "How Not to Defend Liberal Institutions," pp.44-58, in R.Bruce Douglass, Gerald M. Mara, and Henry S. Richardson (eds.), *Liberalism and the Good,* Routledge.

Bellah, Robert N., Richard Madsen, Willam M. Sullivan, Ann Swidler, and Steven M. Tipton, 1985, *Habits of Hearts: Individualism and Commitment in American Life,* University of California Press.（島薗進・中村圭志訳, 1991,『心の習慣』みすず書房.）

——, 1991, *The Good Society,* Knopf.（中村圭志訳, 2000,『善い社会：道徳的エコロジーの制度論』みすず書房.）

Bentham, Jeremy, 1789, *An Introduction to the Principles of Morals and Legislation.*（山下重一訳, 1979,「道徳および立法の諸原理序説」（抄訳）, 関嘉彦責任編集『世界の名著 49　ベンサム　ミル』中央公論社.）

Berlin, Isaiah, 1969, *Four Essays on Liberty,* Oxford Universty Press.（小川晃一ほか訳, 1971,『自由論』みすず書房.）

Cohen, G. A., 1989, "On the Currency of Egalitarian Justice," *Ethics,* 99(4): 906-944.

——, 1992, "Incentives, Inequality, and Community," pp.261-329, in *The Tanner Lectures on Human Values* 13, University of Utah Press.

——, 1995, *Self-Ownership, Freedom, and Equality,* Cambridge University Press.（松井暁・中村宗之訳, 2005,『自己所有権・自由・平等』青木書店.）

Coleman, James S., 1990, *Foundations of Social Theory,* The Belknap Press of Harvard University Press.（久慈利武訳, 2004, 2006,『社会理論の基礎　上・下』青木書店.）

Dahl, Robert A., 1956, *A Preface to Democratic Theory,* University of Chicago Press.（内山秀夫訳, 1970,『民主主義理論の基礎』未来社.）

Derrida, Jacques, 1994, *Force de loi,* Editions Galilee.（堅田研一訳, 1999,『法の力』法政大学出版局.）

Dewey, John, 1916, *Democracy and Education: An Introdution of the Philosophy of Education.*（松野安男訳, 1975,『民主主義と教育　上・下』岩波文庫.）

Dworkin, Ronald, 1977, *Taking Rights Seriously,* Harvard University Press.（木下毅ほか訳, 1986→2003,『権利論［増補版］』木鐸社.）

——, 1981, "What is Equality? Part 1: Equality of Welfare," *Philosophy and Public Affairs,* 10(3): 185-246; "What is Equality? Part 2: Equality of Resources," *Philosophy and Public Affairs,* 10(4): 283-345.

——, 1985, *A Matter of Principle,* Harvard University Press.

——, 1993, *Life's Dominion: An Argument about Abortion, Euthanasia, and*

Individual Freedom, Knopf.（水谷英夫・小島妙子訳,1998,『ライフズ・ドミニオン：中絶と尊厳死そして個人の自由』信山社.）
——, 1996, *Freedom's Law: The Moral Reading of the American Constitution,* Harvard University Press.（石山文彦訳, 1999,『自由の法：米国憲法の道徳的解釈』木鐸社.）
——, 2000, *Sovereign Virtue: The Theory and Practice of Equality,* Harvard University Press.（小林公ほか訳, 2002,『平等とは何か』木鐸社.）
江原由美子(編), 1996,『生殖技術とジェンダー：フェミニズムの主張 3』勁草書房.
——, 2001,『フェミニズムとリベラリズム：フェミニズムの主張 5』勁草書房.
Elster, Jon, 1985, *Marking Sense of Marx,* Cambridge University Press.
Etzioni, Amitai, 1988, *The Moral Dimension: Toward a New Economics,* The Free Press.
——, 1995, *New Communitarian Thinking: Persons, Virtues, Institutions, and Communities,* University Press of Virginia.
——, 1996, *The New Golden Rule: Community and Morality in a Democratic Society,* Basic Books.
——, 2001, *Next: The Road to the Good Society,* Basic Books.（小林正弥監訳, 2005,『ネクスト：よき社会への道』麗澤大学出版会.）
Gilligan, C., 1982, *In a Different Voice,* Harvard University Press.（岩男寿美子監訳, 1986,『もうひとつの声』川島書店.）
Goodin, Robert E., 1988, *Reasons for Welfare: The Political Theory of the Welfare State.* Prinston University Press.
——, 1995, *Utilitarianism as a Public Philosophy,* Cambridge University Press.
後藤玲子, 2002,『正義の経済哲学：ロールズとセン』東洋経済新報社.
Gray, John, 1986, *Liberalism,* Open University Press.（藤原保信・輪島達郎訳, 1991,『自由主義』昭和堂.）
——, 1989, *Liberalisms: Essays in Political Philosophy,* Routledge.（山本貴之訳, 2001,『自由主義論』ミネルヴァ書房.）
——, 1995, *Enlightenment's Wake: Politics and Culture at the Close of the Modern Age,* Routledge.
——, 2000, *Two Faces of Liberalism,* Polity Press.
Habermas, Jürgen, 1981, *Theorie des Kommunikativen Handelns,* Suhrkamp

Verlag.（丸山高司ほか訳, 1987,『コミュニケーション的行為の理論　上・中・下』未来社.）
——, 1995, “Reconciliation through the Public Use of Reason: Rawls's Political Liberalism,” *The Journal of Philosophy,* 92(3): 109-131.
原純輔・盛山和夫, 1999,『社会階層：豊かさの中の不平等』東京大学出版会.
Harsanyi, John, 1975, “Can the Maximin Principle Serve as a Basis for Morality?: A Critique of John Rawls's Theory,” *American Political Science Review,* 69(2). Also pp.37-63, in John C. Harsanyi, 1976, *Essays on Ethics, Social Behavior, and Scientific Explanation,* D. Reidel Publishing Company.
Hart, H. L. A., 1975, “Rawls on Liberty and Its Priority,” pp.230-252 in Norman Daniels (ed.), *Reading Rawls: Critical Studies on Rawls' A Theory of Justice,* Basic Books.（小林公訳, 1995,「ロールズにおける自由とその優先性」小林公・森村進訳『権利・功利・自由』木鐸社.）
長谷川晃・角田猛之(編), 2004,『ブリッジブック　法哲学』信山社.
Hayek, Friedrich A. von, 1944, *The Road to Serfdom,* Routledge.（一谷藤一郎・一谷映理子訳, 1992,『隷従への道』東京創元社.）
——, 1960, *The Constitution of Liberty,* Routledge.（気賀健三・古賀勝次郎訳, 1986-7,『自由の条件』ハイエク全集５～７, 春秋社.）
Hegel, G. W. Friedrich, 1821, *Grundlinien der Philosophie des Rechts.*（藤野渉・赤沢正敏訳, 1978,「法の哲学」『世界の名著44　ヘーゲル』中央公論社.）
平井亮輔(編), 2004,『正義：現代社会の公共哲学を求めて』嵯峨野書院.
平野仁彦・亀本洋・服部高宏, 2002,『法哲学』有斐閣.
Hobbes, Thomas, 1651　→1965, *Leviathan,* Clarendon Press.（永井道雄・宗方邦義訳, 1979,「リヴァイアサン」『世界の名著28　ホッブズ』中央公論社.）　→1904, Leviathan, Cambridge University Press.（水田洋訳, 1954,『リヴァイアサン』岩波書店.）
Hume, David, 1739-40　→1984, *A Treatise of Human Nature,* Penguin Books.（(a)大槻春彦訳, 1948,『人性論』全四巻, 岩波書店, (b)土岐邦夫訳, 1968,「人性論」(抄訳)『世界の名著27　ロック ヒューム』中央公論社.）
稲葉振一郎, 1999,『リベラリズムの存在証明』紀伊國屋書店.
井上彰, 2002,「平等主義と責任」, 佐伯啓思・松原隆一郎(編)『〈新しい市場社

会〉の構想』新世社: 275-333.
井上達夫, 1986,『共生の作法：会話としての正義』創文社.
——, 1999,『他者への自由：公共性の哲学としてのリベラリズム』創文社.
——, 2004,「リベラリズムの再定義」『思想』No.965: 8-28.
伊藤恭彦, 2002,『多元的世界の政治哲学』有斐閣.
上村芳郎, 2003,『クローン人間の倫理』みすず書房.
Kant, Immanuel, 1785, *Grundlegung zur Metaphysik der Sitten.*（野田又夫訳, 1979,『人倫の形而上学の基礎づけ』野田又夫責任編集『世界の名著 39 カント』中央公論社.）
——, 1797, *Metaphysik der Sitten.*（(a)白井成允・小倉貞秀訳, 1954,『道徳哲学』岩波書店, (b)森口美都男・佐藤全弘訳, 1979,『人倫の形而上学　第二部　徳論の形而上学的基礎論』野田又夫責任編集『世界の名著 39　カント』中央公論社.）
加藤尚武, 1999,『脳死・クローン・遺伝子治療：バイオエシックスの練習問題』PHP 新書.
——, 2002,『合意形成とルールの倫理学：応用倫理学のすすめ』丸善ライブラリー.
加藤尚武・加茂直樹(編), 1998,『生命倫理学を学ぶ人のために』世界思想社.
桂木隆夫, 2005,『公共哲学とは何だろう：民主主義と市場の新しい見方』勁草書房.
川本隆史, 1995,『現代倫理学の冒険：社会理論のネットワーキングへ』創文社.
——, 1997,『ロールズ：正義の原理』講談社.
小林和之, 2004,『「おろかもの」の正義論』ちくま新書.
Kohlberg, L., 1984, *The Psychology of Moral Development: Essays on Moral Development,* Vol.2, Harper & Low.（片瀬一男・高橋征仁訳, 1992,『道徳性の発達段階：コールバーグ理論をめぐる論争への回答』新曜社.）
小泉良幸, 2002,『リベラルな共同体：ドゥオーキンの政治・道徳理論』勁草書房.
小松美彦, 2004,『脳死・臓器移植の本当の話』PHP 新書.
Kuhn, Thomas, 1962, *The Structure of Scientific Revolutions,* University of Chicago Press.（中山茂訳, 1971,『科学革命の構造』みすず書房.）
Kymlicka, Will, 1989, *Liberalism, Community and Culture,* Clarendon Press.
——, 1990, *Contemporary Political Philosophy: An Introduction,* Oxford

University Press.（岡崎晴輝ほか訳, 2002,『現代政治理論』日本経済評論社.）
——, 1995, *Multicultural Citizenship: A Liberal Theory of Minority Rights,* Clarendon Press.（角田猛之ほか訳, 1998,『多文化時代の市民権：マイノリティの権利と自由主義』晃洋書房.）
——, 2001, *Politics in the Vernacular: Nationalism, Multiculturalism, and Citizenship,* Oxford University Press.
——, 2002, *Contemporary Political Philosophy: An Introdution,* Second Edition, Oxford University Press.（千葉眞・岡崎晴輝ほか訳, 2005『新版　現代政治理論』日本経済評論社.）
Locke, John, 1689, *A Letter concerning Toleration.*（「寛容についての書簡」大槻春彦責任編集, 1968,『世界の名著 27　ロック　ヒューム』中央公論社.）
——, 1690, *Two Treatises of Government.*（鵜飼信成訳, 1968,『市民政府論』岩波文庫.）
Luther, Martin, 1520, *Von der Freiheit eines Christenmenschen.*（石原謙訳, 1955,『キリスト者の自由　聖書への序言』岩波文庫.）
Lyotard, Jean-François, 1979, *La condition postmoderne,* Minuit.（小林康夫訳, 1986,『ポスト・モダンの条件：知•社会•言語ゲーム』水声社.）
MacIntyre, Alasdair, 1981, *After Virtue: A Study in Moral Theory,* University of Notre Dame Press.（篠崎榮訳, 1993,『美徳なき時代』みすず書房.）
MacIver, Robert M., 1917, *Community,* Macmillan.（中久郎ほか訳, 1975,『コミュニティ』ミネルヴァ書房.）
MacKinnon, C. A., 1989, *Toward a Feminist Theory of the State,* Harvard University Press.
Marshall, T. H., and Tom Bottomore, 1992, *Citizenship and Social Class,* Pluto Press.（岩崎信彦・中村健吾訳, 1993,『シティズンシップと社会的階級』法律文化社.）
Mill, John Stuart, 1859, *On Liberty.*（(a)塩尻公明・木村健康訳, 1971『自由論』岩波文庫, (b)早坂忠訳, 1979,「自由論」, 関嘉彦責任編集『世界の名著 49　ベンサム　ミル』中央公論社.）
——, 1863, *Utilitarianism.*（伊原吉之助訳, 1979,「功利主義論」, 関嘉彦責任編集『世界の名著 49　ベンサム　ミル』中央公論社.）

——, 1869, *The Subjection of Women.*（大内兵衛・大内節子訳, 1957,『女性の解放』岩波文庫.）
三谷武司, 2006,「〈効用〉の論理：ハーサニ型効用総和主義の失敗」土場学・盛山和夫(編)『正義の論理：公共的価値の規範的社会理論』第 2 章, 勁草書房.
三浦信孝(編), 2001,『普遍性か差異か：共和主義の臨界、フランス』藤原書店.
Moore, G. E., 1903, *Principia Ethica.*（深谷昭三訳, 1973,『倫理学原理』三和書房.）
森村進, 2001,『自由はどこまで可能か：リバタリアニズム入門』講談社現代新書.
森村進(編著), 2005,『リバタリアニズム読本』勁草書房.
森嶋通夫, 1974[2004],『マルクスの経済学』(森嶋通夫著作集 7)岩波書店.
Mouffe, Chantal, 1993, *The Return of the Political,* Verso.（千葉眞ほか訳, 1998,『政治的なるものの再興』日本経済評論社.）
長尾龍一・河上倫逸(編), 1994,『開かれた社会の哲学：カール・ポパーと現代』未来社.
永田えり子, 1997,『道徳派フェミニスト宣言』勁草書房.
Nagel, Thomas, 1979, *Moral Questions,* Cambridge University Press.（永井均訳, 1989,『コウモリであるとはどのようなことか』勁草書房.）
——, 1991, *Equality and Partiality,* Oxford University Press.
仲正昌樹, 2003,『「不自由」論：「何でも自己決定」の限界』ちくま新書.
成田和信, 2004,『責任と自由』勁草書房.
野崎綾子, 2003,『正義・家族・法の構造変換』勁草書房.
Nozick, Robert, 1974, *Anarchy, State, and Utopia,* Basic Books.（嶋津格訳, 1985-9,『アナーキー・国家・ユートピア』木鐸社.）
Nussbaum, Martha C., and Cass R. Sunstein (eds.), 1998, *Clones and Clones: Facts and Fantasies about Human Cloning,* W. W. Norton＆Company.（中村桂子・渡会圭子訳, 1999,『クローン、是か非か』産業図書.）
Nussbaum, Martha C., 1999, *Sex and Social Justice,* Oxford University Press.
尾高朝雄, 1936→1968,『国家構造論』岩波書店.
荻野美穂, 2001,『中絶論争とアメリカ社会：身体をめぐる戦争』岩波書店.
岡本裕一朗, 2002,『異議あり！生命・環境倫理学』ナカニシヤ出版.
Okin, Susan Moller, 1989, *Justice, Gender, and the Family,* Basic Books.
Popper, K. R., 1945, *The Open Society and its Enemies,* Princeton University

Press.（内田詔夫・小河原誠訳, 1980,『開かれた社会とその敵　第1部・第2部』未来社.）

Rakowski, Eric, 1991, *Equal Justice,* Clarendon Press.

Rawls, John, 1958, "Justice as Fairness," *Philosophical Review,* vol.67 no.2: 164-194.（「公正としての正義」田中成明編訳, 1979,『公正としての正義』木鐸社: 31-77.）

——, 1963, "Constitutional Liberty and the Concept of Justice," *Nomos 6: Justice,* ed. by C. J. Friedrich and John Chapman, Atherton Press.（「憲法上の自由と正義の概念」田中成明編訳, 1979,『公正としての正義』木鐸社: 79-119.）

——, 1971, *A Theory of Justice,* Harvard University Press.（矢島鈞次監訳, 1979,『正義論』紀伊國屋書店.）

——, 1980, "Kantian Constructivism in Moral Theory," *The Journal of Philosophy,* 77(9): 515-572.

——, 1993, *Poilitical Liberalism,* Columbia University Press.

——, 1995, "Reply to Habermas," *The Journal of Philosophy,* 92(3): 132-180.

——, 1999, *Collected Papers,* ed. by Samuel Freedman, Harvard University Press.

——, 2000, *Lectures on the Histroy of Moral Philosophy,* ed. by Barbara Herman, Harvard University Press.（坂部恵監訳, 2005,『ロールズ哲学史講義　上・下』みすず書房.）

——, 2001, *Justice as Fairness: A Restatement,* ed. by Erin Kelly, Harvard University Press.（田中成明ほか訳, 2004,『公正としての正義：再説』岩波書店.）

Raz, Joseph, 1986, *The Morality of Freedom,* Clarendon Press.

Roemer, John E., 1982, *A General Theory of Exploitation and Class,* Harvard University Press.

——, 1996, *Theories of Distributive Jusitce,* Harvard University Press.（木谷忍・川本隆史訳, 2001,『分配的正義の理論：経済学と倫理学の対話』木鐸社.）

——, 1998, *Equality of Opportunity,* Harvard University Press.

Rorty, Richard, 1982, *Consequences of Pragmatism,* University of Minnesota Press.（室井尚ほか訳, 1985,『哲学の脱構築：プラグマティズムの帰結』

御茶の水書房.）
——, 1989, *Contingency, Irony, and Solidarity,* Cambirdge University Press.（齋藤純一ほか訳, 2000,『偶然性・アイロニー・連帯』岩波書店.）
——, 1991, *Objectivity, Relativism, and Truth,* Cambridge University Press.
——, 1999a, *Philosophy and Social Hope,* Penguin Books.（須藤訓任・渡辺啓真訳, 2002,『リベラル・ユートピアという希望』岩波書店.）
——, 1999b, 富田恭彦訳『連帯と自由の哲学：二元論の幻想を超えて』岩波書店.
Rousseau, Jean-Jacques, 1755, *Le Discours sur l'origine et les fondements de l'inégalité parmi les hommes.*（小林善彦訳, 1966,「人間不平等起源論」平岡昇責任編集『世界の名著 30　ルソー』中央公論社.）
——, 1762, *Du Contrat Social.*（(a)桑原武夫ほか訳, 1954,『社会契約論』岩波文庫, (b)井上幸治訳, 1966,「社会契約論」平岡昇責任編集『世界の名著 30　ルソー』中央公論社.）
Sacks, David O., and Peter A. Thiel, 1998, *The Diversity Myth: Multiculturalism and Political Intolerance on Campus,* The Independent Institute.
佐伯胖, 1980,『「決め方」の論理：社会的決定理論への招待』東京大学出版会.
佐伯啓思, 1999,『「市民」とは誰か：戦後民主主義を問いなおす』PHP 新書.
——, 2001,『国家についての考察』飛鳥新社.
——, 2005,『倫理としてのナショナリズム：グローバリズムの虚無を超えて』NTT 出版.
齋藤純一, 2000,『公共性』岩波書店.
——, 2005,『自由』岩波書店.
Sandel, Michael J., 1982, *Liberalism and the Limits of Justice,* Cambridge University Press.（菊地理夫訳, 1992,『自由主義と正義の限界』三嶺書房.）
——, 1996, *Democracy's Discontent: America in Search of a Public Philosophy,* Harvard University Press.
Scanlon, T. M., 1982, "Contractualism and Utilitarianism," pp.103-128, in Amartya Sen and Bernard Williams (eds.), *Utilitarianism and Beyond,* Cambridge University Press.
施光恒, 2003,『リベラリズムの再生：可謬主義による政治理論』慶應義塾大学出版会.
盛山和夫, 1995,『制度論の構図』創文社.

――, 2000a,『権力』東京大学出版会.
――, 2000b,「ジェンダーと階層の歴史と論理」盛山和夫(編)『日本の階層システム4　ジェンダー・市場・家族』東京大学出版会: 3-26.
――, 2001,「規範はいかに語られうるか：自明世界の亀裂と学知」『アステイオン』56: 43-64.
――, 2004,「福祉にとっての平等理論：責任－平等主義批判」塩野谷祐一・鈴村興太郎・後藤玲子(編)『福祉の公共哲学』東京大学出版会: 179-195.
――, 2006, 「〈福祉〉の論理：何のための社会保障制度か」土場学・盛山和夫(編)『正義の論理：公共的価値の規範的社会理論』第8章, 勁草書房.
Selznick, Philip, 1992, *The Moral Commonwealth: Social Theory and the Problem of Community,* University of California Press.
Sen, Amartya, 1970, *Collective Choice and Social Welfare,* Holden-Day.（志田基与師監訳, 2000,『集合的選択と社会的厚生』勁草書房.）
――, 1980, "Equality of What?," in S. M. McMurrin (ed.), *The Tanner Lectures on Human Values,* Vol.1, University of Utah Press.（「何の平等か？」大庭健・川本隆史訳, 1989,『合理的な愚か者：経済学＝倫理学的探究』勁草書房.）
清水幾太郎, 1972,『倫理学ノート』岩波書店.（→2000, 講談社学術文庫.）
塩野谷祐一, 2002,『経済と倫理：福祉国家の哲学』東京大学出版会.
塩野谷祐一・鈴村興太郎・後藤玲子(編), 2004,『福祉の公共哲学』東京大学出版会.
Singer, Perter, 1993, *Practical Ethics,* 2nd ed., Cambridge University Press.（山内友三郎・塚崎智監訳, 1999,『実践の倫理［新版］』昭和堂.）
Smith, Adam, 1759, *The Theory of Moral Sentiments.*（水田洋訳, 2003,『道徳感情論　上・下』岩波文庫.）
鈴村興太郎・後藤玲子, 2001,『アマルティア・セン：経済学と倫理学』実教出版.
高増明・松井暁(編), 1999,『アナリティカル・マルキシズム』ナカニシヤ出版.
竹内章郎, 1999,『現代平等論ガイド』青木書店.
――, 2001,『平等論哲学への道程』青木書店.
瀧川裕英, 2003,『責任の意味と制度：負担から応答へ』勁草書房.
瀧川裕貴, 2006,「〈平等〉の論理：リベラリズムとの関係を軸にして」土場学・盛山和夫(編)『正義の論理：公共的価値の規範的社会理論』第3章, 勁草書房.

立岩真也, 2004,『自由の平等：簡単で別な姿の世界』岩波書店.
Taylor, Charles, 1992, *The Ethics of Authenticity,* Harvard University Press.（田中智彦訳, 2004,『〈ほんもの〉という倫理：近代とその不安』産業図書.）
——, 1995, *Philosophical Arguments,* Harvard University Press.
Taylor, Charles et. al., 1994, *Multiculturalism: Examining the Politics of Recognition,* Princeton University Press.（佐々木毅ほか訳, 1996,『マルチカルチュラリズム』岩波書店.）
土屋恵一郎, 2002,『正義論／自由論：寛容の時代へ』岩波現代文庫.
若松良樹, 2003,『センの正義論：効用と権利の間で』勁草書房.
Waldron, Jeremy, 1999, *The Dignity of Legislation,* Cambridge University Press.（長谷部恭男ほか訳, 2003,『立法の復権：議会主義の政治哲学』岩波書店.）
Walzer, Michael, 1993, *Spheres of Justice: A Defence of Pluralism and Equality,* Basic Books.（山口晃訳, 1999,『正義の領分：多元性と平等の擁護』而立書房.）
Walzer, Michael (ed.), 1997, *Toward a Global Civil Society,* Berghahn Books.（石田淳ほか訳, 2001,『グローバルな市民社会に向かって』日本経済評論社.）
渡辺幹雄, 1999,『リチャード・ローティ：ポストモダンの魔術師』春秋社.
——, 2000,『ロールズ正義論の行方［増補新装版］』春秋社.
——, 2004,「リベラルな哲学に対するリベラルな生の優位」『思想』No.965: 47-64.
山口意友, 2002,『正義を疑え！』ちくま新書.
山口定・佐藤春吉・中島茂樹・小関素明(編), 2003,『新しい公共性：そのフロンティア』有斐閣.
山根純佳, 2004,『産む産まないは女の権利か：フェミニズムとリベラリズム』勁草書房.
山脇直司, 1999,『新社会哲学宣言』創文社.
——, 2004,『公共哲学とは何か』ちくま新書.
Young, Iris M., 1997, *Intersecting Voices: Dilemmas of Gender, Political Philosophy, and Policy,* Princeton University Press.

著者略歴

1948 年　鳥取県に生まれる
1978 年　東京大学大学院社会学研究科博士課程単位取得退学
現　在　東京大学大学院人文社会系研究科教授、博士（社会学）
著　書　『制度論の構図』（創文社、1995 年）
『社会階層——豊かさの中の不平等』（共著、東京大学出版会、1999 年）
『権力』（東京大学出版会、2000 年）
『社会調査法入門』（有斐閣、2004 年）
『〈社会〉への知／現代社会学の理論と方法』上・下（共編著、勁草書房、2005 年）
『正義の論理』（共編著、勁草書房、2006 年）ほか

リベラリズムとは何か　ロールズと正義の論理

2006年 6 月20日　第 1 版第 1 刷発行
2007年 2 月20日　第 1 版第 3 刷発行

著者　盛《せい》山《やま》和《かず》夫《お》

発行者　井村寿人

発行所　株式会社　勁《けい》草《そう》書房

112-0005 東京都文京区水道2-1-1　振替 00150-2-175253
（編集）電話 03-3815-5277／FAX 03-3814-6968
（営業）電話 03-3814-6861／FAX 03-3814-6854
日本フィニッシュ・青木製本

ISBN978-4-326-65316-4　Printed in Japan

小泉良幸　リベラルな共同体
ドゥオーキンの政治・道徳理論
A5判　三五七五円

桂木隆夫　公共哲学とはなんだろう
民主主義と市場の新しい見方
四六判　三一五〇円

瀧川裕英　責任の意味と制度
負担から応答へ
A5判　三六七五円

森村　進　リバタリアニズム読本
A5判　二九四〇円

野崎綾子　正義・家族・法の構造変換
リベラル・フェミニズムの再定位
四六判　四二〇〇円

山根純佳　産む産まないは女の権利か
フェミニズムとリベラリズム
四六判　二五二〇円

＊表示価格は二〇〇七年二月現在。消費税は含まれております。